Günther / Günther
Erstsprache, Zweitsprache, Fremdsprache

W0230743

Inhaltsverzeichnis

Vorwort zur zweiten Auflage 11
Einleitung 13

1. Sprachunterricht 17

   1.1 Sprachwissenschaft als Basis 17
   1.2 Spracherziehung 18
   1.3 Struktur des Faches Sprachunterricht 19
   1.4 Planung und Gestaltung des Sprachunterrichts 21
   1.5 Aufgaben des Sprachunterrichts 23
   1.6 Ansätze des Sprachunterrichts 26
   1.7 Zur Komplexität des Sprachbegriffs 30
      1.7.1 Sprache 31
      1.7.2 Sprechen 32

2. Begriffliche Grundlagen 35

   2.1 Historischer Rückblick 35
   2.2 Kommunikation als Grundlage 37
      2.2.1 Erste Kommunikationsstufe: Körpersprache 38
      2.2.2 Zweite Kommunikationsstufe: Lautsprache 41
      2.2.3 Dritte Kommunikationsstufe: Schriftsprache 42
      2.2.4 Vierte Kommunikationsstufe: Rechnersprache 44
   2.3 Sprachmodelle 46
      2.3.1 Organon-Modell 46
      2.3.2 Funktions-Modell 47
      2.3.3 Sprechakt-Theorie 48
      2.3.4 Mehrdimensionales Entwicklungsmodell 49
      2.3.5 Kommunikationsquadrat 49
      2.3.6 Modell der Sprachganzheit 51
   2.4 Sprachverarbeitung 52
      2.4.1 Kodierung und Dekodierung 52
      2.4.2 Segmentierung 53
      2.4.3 Sprachbewusstsein 54

2.5 Erstsprache 56
2.6 Muttersprache 56
2.7 Zweitsprache 57
2.8 Mehrsprachigkeit 59
2.9 Bilingualismus 60
2.10 Interkulturelle Erziehung 62

3. Sprachwissenschaftliche Grundlagen 64

3.1 Linguistisches Analyseschema 65
3.2 Phonetik 66
3.3 Phonologie 67
3.4 Morphologie 71
3.5 Syntax 73
3.6 Lexik 75
3.7 Semantik 76
3.8 Pragmatik 76
3.9 Grammatik 79

4. Empirische Befunde 82

4.1 Befunde zur Erstsprache 82
    4.1.1 Sprachverstehen 82
    4.1.2 Aussprache 83
    4.1.3 Wortschatz 83
    4.1.4 Satzbildung 83
    4.1.5 Stottern/Poltern 83
    4.1.6 Sprachentwicklungsstörungen 84
    4.1.7 Untersuchungsergebnisse 84
4.2 Befunde zur Zweitsprache 86

5. Erstsprache 88

5.1 Theoretische Erklärungsversuche 89
    5.1.1 Behaviorismus 89
    5.1.2 Nativismus 90
    5.1.3 Kognitivismus 90
    5.1.4 Interaktionismus 91
5.2 Bedingungen des Spracherwerbs 92
    5.2.1 Hörvermögen 92
    5.2.2 Sprechwerkzeuge 93

5.2.3 Hirnreifung 93
5.2.4 Motivationale Faktoren 97
5.2.5 Familiäre Lebensbedingungen 98
5.3 Entwicklungsphasen 99
5.4 Sprachstörungen 104
5.4.1 Entwicklungsbedingte Sprachstörungen 104
5.4.2 Organisch bedingte Sprachstörungen 106
5.4.3 Interaktiv bedingte Sprachstörungen 107
5.5 Fallstudie 109
5.5.1 Fallbeispiel Jessica 110
5.5.2 Fallbeispiel Timo 111
5.6 Diagnostische Möglichkeiten 113
5.6.1 Gespräche mit den Eltern 114
5.6.2 Blick ins Vorsorgeheft 114
5.6.3 Hörprüfung beim HNO-Arzt 116
5.6.4 Phoniatrische Untersuchung der Stimme 117
5.6.5 Beobachtung in der Gruppe oder in der Klasse 118
5.6.6 Proben 120
5.7 Fördermöglichkeiten 124
5.7.1 Sprachförderkonzepte 124
5.7.2 Prinzipien der Förderung 129
5.7.3 Beispiel einer Förderkonzeption 132
5.7.4 Thesen zur Förderung 137

6. Zweitsprache 141

6.1 Was bedeutet »zweite Generation«? 143
6.2 Gruppen zugewanderter Kinder 144
6.3 Theorien zum Erwerb der Zweitsprache 146
6.3.1 Die Identitäts-Hypothese 146
6.3.2 Die Transfer-Hypothese 147
6.3.3 Die Interlanguage-Hypothese 147
6.3.4 Die Monitor-Hypothese 148
6.3.5 Die Pidgin-Hypothese 148
6.4 Bedingungen des Zweitspracherwerbs 149
6.4.1 Allgemeine Entwicklung des Kindes 150
6.4.2 Bisherige Erfahrungen mit Kindergarten und Schule ... 151
6.4.3 Zur Gleichwertigkeit von Erst- und Zweitsprache 152
6.4.4 Eigenarten der deutschen Sprache 154
6.4.5 Fehlerschwerpunkte zugewanderter Kinder 156
6.5 Fallstudie 157
6.6 Diagnostische Möglichkeiten 159

6.7 Förderung aus der Retrospektive 163
6.8 Förderkonzepte 167
    6.8.1 Vernetzte Sprachförderung 167
    6.8.2 Lebensbedeutsame Sprachförderung 168
    6.8.3 Familienorientierte Sprachförderung 169
    6.8.4 Handlungsorientierte Sprachförderung 170
    6.8.5 Pädagogische Anregungen 171
6.9 Förderschwerpunkte 174
    6.9.1 Wortschatzerwerb 175
    6.9.2 Grammatikerwerb 175
    6.9.3 Sprachbewusstsein 176
    6.9.4 Erzählkompetenz 176

7. Voraussetzungen zum Erwerb der Schriftsprache 178

7.1 Organische Bedingungen 180
    7.1.1 Peripheres Hörvermögen 180
    7.1.2 Peripheres Sehvermögen 181
    7.1.3 Sprechorgane 181
    7.1.4 Handmotorik 182
7.2 Wahrnehmungsleistungen 182
    7.2.1 Taktile Wahrnehmung 182
    7.2.2 Vestibuläres System 183
    7.2.3 Propriozeptives System 184
    7.2.4 Visuelle Wahrnehmung 184
    7.2.5 Auditive Wahrnehmung 185
7.3 Sprachliche Fähigkeiten 187
    7.3.1 Metasprachliche Fähigkeiten 187
    7.3.2 Symbolverständnis 188
    7.3.3 Sprachverstehen 188
    7.3.4 Phonologische Bewusstheit 189
7.4 Psychosoziale Voraussetzungen 189
    7.4.1 Motivation 189
    7.4.2 Konzentration 191
    7.4.3 Arbeitsstrategien 191
    7.4.4 Umwelteinflüsse 192

8. Fremdsprache 194

8.1 Begriffe und Rückblick 194
8.2 Methoden 195

8.3 Strömungen und Tendenzen 197
   8.3.1 Funktionalistische Sicht der Sprache 197
   8.3.2 Fremdsprachenlernen im europäischen Verständnis 199
8.4 Sprachzertifikate 201
8.5 Lebenslanges Fremdsprachenlernen – Fremdsprachenbiografie 201
8.6 Frühes Fremdsprachenlernen 202
   8.6.1 Historischer Rückblick 202
   8.6.2 Konzepte 203
   8.6.3 Beschluss der Kultusministerkonferenz 206
   8.6.4 Einsatz von Schrift 207
   8.6.5 Natürliche Abfolge und Formen des Sprechens 208
   8.6.6 Kontinuität des Fremdsprachenlernens 210
   8.6.7 Fremdsprachenunterricht im Anfangsunterricht der
      Sekundarstufe 210

Literaturverzeichnis 213
Sachregister 221

Vorwort zur zweiten Auflage

Eine Einführung in Sprache und Sprachunterricht geht von den kulturellen Rahmenbedingungen unserer heutigen Informations- und Wissensgesellschaft aus. Kinderarmut, Arbeitslosigkeit, Gewalt in Schulen und eine gewisse »Sprachlosigkeit« bei sozialen Konflikten haben den Fokus aller gesellschaftlichen Gruppen auf die Sprachkompetenz gerichtet. Die Erweiterung der Europäischen Union, die Globalisierung der Märkte, die Integration und das Zusammenleben in mehrsprachigen und mehrkulturellen Gruppen der Gesellschaft, die manchmal fanatische Auseinandersetzung der großen Religionsgemeinschaften sowie die immer größer werdende Gewaltbereitschaft sind eine große Herausforderung für unsere Kultur und Sprache gleichermaßen.

Die Ständige Konferenz der Kultusminister der Länder (kurz KMK genannt) hat im Jahre 2004 Bildungsstandards für das Fach Deutsch des Primarbereichs der Grundschule definiert. Diese Vorgaben und festgelegten Kompetenzbereiche des Faches Deutsch fließen ein in die Überlegungen hinsichtlich der Gestaltung des Sprachunterrichts und in die Gestaltung des vorliegenden Buches. Die Strukturierung des hier zu behandelnden Gegenstandsfeldes folgt einem plausiblen Muster:

1. Sprachunterricht
2. Begriffliche Grundlagen
3. Sprachwissenschaftliche Grundlagen
4. Empirische Befunde
5. Erstsprache
6. Zweitsprache
7. Voraussetzungen zum Erwerb der Schriftsprache
8. Fremdsprache

Im ersten Kapitel dieser Einführung geht es um die organisatorische und inhaltliche Strukturierung des Sprachunterrichts als pädagogischer Kategorie. Der Leser erhält einen Überblick über die Zielsetzungen und vielfältigen Aufgaben des heutigen Sprachunterrichts. Im Folgenden werden wichtige und zentrale Begriffe, für die Praxis hilfreiche Modelle und sprachwissenschaftlich notwendige Grundlagen dargestellt.

Im weiteren Verlauf können nicht alle Aufgabenfelder des Sprachunterrichts bearbeitet werden. Schwerpunktmäßig geht es um Fragen und Aspekte der Mündlichkeit. Hier soll deutlich werden, dass wir es sowohl beim Erwerb der Erstsprache als auch beim Zweitspracherwerb mit einem interdisziplinären Forschungsbereich zu tun haben, für den neben der Linguistik die Pädolinguistik, die Psychologie, die Pädagogik, die Soziologie, die Neurophysiologie, die Anthropologie, die Biologie und die Medizin wichtige Erkenntnisse liefern. Das Problem besteht darin, all diese neueren Erkenntnisse miteinander zu verknüpfen und für die Theorie und Praxis nutzbar zu machen. Als Beispiel sind die Voraussetzungen zu nennen, die für den Schriftspracherwerb notwendig sind.

Im letzten Kapitel geht es um das Fremdsprachenlernen bzw. den Fremdsprachenunterricht. Hier werden überblicksartig Ziele, Inhalte, Themen, Konzeptionen, Methoden und Prinzipien des modernen Fremdsprachenunterrichts dargestellt.

Für die vorliegende zweite Auflage wurden die Kapitel »Sprachunterricht«, »Sprachwissenschaftliche Grundlagen« und »Fremdsprache« neu in diese Einführung aufgenommen, deren erste Auflage unter dem Titel »Erstsprache und Zweitsprache« erschienen ist.

Holz, im Januar 2007   *Britta Günther und Herbert Günther*

Einleitung

Die PISA-Studie hat die Kritik an der Arbeit in den vorschulischen und schulischen Einrichtungen (wieder) verstärkt in die öffentliche Diskussion hineingetragen. Die zum Elternhaus ergänzende und begleitende Fortsetzung der Erziehungs- und Bildungsarbeit in den Kindergärten und Schulen muss ernsthafter und zielstrebiger verfolgt werden. In vielen Einrichtungen werden die kindlichen Entwicklungszeiten nicht optimal genutzt, die Entwicklungsfenster werden nicht weit genug aufgestoßen und die intellektuelle Weltneugier und kindliche Fantasie werden zu wenig gefördert.

Für die Arbeit in der Grundschule ist die optimale Förderung der Lernfähigkeit und -entwicklung jedes Kindes als zentrale Aufgabenstellung zu betrachten. So heißt es in den Empfehlungen der Kultusministerkonferenz zur Arbeit in der Grundschule (1994): »Aufgabe der Grundschule ist es, Kinder mit unterschiedlichen individuellen Lernvoraussetzungen und Lernfähigkeiten so zu fördern, dass sich Grundlagen für selbstständiges Denken, Lernen und Arbeiten entwickeln sowie Erfahrungen im gestaltenden menschlichen Miteinander vermittelt werden«. Die Grundschule muss sich heute wachsenden Herausforderungen stellen wie der Migration und Integration von Kindern mit anderer Muttersprache und vor allem der Herstellung von Schulfähigkeit im Rahmen der Neugestaltung des Schulanfangs. Die Bedeutung metalinguistischer Fähigkeiten ist beim Erwerb der Schriftsprache, aber auch beim Erwerb einer Zweitsprache und beim Erlernen von Fremdsprachen sowohl in der Grundschule als auch auf den weiterführenden Schulen nicht hoch genug einzuschätzen.

Wir müssen in der momentanen bildungspolitisch und pädagogisch hektischen Zeit der offenbar raschen Veränderungen Ruhe bewahren und nach flexiblen und praktikablen Lösungen Ausschau halten, die die sprachliche Förderung der Kinder im Blickpunkt der pädagogischen Bestrebungen sehen. Wichtiger als formale und organisatorische Veränderungen sind eine intensive Sensibilisierung, eine mentale Wende und vor allem eine Kompetenzerweiterung aller pädagogisch Verantwortlichen hinsichtlich der Bedeutung der gesprochenen Sprache für das Erlernen von Lesen und Schreiben und dem Erwerb von fremden Sprachen.

Dabei sollten folgende Gruppen hinsichtlich der Förderung intensiver erfasst, beraten und gefördert werden:

1. Gruppe

Kinder mit Problemen beim Erwerb der Erstsprache, wie z.B. Schwierigkeiten in der Aussprache von Lauten, Lautverbindungen und Wörtern, beim Wortschatz oder in der Konstruktion von Sätzen. Neben diesen hörbaren Störungen haben wir in dieser Gruppe auch Kinder mit nicht hörbaren Störungen wie Sprachverstehen und im komplexen Bereich der metasprachlichen Fähigkeiten. Diese Fähigkeit, über die gesprochene Sprache nachzudenken, wird in Diagnose und Förderung vernachlässigt.

2. Gruppe

Kinder mit Schwierigkeiten in der Zweitsprache – hier geht es v.a. um Deutsch als Zweitsprache und nicht um das Erlernen einer Fremdsprache wie Französisch oder Englisch im Rahmen des schulischen Unterrichts. Die Erstsprache dieser Kinder aus sprachlichen Minderheiten ist gleichzeitig ihre Familien-, Kultur- und Sozialisationssprache, Deutsch dagegen nur Verkehrs-, Schul- und Behördensprache. Hier liegen die Probleme beim Sprachverstehen, aber auch bei der Sprachproduktion, insbesondere auf den Ebenen der grammatischen und semantischen Kompetenz.

3. Gruppe

Deutsche und zugewanderte Kinder erwerben in Kindertagesstätten und Kindergärten auf freiwilliger Basis Englisch oder Französisch in sehr erfolgversprechenden Projekten, teils mit und teils ohne Muttersprachlerinnen. Die Schülerinnen und Schüler in den Grundschulen lernen verpflichtend meist schon ab dem ersten Schuljahr eine Fremdsprache. In vielen Bundesländern wie z.B. Rheinland-Pfalz und Nordrhein-Westfalen wird Englisch in den Grundschulen angeboten, in anderen Regionen wie z.B. in Baden-Württemberg (Rheinschiene) und dem Saarland wird wegen der Grenznähe Französisch favorisiert. Zugewanderte Kinder haben aber teilweise auch Probleme mit ihrer Erstsprache und mit dem Erwerb von Deutsch als Zweitsprache. Nun kommt in den Einrichtungen eine zweite oder gar dritte Sprache dazu und die vorhandenen Probleme in der Aussprache und der Grammatik werden damit noch komplexer. Hier müssen wir mit Problemen und Schwierigkeiten beim Erwerb der Schriftsprache rechnen. Daher ist es wichtig, sich über diese Problem- und Risikokinder genau zu informieren – über Gespräche mit den Eltern und mit Fachkollegen und über ein detailliertes Studium des sozialen Milieus. Die pädagogisch Verantwortlichen sollten dafür sorgen, dass in frühen Jahren (Kindergartenalter) das sprachliche Fundament der Erstsprache gefördert und stabilisiert wird, sodass sich die Vermittlung weiterer sprachlicher Systeme auf dieses Fundament stützen kann.

In der Schnittmenge der drei Gruppen können wir einige gemeinsame Probleme erkennen: das Verstehen von Sprache (Sprachverständnis), die Aussprache mit den wichtigen Bereichen Prosodie (Sprechmelodie, Rhythmus und Akzent) und Intonation und die Grammatik (vgl. hierzu Abb. 1).

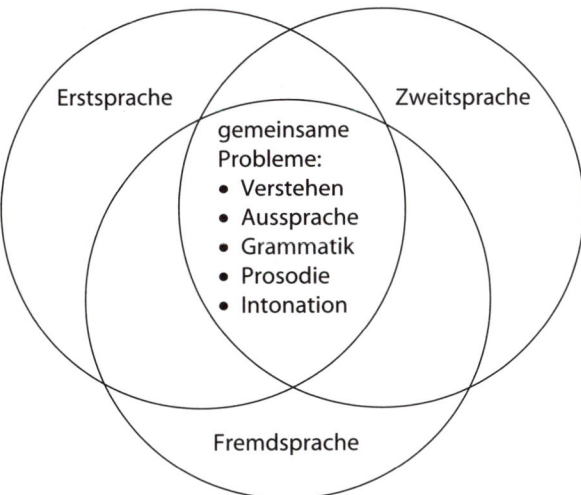

Abb. 1: Schnittmenge der Probleme

In der Theorie und Praxis der sprachpädagogischen Arbeit im Kindergarten und in der Grundschule klammern wir uns zu sehr an die hörbaren Symptome und sichtbaren Phänomene, also an die sprachlichen Äußerungen und an die sprachlichen Normen der jeweiligen Sprachgemeinschaft. Wir achten bei den Kindern zu früh und zu dogmatisch auf das »Richtig sprechen müssen«. Diesen pädagogischen Fehler machen auch Pädagogen beim Erwerb der Zweitsprache und beim Fremdsprachenlernen in der Grundschule oder auf den weiterführenden Schulen. Kinder brauchen beim Erwerb der gesprochenen und noch mehr beim Erwerb der geschriebenen Sprache Freiräume und Zonen des Experimentierens, wo sie ihre eigene Sprache erproben und ihr persönliches Sprechen ohne unmittelbare Sanktionen erforschen können. Künftig sollten wir sowohl bei der Förderung der Erstsprache als auch beim Erwerb der Zweitsprache Deutsch folgende Aspekte bewusst machen und gezielter in die Förderung einbeziehen:

- das Verstehen der Gesprächspartner,
- das Umgehen mit Symbolen, Emblemen und Piktogrammen,
- das Konstruieren in und mit der Sprache,
- das Fantasievolle in unserer Sprache und beim Sprechen,
- das bewusste Nachdenken über unsere Sprache,
- das Denken in und mit unserer Sprache,
- die Einheit von Diagnose und Förderung im Sinne der Förderdiagnostik,
- das Aufgreifen kindlicher Handlungssituationen aus dem Alltag und
- die Vorbildfunktion für Sprache und Sprechen.

Die Individualität der Kinder und die vorherrschende Heterogenität der zu fördernden Gruppen müssen wir respektieren und akzeptieren; eine Homogenisierung wird nicht angestrebt. Gerade die Vielfalt der Sprachen und fremden Kulturen darf nicht als Bedrohung, sondern soll als persönliche Bereicherung der Kinder betrachtet werden.

Um sich dem Phänomen Sprache – sei es die Erstsprache, die Zweitsprache oder die Fremdsprache – in der Praxis zu nähern, müssen bei den Pädagogen fundierte theoretische Kenntnisse vorhanden sein. Auf der Basis einer soliden theoretischen Kompetenz können diagnostische Fähigkeiten bei jedem einzelnen Kind entfaltet und eingesetzt werden, damit die notwendigen organisatorischen und pädagogischen Konsequenzen für eine gezielte Förderung abgeleitet werden können. Das magische Viereck steht hier im Mittelpunkt der pädagogischen Überlegungen: Hören – Sprechen – Lesen – Schreiben. Dies hat zur Folge, dass wir die einzelnen Entwicklungsbereiche – insbesondere die Wahrnehmung, die gesprochene Sprache und die metalinguistischen Fähigkeiten wie Sprachbewusstsein und phonologische Bewusstheit – zu einem sehr frühen Zeitpunkt im Kindergarten systematisch fördern. Wichtig ist für die Praxis die Erkenntnis, dass es nicht um die isolierte Erfassung verschiedener Fähigkeiten geht, sondern vielmehr um die Wechselwirkungen, Vernetzungen und Zusammenhänge der einzelnen Entwicklungsdimensionen. Die isolierte Förderung einzelner Wahrnehmungsbereiche, wie z.B. der auditiven Wahrnehmung, ist sinnlos. Die kindliche Entwicklung kann nur über eine integrierte und eng verzahnte Förderung erfolgen. Wahrnehmung und Sprache sowie alle anderen kindlichen Entwicklungsfelder entwickeln sich zeitlich nicht nacheinander, sondern miteinander.

1. Sprachunterricht

Eine Einführung aus pädagogischer Sicht erfordert auch die Beschäftigung und Auseinandersetzung mit der pädagogischen Kategorie, in der die Umsetzung in der Grundschule erfolgen soll.

1.1 Sprachwissenschaft als Basis

Die zuständige Wissenschaft heißt Sprachwissenschaft bzw. Linguistik. Beide Begriffe werden trotz historischer Unterschiede und Abweichungen vielfach synonym gebraucht. Die Sprachwissenschaft beschäftigt sich in Theorie und Forschung mit der Beschreibung und Analyse von Sprachen und den verschiedenen spezifischen Sprachformen (Varietäten). Zentrale Bereiche und Aspekte sind die Lautlehre (Phonetik und Phonologie), die Bildung von Wörtern als Wortbausteine (Morphologie mit Flexion und Wortbildung), der Aufbau von Sätzen (Syntax), die Lehre von den Bedeutungen von Wörtern und Sätzen (Semantik) sowie die Verwendung von Sprache im sozialen Kontext der Wirklichkeit (Pragmatik). In Abbildung 2 werden die wesentlichen Aufgaben und Funktionen der historischen und modernen Sprachwissenschaft zusammengefasst und übersichtlich dargestellt.

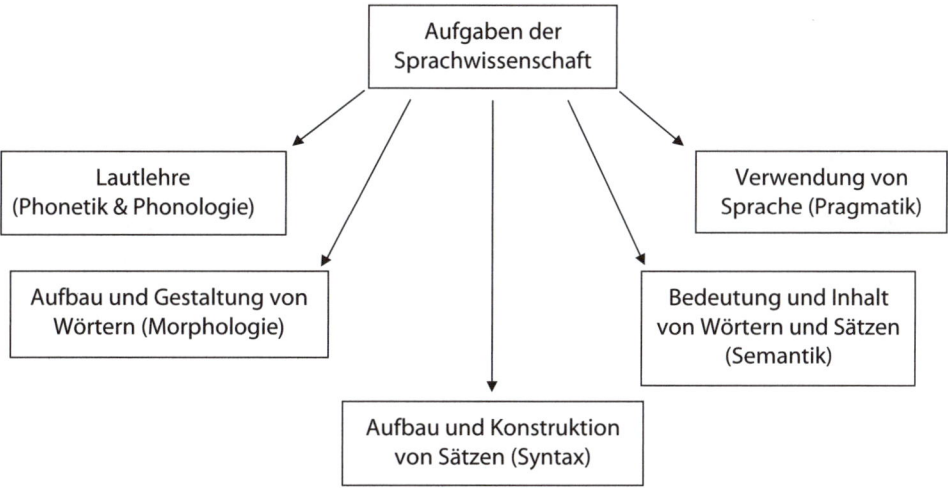

Abb. 2: Aufgaben der Sprachwissenschaft

Der Untersuchungsgegenstand ist die menschliche Sprache, gleichzeitig ist die Sprache aber auch Medium der zwischenmenschlichen Kommunikation. Dieser Doppelfunktion gilt es sich ständig zu erinnern. Dabei orientiert sich die Sprachwissenschaft an der gesprochenen und geschriebenen Sprache, wobei sich hier einerseits eine präskriptive, d.h. den korrekten Sprachgebrauch normativ vorgebende Haltung und andererseits eine deskriptive, d.h. den Sprachgebrauch eher wertfrei beschreibende Haltung ausmachen lässt (vgl. Bausch/Christ/Krumm 2003, S. 19). Die Beschreibung der Sprache sollte dabei mindestens folgende drei Kriterien erfüllen:

- Eindeutigkeit
- Überprüfbarkeit
- Widerspruchsfreiheit

Die in der Sprachwissenschaft verwendeten Begriffe müssen daher zum einen präzise und zum anderen konsistent sein, d.h. alle Sprachbenutzer und Lerner müssen unter dem gebrauchten Begriff semantisch das Gleiche verstehen.

Die didaktische Gestaltung und methodische Vermittlung der großen Themenbereiche Erstsprache, Zweitsprache und Fremdsprache erfolgt im Sprachunterricht der Grundschule. Der Sprachunterricht ist einerseits in das Unterrichtsfach Deutsch integriert und überlagert andererseits alle Schulfächer als Unterrichtsprinzip. Der Begriff Sprachunterricht verbindet die Institution des Unterrichts mit dem Gegenstand »Deutsche Sprache«. Gleichzeitig ist die Sprache in Mündlichkeit und Schriftlichkeit das wichtigste Medium, über das alle Informationen in unserer Informations-, Wissens- und Mediengesellschaft laufen. Sowohl die Institution Schule als auch der Gegenstand Sprache sind über die deutsche Standardsprache miteinander verknüpft. Der Sprachunterricht in diesem Sinne ist Unterricht in der hochdeutschen mündlichen und schriftlichen Kommunikation. Felder (2006, S. 42) sieht die Sprache zum einen als Medium aller Unterrichtsfächer und zum anderen als Gegenstand der Betrachtung und Aneignung in ganz bestimmten Unterrichtsfächern.

1.2 Spracherziehung

Die gesamte Arbeit der Grundschule steht unter dem Auftrag, jedem einzelnen Kind grundlegende Bildung in den Bereichen Hören und Sprechen, Lesen, Schreiben und Sprache sowie Sprachgebrauch zu ermöglichen. Die Schule soll die Kinder und Jugendlichen auf die konkrete Lebenswirklichkeit vorbereiten und für die Teilhabe am kulturellen, sozialen und wirtschaftlichen Leben in unserer Gesellschaft vorbereiten. Hier ist die sprachliche Kompetenz in höchstem Umfang gefordert. Die Zukunft des Einzelnen und die Gesellschaft insgesamt hängen in entscheidendem Umfang von dem Grad der Bildung, dem Wissen und der sprachlichen Kompetenz unserer Kinder ab. Der Sprachunterricht wird ergänzt, unterstützt und begleitet durch zentrale Prozesse der Bildung und Erziehung.

Die Grundschule muss zumindest teilweise erzieherische Aufgaben übernehmen, um so das Elternhaus zu unterstützen, zu beraten und zu begleiten. Unter Erziehung verstehen wir all jene Maßnahmen, wo Erwachsene mit einer bestimmten Absicht in der Interaktion und im Dialog mit Kindern bestimmte Lernvorgänge in Gang setzen. Hier geht es um die Vermittlung von Sprache und Sprechen im Sinne der Gesprächsfähigkeit, aber auch von Normen und Werten (Freiheit, Mündigkeit, Gerechtigkeit, Verantwortung u.a.), die in unserer Zivilisation und Gesellschaft eine Rolle spielen. In diesen Erziehungsprozessen übernimmt die Sprache eine führende Rolle und Aufgabe. Daneben wird die Bildung, insbesondere die frühkindliche Bildung der Sprache als zentrale Schlüsselkompetenz unserer Informations- und Wissensgesellschaft von allen gesellschaftlichen Gruppen gefordert. Information und Wissen prägen unsere Gesellschaft und unsere Zukunft. Hier hat die Sprache eine wichtige Aufgabe. Die Bildung bzw. die Ausbildung der Sprache als menschliche Tätigkeit und die Kraft der Sprache für die Bildung der Persönlichkeit und Identität des Menschen durchdringen den schulischen und gesellschaftlichen Alltag. Dabei soll der zentrale Gedanke der sprachlichen Bildung im Sinne der Selbstbildung in den Vordergrund treten. Sprachbildung ist damit ein lebenslanger Prozess, der grundsätzlich nie abgeschlossen ist. Die Bildung der Sprache muss langsam wachsen und braucht Zeit. Die Bildung soll den Menschen über die Sprache als zentrale Kategorie aus seiner Abhängigkeit und Unmündigkeit herausführen (vgl. Kant). Die Sprache, der Sprachgebrauch, das Sprechen und das Zuhören übernehmen in diesem Bildungsprozess eine zentrale Schlüsselqualifikation. Bildung als pädagogischer Grundbegriff reicht jedoch weit über den schulischen Kontext hinaus und kennt zwei Hauptströmungen: Erstens Bildung als Kanon von Fächern und Kompetenzen, die durch die Gesellschaft (Industrie, Wirtschaft) definiert und an das Kind herangetragen werden. Zweitens Bildung im Sinne der Entwicklungsförderung, wo das Kind von sich aus neugierig und aktiv ist und die Bildung seiner Person und Persönlichkeit selbst in die Hand nimmt. Das Kind ist Konstrukteur seiner eigenen Entwicklung und will alle Kräfte mobilisieren und anregen. Die Bildung der Sprache ist immer Selbstzweck.

1.3 Struktur des Faches Sprachunterricht

Der Sprachunterricht in der Grundschule kennt keinen in sich abgeschlossenen und homogenen Gegenstand, er konstituiert sich aus verschiedenen Themenfeldern und Lernbereichen. Er stellt die deutsche Sprache als Unterrichtssprache, Verkehrssprache und Gegenwartssprache ins Zentrum der Betrachtungen und macht sie zum zentralen Lerngegenstand, der unter verschiedenen Aspekten betrachtet werden kann. Die sprachlichen Äußerungen der Kinder können gesprochen oder als Texte aufgeschrieben werden und sie verweisen stets auf eine Sache, einen Gegenstand, einen Zusammenhang, auf abstrakte Begriffe und Vorstellungen, auf den Sprecher oder den Schreiber selbst (vgl. Ministerium für Bildung Frauen und Jugend 2005, S. 4). Der

Sprachunterricht als fachliche, organisatorische und inhaltlich-thematische Kategorie hat für die Arbeit in der Grundschule grundlegenden Charakter und steht daher im Zentrum eines Fächer verbindenden Unterrichts. Dieser grundlegende Sprachunterricht wird im Kern durch das Fach Deutsch verkörpert und ist als Nahtstelle zu dem Fremdsprachenunterricht, dem Sachunterricht und allen anderen Fächern zu betrachten.

Die Struktur des Faches Sprachunterricht wird durch die 2004 durch die Kultusministerkonferenz (KMK) der Bundesrepublik Deutschland verabschiedeten Bildungsstandards für das Fach Deutsch vorgegeben. Hier werden vier zentrale Kompetenzbereiche genannt: Sprechen und Zuhören, Schreiben, Lesen – mit Texten und Medien umgehen, Sprache und Sprachgebrauch untersuchen. Diese vier genannten Kompetenzbereiche bilden keine Hierarchie, sondern sollen im Sinne einer Spirale ineinander greifen und sind im Sinne eines integrativen Sprachunterrichts thematisch aufeinander abzustimmen.

Die Didaktik (der Begriff kommt aus dem Griechischen *didaskein* und bedeutet soviel wie lehren, unterrichten und jemanden bilden) definiert im Sinne von Klafki (1967) die Ziele und Aufgaben des Faches als auch die begründete Auswahl der Unterrichtsgegenstände, Themen und Inhalte. In Abgrenzung dazu beschäftigt sich die Methode mit dem »Wie«, d.h. hier geht es um das konkrete Vorgehen im Unterricht und das Strukturieren und Arrangieren von Lernsituationen im Unterricht. In den letzten Jahren wurden viele Lehrpläne der einzelnen Bundesländer kritisch durchforstet, »abgespeckt«, überarbeitet, modifiziert und ergänzt. Man spricht jetzt nicht mehr von Lehrplänen, sondern von Rahmenplänen (vgl. Ministerium für Bildung, Frauen und Jugend 2005). Der Rahmenplan steckt den zeitlichen und inhaltlichen Rahmen von vier Schuljahren (Klasse 1 bis 4) ab und beschreibt das Ziel eines Weges, auf dem Kinder in unterschiedlicher Weise je nach intellektueller Begabung, sozialer Herkunft, individuellen Lernstrategien und mit unterschiedlichem Lerntempo unterwegs sind. Die Entwicklungsverläufe der Kinder verlaufen nicht linear, sondern sind sehr komplexer Natur und heterogen. Die Entwicklungsvarietäten und die Leistungsschere am Schulanfang klafft teilweise bis zu drei Lebensjahre auseinander. Diese unterschiedlichen und heterogenen Entwicklungsstände ermöglichen keine exakte inhaltliche Zuordnung von Themen und Inhalten zu den einzelnen Klassenstufen 1 bis 4. Keiner der genannten Teilbereiche Hören, Sprechen, Lesen, Schreiben und Sprachreflexion ist zu einem bestimmten Zeitpunkt in sich abgeschlossen. Die Grundschule sollte im Sinne einer eigenen Profilsetzung einen Arbeitsplan entwickeln, der die Förderbedürfnisse aller Kinder – der schwachen und der hochbegabten gleichermaßen – berücksichtigt. In dem mehrfach angesprochenen Teilrahmenplan Deutsch der Grundschule in Rheinland-Pfalz ist der sogenannte Orientierungsrahmen folgendermaßen strukturiert:

- *Sprechen und Zuhören*
  Wie z.B. mit anderen sprechen, Dialoge und Gespräche führen, andere verstehen, in verteilten Rollen sprechen

- *Lesen, Umgang mit Texten und Medien*
  Wie z.B. Leselust entfachen, Spaß am Lesen, Bereitschaft zur Leseleistung, indivi-
  duelle Lesefertigkeiten entwickeln, über Leseerfahrungen verfügen, Texte lesen,
  produzieren, verändern, präsentieren und verstehen
- *Schreiben*
  Wie z.B. über Schreibfertigkeiten verfügen, Schreiberfahrungen sammeln, richtig
  schreiben, Texte planen, schreiben und überarbeiten
- *Sprache und Sprachgebrauch*
  Wie z.B. die gesprochene Sprache untersuchen, Gemeinsamkeiten, an Wörtern,
  Sätzen und Texten herausarbeiten und Unterschiede zwischen der gesprochenen
  und geschriebenen Sprache erkennen

Dieses Raster ist die didaktische Grundlage und ein Orientierungsrahmen für den
Sprachunterricht und jegliches Sprachenlernen in der Grundschule. Das Kind kann
in und mit der Sprache sein Lernen steuern und gestalten. Sprache ist für das Kind

---

- Mittel der zwischenmenschlichen Kommunikation in der Schule und außerhalb,
- Träger von Sinn und Bedeutung,
- Ausgangspunkt und Bestandteil der eigenen Identität,
- Schlüssel zum Welt- und Selbstverständnis,
- Quelle für vielfältige soziale Erfahrungen,
- Ausgangspunkt für den kognitiv-verbalen Erkenntnisgewinn im Schulalltag,
- Gestaltungselement für die Erfahrungen mit anderen Sprachen (Herkunftssprachen
  der Mitschüler), mit anderen Religionen (Christentum, Islam, Judentum, Hinduismus,
  Buddhismus) und anderen Kulturen (Normen und Wertvorstellungen).

Der Sprachunterricht der Grundschule ist erstens nicht nur und ausschließlich auf
das Fach Deutsch zu begrenzen, sondern sollte Fächer übergreifend und unterrichts-
immanent erfolgen, d.h. nicht in speziell für diese Bildung zur Verfügung gestellten
Unterrichtsstunden.

1.4 Planung und Gestaltung des Sprachunterrichts

Damit kommen wir zum Begriff des Unterrichts. Allgemein betrachtet ist der Unterricht eine institutionalisierte und organisierte Form des Lehrens und Lernens unter
Anleitung und Kontrolle von pädagogischen Profis. Der Unterricht in der Schule
wird für solche Situationen und Kontexte benutzt, in denen

- mit pädagogischer Absicht,
- in geplanter Art und Weise,
- in einem sinnvollen Wechsel von offenen und strukturierten Phasen,
- innerhalb einer bestimmten Zeitschiene,
- unter professioneller Anleitung durch pädagogische Experten,

- in kommunikativ arrangierten Situationen,
- mit emotionaler Unterstützung und in
- multiplen und lebendigen Interaktionsformen

das Kind eine Verknüpfung von Erfahrung und Wissen erfährt. Weiterhin sollen sprachliche Lernprozesse initiiert, provoziert, gestaltet, unterstützt, begleitet, reflektiert und modifiziert werden. Es geht dabei einerseits um das Einüben von sozialen Fertigkeiten wie das Einhalten von Gesprächsregeln und vorgegebenen Ritualen und zum anderen um die auditiven Fähigkeiten wie das aufmerksame und konzentrierte Zuhören und Verarbeiten von gehörten Informationen. Der Unterricht verfolgt bestimmte Unterrichtsziele, behandelt definierte Themen und Inhalte und vermittelt diese durch ausgesuchte und auf die Kinder hin adaptierte Methoden und Prinzipien. Der Unterricht soll dabei professionell geplant, durchgeführt, reflektiert und dokumentiert werden. Hinsichtlich der Unterrichtsplanung ist folgende Verlaufsstruktur sinnvoll:

1. Gründliche Sachanalyse, d.h. es geht um das »Was«, also um eine Darstellung und Analyse des Unterrichtsgegenstandes aus der fachlichen und wissenschaftlichen Perspektive.
2. Didaktische Analyse, d.h. hier geht es um das »Warum«, also die Bedeutung und den Lebensbezug dieses Themas für die Gegenwart und die Zukunft der Kinder.
3. Lernbedingungen, d.h. es geht um das »Wer«, also um die Schülerinnen und Schüler sowie um die örtlichen Bedingungen.
4. Lernziele, d.h. hier sollen die Lernschwerpunkte definiert und in Form von Grob- und Feinzielen formuliert und operationalisiert werden.
5. Methodische Überlegungen, d.h. es geht jetzt um das »Wie«, also um die Frage, wie baue ich die Unterrichtsstunde auf, welche Medien setze ich ein, welche Arbeits- und Sozialformen sind geeignet, welche Unterrichtsprinzipien eignen sich für die Unterrichtsstunde und welche Lehrverfahren dienen der Vermittlung des Stoffes.
6. Verlaufsplanung, d.h. die chronologische Abfolge wird in dem zur Verfügung stehenden Zeitfenster von 45, 60 oder 90 Minuten definiert, die Aktivitäten der Lehrer sowie der Schülerinnen und Schüler formuliert und die eingesetzten Medien, Sozialformen sowie die Differenzierungsvorhaben beschrieben.
7. Reflexion, d.h. hier wird die durchgeführte Unterrichtsstunde noch einmal kritisch analysiert, Modifikationen besprochen und Veränderungen für das weitere unterrichtliche Vorgehen besprochen und dokumentiert.

Der Sprachunterricht in der Grundschule stützt sich dabei strukturell auf zwei Eckpfeiler: die Sprachbildung mit dem zentralen Unterrichtsgegenstand Sprache und Sprachgebrauch und die Sprecherziehung mit dem Gegenstand Sprechen und Zuhören bzw. Hörerziehung.

1.5 Aufgaben des Sprachunterrichts

Während Deutsch in allen Schulen Deutschlands ein Unterrichtsfach darstellt, ist der Sprachunterricht kein eigenes Unterrichtsfach. Er ist als unterrichtsimmanentes Prinzip zu verstehen, das fächerübergreifend bedeutsam ist. Die deutsche Sprache als Standardsprache ist in allen Fächern gleichermaßen als Zielsprache zu pflegen. Sprachunterricht meint einen Unterricht hinsichtlich der deutschen Standardsprache in Wort und Schrift und bildet zusammen mit dem Literaturunterricht und der modernen Medienerziehung den Deutschunterricht. Insbesondere aus historischer Sicht ist es sinnvoll, an dem Begriff Sprachunterricht festzuhalten (vgl. Knapp 2006, S. 589). Der moderne Sprachunterricht muss vielfältige Aufgaben übernehmen und erstreckt sich dabei in Theorie und Praxis auf unterschiedliche Handlungsfelder (Abb. 3).

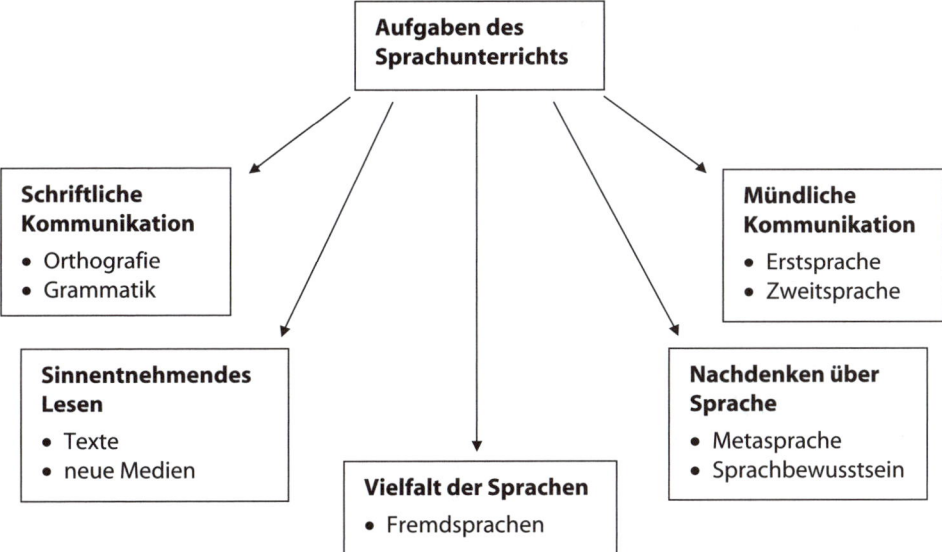

Abb. 3: Aufgaben des Sprachunterrichts

Der heutige Sprachunterricht hat folgende grundlegende Aufgaben zu bewältigen:

1. Im Rahmen der Mündlichkeit muss er sich mit den Zielen, Inhalten, Methoden, Verfahrensweisen, Prinzipien und Konzepten der Erstsprachvermittlung und zum anderen mit der Zweitsprache beschäftigen. Innerhalb der Erstsprache geht es um die Probleme und Chancen der Sprachentwicklung, des Spracherwerbs und der Sprachkompetenz der Lebensjahre 0 bis 10, aber auch um differenzierende Angebote für Kinder aus sozial vernachlässigten Familien mit einem restringierten Kode, d.h. mit verzögertem und begrenztem Wortschatz und ein-

fachem Sprachstil. Neben der Beschäftigung mit leichten Sprachauffälligkeiten wie Lispeln muss sich der Sprachunterricht aber auch um die durchschnittlich und hochbegabten Kinder (Kinder mit elaboriertem Kode) kümmern. Auf der anderen Seite muss der moderne Sprachunterricht im Rahmen der Zweisprachigkeit bzw. Mehrsprachigkeit Schülerinnen und Schüler mit Migrationshintergrund inhaltlich fordern und fördern. Diese Aufgaben können weder von einem speziellen Förderunterricht übernommen werden, noch darf die Verantwortung für die notwendige sprachliche Förderung auf die betroffenen Familien übertragen werden. Die heutige Pädagogik und Sprachdidaktik versteht sich als Pädagogik der sprachlichen Vielfalt und hat auch die Verpflichtung, zweisprachig aufwachsenden Schülerinnen und Schülern in ihrer weiteren Sprache (Englisch, Französisch, Spanisch usw.) zu helfen. Darüber hinaus sollte der Sprachunterricht zumindest didaktische Anregungen hinsichtlich von Deutsch als Fremdsprache geben. Dies kann in enger Kooperation mit dem Elternhaus oder in einer anderen Form der Förderung geschehen; hier sind die lokalen Verhältnisse vor Ort entscheidend (vgl. Siebert-Ott 2006, S. 38). Der Sprachunterricht darf sich jedoch nicht nur mit den Möglichkeiten und Grenzen der Erstsprache Deutsch begnügen.

2. Die orthografischen Fähigkeiten und grammatischen Rechtschreibkompetenzen müssen so weit entwickelt werden, damit sich das Kind solide und ausreichende Rechtschreibkenntnisse aneignen kann. Hinsichtlich des Schreibens braucht das Kind eine persönliche und individuelle Handschrift. Beim Schreiben muss die Fähigkeit des sinnentnehmenden Lesens am Ende der Grundschulzeit so weit entwickelt sein, dass das Kind weiterführende Schulen besuchen kann. Die Entwicklung einer basalen Lesefähigkeit im Sinne des Textlesens muss einhergehen mit der Aneignung verschiedener Lesetechniken und Lesestrategien. Lesen wird heute nicht mehr so sehr als bloße Technik gewürdigt, sondern als komplexe Handlung, der nun einmal Motive, Interessen, Erwartungen, Aufgaben und Ziele zugrunde liegen. Die Hauptarten des Lesens wie das informatorische, kognitive, literarische, überfliegende, kritische und korrigierende Lesen sollten in die didaktischen Überlegungen einmünden. Der neuerdings verbreitete Begriff des Bildschirmlesens als eine Art des Aufschriftenlesens stellt ein Gegengewicht zu dem bekannten Buch-, Heft- und Zeitungslesen dar. Neue Begriffe wie »elektronisches Buch« oder »Zeitungsbuch« kündigen den medialen Wandel, aber auch die mediale Vielfalt an.

3. Im Umgang mit Texten muss der Schwerpunkt auf dem Lesen im Sinne der Bewältigung satzübergreifender Zusammenhänge liegen. Hier muss auch die Fähigkeit der Textkohärenz (Zusammenhang) entwickelt und ausgebaut werden. Das zugrunde liegende semantische und kognitive Netz sollte über die verschiedenen Möglichkeiten der Textgliederung erschlossen werden, so nach dem Motto »Was will mir der Autor eigentlich sagen?«. Hier verdient die Lektüre Beachtung, die zur Allgemeinbildung gehört. Ebenso sollte die Kinderliteratur bekannter Kinder- und Jugendbuchautoren berücksichtigt werden. Über die Lektüre soll das

Verstehen und Interpretieren von Texten weiter gefördert werden. Dazu gehört auch der kritische, gemäßigte und kreative Umgang mit der neuen Medienvielfalt, die die Schülerinnen und Schüler doch eher zur sprachlichen Passivität verurteilt als zur sprachlichen Kreativität anregt. Die Vielfalt der neuen Medien ermöglicht auch ungeahnte Perspektiven hinsichtlich der Präsentationsformen von Texten und Textausschnitten.

4. Die formal-strukturelle Sprachbetrachtung, man spricht auch von Sprachreflexion, Nachdenken über Sprache und Metasprache, ist der vierte Aufgabenbereich des heutigen Sprachunterrichts. Dazu gehören auch die Begriffe »cultural and language awareness«, »Sprachbewusstsein«, »phonologische Bewusstheit« u.a. Hier geht es um die Vermittlung von Einsichten in den Bau bzw. Aufbau der hör- und sichtbaren Form unserer Sprache. Die Sprachbetrachtung gelingt am besten in bekannten Kontexten und angenehmer Atmosphäre, also am besten im tatsächlichen Gebrauch der alltäglichen Sprache. Hierbei stehen gesprochene Äußerungen und geschriebene Texte zur Verfügung. In diesem Feld der eher formalen und strukturbezogenen Betrachtung der Sprache wurde die situationsorientierte Grammatik im Anschluss an die kommunikative Wende der 70er-Jahre abgelöst. Der teilweise »trockene« und ausschließlich buchorientierte Grammatikunterricht rückte mehr und mehr in den Hintergrund und wurde durch die Formulierung »Reflexion über Sprache« abgelöst (vgl. Glinz 2006, S. 432). Dabei geht es um die genaue Beobachtung sprachlicher Äußerungen und Produkte in Wort und Schrift sowie die sich daraus ergebenden systematischen Untersuchungen und Analysen mit dem Gegenstand Sprache. Das klassische Betrachtungsinstrument ist die Grammatik. Die deutsche Grammatik besteht aus der Lautlehre (Satz, Wort, Silbe, Phonem, Graphem, Laut, Graph, Vokale und Konsonanten), d.h. hier geht es um die Lautungen im Deutschen, also auch um die Stimmführung und Betonung. Zum Zweiten besteht die Grammatik aus der Beschreibung der verschiedenen Arten von Wörtern (Verben, Nomen, Adjektive, Pronomen, Partikel). Die Syntax bildet den Kernbereich der Grammatik. Dabei geht es zentral um den Aufbau der Sätze, d.h. um die Reihenfolge der einzelnen Wörter in einem Satz. Viertens gehört zur Grammatik auch die Wortbildung, die darüber Auskunft erteilt, wie die einzelnen Wortgestalten im Inneren aufgebaut sind.

5. Neue Aufgabenfelder für den heutigen Sprachunterricht im Sinne einer Sammelkategorie ergeben sich aufgrund der schnellen Veränderungen in unserer Gesellschaft. Die Vielfalt und Varietäten der in Deutschland gesprochenen und geschriebenen Sprachen sollte im Sprachunterricht aufgegriffen werden. Da wird erstens der Zusammenhang zwischen Schichtzugehörigkeit und Sprachkompetenz neuerdings wieder untersucht und die aus den 60er-Jahren bekannten Zusammenhänge zwischen der sozialen Schichtzugehörigkeit und dem benutzten Kode zeigen sich wieder. Die soziolinguistischen Theorien wie die Defizit- und Differenzhypothese im Sinne von Basil Bernstein erleben eine Renaissance. Es gibt Korrelationen zwischen restringiertem und elaboriertem Kode und der Mündlichkeit und Schriftlichkeit (vgl. Glinz 2006, S. 26). Die gesamte Zuwande-

rungswelle hat zweitens dazu geführt, dass in Deutschland eine Parallelgesellschaft aufgebaut wurde. Die Menschen sind nicht nur sozial desintegriert und leben nebeneinander her, das Gleiche gilt auch für die Sprache. Verschiedene Sprachen werden gesprochen ohne Möglichkeiten der Akzentuierung, Wertschätzung und fachlichen Verknüpfung. Hier muss der moderne Sprachunterricht einsetzen, um die Sprachen, Kulturen und Religionen als Einheit zu sehen und wieder näher zusammenzubringen. Die Mehrsprachigkeit ist die Regel und die Einsprachigkeit die Ausnahme. Die Gruppe der zugewanderten Kinder und Jugendlichen in unserer Gesellschaft nimmt weiter zu und die Verstehensprobleme sowie die sozialen Integrationsschwierigkeiten mehren sich. Das sprachliche Umfeld ist sehr heterogen und damit wird die sprachliche Integration in die Gesellschaft erschwert. Hinzu kommt für die deutschen Kinder der Umgang mit der Standardsprache als Zielsprache und der gleichzeitige Gebrauch von Dialekten oder dialektgefärbten Umgangssprachen je nach regionaler Zugehörigkeit. Und zum dritten muss sich der heutige Sprachunterricht dem frühen Fremdsprachenlernen inhaltlich stärker zuwenden. Die Bedeutung der Erstsprache liegt nicht nur in der Vermittlung von Deutsch als Zweitsprache für zugewanderte Kinder, sondern auch in gleichem Umfang das Erlernen von Fremdsprachen wie Englisch und Französisch. Über das Konzept »Language Awareness« (Sprachbewusstsein) kann die reale Sprachenvielfalt auch hier vorbereitet werden, es können Vergleiche mit anderen Sprachen, Religionen und Kulturen angestellt werden und die Berücksichtigung der zwei- und mehrsprachigen Lebenswelten der Kinder kann im Sinne des interkulturellen Lernens verknüpft werden. Die Antwort auf die gesellschaftliche, sprachliche und kulturelle Heterogenität und Vielfalt kann nur durch den medial ausgerichteten und differenzierenden Sprachunterricht erteilt werden, der die Sprache als Medium der Kommunikation und als Gegenstand des Unterrichts betrachtet.

1.6 Ansätze des Sprachunterrichts

Die Diskussion um den Sprachunterricht bewegt sich nach Felder (2006, S. 45) zwischen den Polen der absoluten Eigenständigkeit innerhalb des Deutschunterrichts bis hin zu Aufgabe und Auflösung und damit zur Integration des Gegenstandes Sprache in den sonstigen Unterricht der Schule. Daneben gibt es Didaktiker (vgl. Boueke 1984), die sowohl für die Eigenständigkeit als auch für die Integration in die übrigen Fächer plädieren. Historisch gesehen sind im Sinne von Felder (2006) verschiedene didaktische Konzeptionen und Ansätze auszumachen.

Systematischer Sprachunterricht
Darunter versteht man in den 60er- und 70er-Jahren des zwanzigsten Jahrhunderts einen formalen Unterricht, der die Sprachbetrachtung mit der traditionellen Sprachlehre im Sinne einer »Schulgrammatik der deutschen Sprache« und die Sprachkun-

de, also die Sprachgeschichte, Wort- und Namenkunde betont (vgl. Helmers 1972). Hierbei stehen die sprachliche Bildung und die Grammatik im Zentrum des Sprachunterrichts. Hier handelt es sich um eine Didaktik der Sprachbildung und der Wissensvermittlung, die die kindliche Kommunikation vernachlässigt.

Kommunikativer Sprachunterricht

Die kommunikative Wende Anfang der 80er-Jahre hat den Begriff der Kommunikation im Sinne der Pragmatik in den Mittelpunkt des Sprachunterrichts gerückt. Der schillernde und vielerorts benutzte Begriff der Kommunikation wird hier verstanden als eine Form der mündlichen und schriftlichen Äußerung mit ganz bestimmten Zielsetzungen und Interessen. Die Kontexte sind bestimmte ausgesuchte soziale Situationen aus dem Alltag und der Lebenswelt der Kinder. Das sprachliche Handeln der Kinder wird produktiv, rezeptiv und vor allem jetzt auch reflexiv gesehen und begleitet. Der Sprachunterricht mutiert zum Kommunikationsunterricht, wo insbesondere die kommunikative Kompetenz der Kinder über Rollenspiele und freies Experimentieren gefördert werden soll. Hier handelt es sich um eine Didaktik des sprachlichen Handelns.

Situationsorientierter Sprachunterricht

In den 70er-Jahren gab es Sprachdidaktiker (Boetcher/Sitta 1978), die den Sprachunterricht als eigenen Lernbereich auflösen und in den Deutschunterricht sowie die übrigen Fächer integrieren. Man spricht jetzt von dem situativen Grammatikunterricht, der in konkreten Situationen erprobt werden soll. Die Unterrichtsthemen und -inhalte sollten spontan aus der Situation heraus definiert werden im Sinne eines didaktischen Situationsansatzes. Es werden geeignete Sprachverwendungssituationen gesucht und der Sprachunterricht erhält den Charakter eines Sprachgebrauchsunterrichts.

Integrativer Sprachunterricht

In den 80er-Jahren entwickelt sich in Anlehnung an die kognitive Wende in der modernen Lernpsychologie das Konzept des integrativen Sprachunterrichts im Sinne eines fächerübergreifenden Sprachunterrichts. Hier werden realistische und für den Alltag notwendige Aspekte aufgegriffen wie z.B. der Umgang in Sprachverwendungssituationen und überzogene theoretische Forderungen wie der spontane Situationsansatz werden zurückgedrängt. Der Sprachunterricht wird wieder planbar und die Eigenständigkeit wieder gestärkt. Die kognitiven Aspekte bei der Beschreibung und Analyse sprachlicher Prozesse und Strukturen werden betont und didaktisch hervorgehoben. Im Gefolge des sich durchsetzenden Radikalen Konstruktivismus wird der Blick auf die konstruktive innere Tätigkeit der Lernenden gerichtet. Künftige Schwerpunkte sind Metasprache und Metakognition, d.h. das Nachdenken über die eigene Sprache und das dahinterstehende Denken. Diese integrative Wende im Sprachunterricht zeigt sich bei den Inhalten und bei den Methoden. Als Beispiel ist auf die Integration von Methoden beim Erstlese- und Erstschreibunterricht hinzuweisen, wo die synthetische (einzelheitliche und zusammenfügende) und analytische (ganzheitliche) Methode zu der analytisch-synthetischen Methode integriert wurde.

Wenn wir die Entwicklungslinien des Sprachunterrichts der letzten Jahrzehnte noch einmal zusammenfassen, so können wir folgende Tendenzen, teilweise Wendungen und Akzentverschiebungen erkennen:

- In den 70er-Jahren verlagert sich der inhaltliche Schwerpunkt weg von dem eher funktionsorientierten und curriculumspezifischen Ansatz hin zur vielfältigen Kommunikation, d.h. zum Gebrauch der Sprache in verschiedenen Alltagssituationen. Diese kommunikative Wende hat das kindliche Sprachverhalten in konkreten Sprechverwendungssituationen in den Mittelpunkt der sprachlichen Förderung gerückt. Die Sprache wird als Medium der zwischenmenschlichen Kommunikation im Sinne des aktuellen und spontanen Sprachgebrauchs betrachtet.
- In den 80er-Jahren setzt sich immer mehr der von der modernen kognitiven Lernpsychologie aufgenommene Trend der kognitiven Sprachbetrachtung durch. Dabei können fünf wichtige Befunde als Folge der sogenannten kognitiven Wende genannt werden: Wissen und Gedächtnis, kulturelle Erfahrungen, Denken und Problemlösen, Metakognition und früheste Formen des Lernens. Diese Erkenntnisse werden von Spitzer (2003, S. 23) umschrieben als die Suche nach Sinn und Bedeutung, nach sinnstiftenden Vorgängen und vor allem nach dem Verstehen. Es geht zentral um aktive geistige Prozesse des Verstehens. Das bewusste Lernen und die metasprachlichen Tätigkeiten wie Sprachbewusstsein und phonologische Bewusstheit werden aus der englischsprachigen Literatur und Wissenschaft in unser theoretisches Denken und praktisches Handeln importiert. Das Vorwissen, die gemachten Erfahrungen und die solide Wissensbasis sind Grundvoraussetzungen für die Konstruktion von Sinn und Bedeutung.
- In den 90er-Jahren beschäftigt sich der Sprachunterricht mit dem immer größer werdenden Problem der Migration. Kinder und Jugendliche aus verschiedenen Sprachgemeinschaften, Kulturräumen und Religionsgemeinschaften besuchen unsere Kindergärten und Schulen und sprechen unterschiedliche Sprachen. Die deutsche Sprache wird für diese Menschen zu einer fremden Sprache. Hier hat der Sprachunterricht verschiedene länderspezifische und regional ausgerichtete Angebote entwickelt, um die sprachliche Kompetenz der zugewanderten Kinder und Jugendlichen zu verbessern. Die bisherigen sprachlichen Erfolge sind jedoch nicht besonders ermutigend, sodass sich der Sprachunterricht verstärkt um diese Probleme und teilweise persönlichen Notlagen kümmern muss. Die sprachliche Kompetenz der zugewanderten Mitbürgerinnen und Mitbürger ist die Basis für die notwendige soziale Integration.
- Im neuen Jahrtausend der Globalisierung und des modernen Europas wird der Fremdsprachenunterricht mit der Weltsprache Englisch und mit Französisch als Sprache unseres Nachbarn in unseren Kindergärten und Schulen angeboten. In

vielen vorschulischen Einrichtungen gibt es nachahmenswerte und ermutigende Fremdsprachenprojekte, die nachweisen, dass das kindliche Gehirn in jungen Jahren mehr als eine Sprache lernen kann, wenn die personellen und materiellen Bedingungen gegeben sind. In den Grundschulen aller sechzehn Bundesländer ist der Fremdsprachenunterricht ab der ersten Grundschulklasse verbindlich vorgeschrieben. Hinsichtlich der inhaltlichen Konzepte und didaktischen Umsetzungsmöglichkeiten gibt es unterschiedliche Auffassungen.

Der heutige Sprachunterricht kann sich dieser Sprachenvielfalt nicht mehr verschließen. Im Gegenteil sollte er alle Sprachen tolerant aufnehmen, akzeptieren, wertschätzen und in seine didaktische Konzeption und pädagogischen Überlegungen integrieren.

Fazit

Historisch gesehen hat sich der Sprachunterricht vom Primat der Einsprachigkeit des muttersprachlichen Unterrichts gelöst und sich neuen Aufgaben zugewendet. Man spricht heute von Erstsprache und Zweitsprache und fordert das frühe Fremdsprachenlernen in den Grundschulen, ja teilweise im vorschulischen Bereich. Die Mehrsprachigkeit hat die Einsprachigkeit abgelöst; damit wird die sprachliche Heterogenität hinsichtlich der Vorläuferfertigkeiten (Sprache, Denken, Gedächtnis, intellektuelle Befähigung, auditive und visuelle Wahrnehmung u.a.) betont. Der Sprachunterricht hat heute die Aufgabe, die Prozesse der Aneignung der deutschen Sprache als Erstsprache und als Zweitsprache zu planen, vorzubereiten, zu koordinieren, zu steuern, durchzuführen, zu überwachen und kritisch zu beobachten. Dabei geht es zum einen um den Gegenstand »Deutsche Sprache« und zum anderen um das Medium und Mittel »Deutsche Sprache«, das zur Verständigung und Informationsübermittlung innerhalb der Institution Schule eine überragende Rolle spielt. Die inhaltlichen und didaktischen Wandlungen des heutigen Sprachunterrichts münden ein in die Begriffe der sprachlichen Vielfalt und Sprachvarietäten im Sinne der Existenz von verschiedenen speziellen Sprachformen, der Heterogenität der Lernvoraussetzungen, der Informations- und Wissensgesellschaft und des kognitiv-kommunikativen Sprachunterrichts. Der Sprachunterricht muss kognitive Einsichten vermitteln in die Formen und Strukturen der Sprache in der Mündlichkeit, Schriftlichkeit und Sprachbetrachtung. Die neu entfachte soziolinguistische Betrachtung der Sprache und die Diskussion um die soziale Bildungsschere der sozialen Schichten weckt Erinnerungen an den kompensatorischen Sprachunterrichtsansatz der 70er-Jahre. Das Leben in unserer Parallelgesellschaft bedeutet, dass verschiedene Varietäten (spezielle Sprachformen) nebeneinander existieren. Die deutsche Standardsprache mit dem Anspruch der Korrektheit ist die Zielsprache in den Schulen und die lokale, lockere und regional gefärbte Umgangssprache die Freizeitsprache in den unterschiedlichen Lebenswelten der Lerner. Der Sprachunterricht muss auf andere Sprachen (Erstsprache, Zweitsprache, Fremdsprache) eingehen, zu einer Relativierung der Bedeutung und Wertschätzung der eigenen Sprache hinführen und die mehrsprachige Erziehung thematisieren.

1.7 Zur Komplexität des Sprachbegriffs

Streng genommen und inhaltlich korrekt sollten wir »Sprache und Sprachgebrauch« und ebenso »Sprechen und Hören« als eine integrative Kategorie und Einheit betrachten. Der Schweizer Linguist Ferdinand de Saussure bezeichnet die allgemeine menschliche Fähigkeit zur Sprache und zum Sprechen als »langage«. Weiterhin unterscheidet er in »langue« und »parole«, also in Sprache und Sprechen. *Langue* im Sinne von Sprachgebilde mit einem eigenen Regelsystem, das je nach individuellen Möglichkeiten vom Kind sozial erworben wird. *Parole* als Sprechen, Rede, Sprechhandlung, Text und Sprachgebrauch im Sinne von individuellen und persönlichen Akten, in denen die sprechende Person das vorhandene System einer Sprache in eigenen Kombinationen einsetzt und verwendet (vgl. Lewandowski 1990, S. 628). Sprache als System bedeutet, dass wir es mit einem geschlossenen und geordneten Ganzen zu tun haben, in dem alle Teile eine Beziehung zueinander und zum Ganzen haben, zu einer Struktur verknüpft sind und dabei bestimmte Aufgaben erfüllen.

Beide Begriffe Sprache und Sprechen bedingen sich wechselseitig und sind voneinander abhängig. Für die Einführung in das komplexe Thema Sprache ist eine Auflistung nach vier Bedeutungsrichtungen sinnvoll und für das Verständnis wichtig (vgl. Braun 1999, S. 11):

1. Sprache als eine allgemeine menschliche Fähigkeit, Disposition und Anlage, Sprache zu erwerben, zu entwickeln und sich ihrer zu bedienen. Hier werden die Sprachphilosophie, die Biologie und die Anthropologie als Wissenschaftsbereiche angesprochen.
2. Sprache als ein sozial übermitteltes und konventional definiertes System von Zeichen der jeweiligen Muttersprache im Sinne von »Ergon« (Wilhelm von Humboldt) und »la langue« (Ferdinand de Saussure). Hier werden die Linguistik, Pädolinguistik und Soziolinguistik als Wissenschaftsdisziplinen bemüht.
3. Sprache als Tätigkeit und Handlung, die das menschliche Handeln initiiert, steuert, kontrolliert und bewertet. Der Mensch ist auf die Sprache in sozialen Situationen angewiesen und zwar als Organon (Karl Bühler) mit Ausdrucks-, Darstellungs- und Appellfunktion. Hier wird die Pragmatik als Wissenschaftsdisziplin gefordert.
4. Sprache als aktueller Sprechvorgang und Realisierung von Sprache in bestimmten sozialen Situationen und Kontexten. Gedanken, Gefühle und Wünsche werden über das Sprechen nach außen transportiert und an andere Menschen übermittelt. Hier geht es um den individuellen Gebrauch der Sprache, als hörbarer Prozess im Sinne von »parole«.

1.7.1 Sprache

Sprache ist ein komplexes, multidisziplinäres und integratives Phänomen im Alltag des Menschen, das verschiedene theoretisch-empirische (z.B. die Entwicklungs- und Lernpsychologie, Soziologie und Neurophysiologie) und praktisch-angewandte (z.B. Medizin, Logopädie, Sonderpädagogik, Sprachheilpädagogik) Wissenschaftsdisziplinen beansprucht. Für die Einführung in die Thematik ist eine Klärung des Begriffes und Aufgliederung des Gegenstandes Sprache von Nutzen.

Zunächst können wir davon ausgehen, dass die grundlegende und allgemeine Sprachfähigkeit des Menschen biologisch determiniert ist, d.h. grundlegende zerebrale Strukturen sind als Dispositionen genetisch angelegt. Das Ingangsetzen dieses genetischen Sprachprogramms erfolgt jedoch kulturell über die jeweilige Sprachgemeinschaft, d.h. es wird sozial vermittelt über die primären und sekundären Bezugspersonen des Kindes in der Familie, im Freundes- und Bekanntenkreis, in der Verwandtschaft, in der Nachbarschaft, im Kindergarten, in der Schule und in allen Räumen der kindlichen Lebenswelt. Jedes Kind durchläuft einen eigenen, individuellen und keineswegs linearen Spracherwerbsprozess. Hier kann es Höhen und Tiefen geben und nicht selten müssen »Stolpersteine« auf dem Weg hin zur Sprache aus dem Weg (Entwicklungsweg) geräumt werden. Bei diesem Vorgang stehen von Anfang an Sprache und Sprechen in einem dynamischen Wechselverhältnis, d.h. sie entstehen mit jedem gesprochenen und verstandenen Wort stets aufs Neue aus dem Zusammenspiel vieler Teil- und Subsysteme. Die Sprache kann als eigenständige Leistung nicht existieren, sie ist immer auf andere Leistungen und Entwicklungsbereiche angewiesen. Hier sind zu nennen: die Handlung und Tätigkeit, die Interaktion, die Kognition, die Emotion, die Sensorik und die Motorik.

Sprache ist das wichtigste und ausschließlich spezifisch menschliche Kommunikationsmittel, das einerseits dem Austausch von Informationen dient und andererseits kognitive sowie affektive Funktionen erfüllt. Der Begriff Sprache an sich enthält zwei wesentliche Bereiche. Erstens die »Sprache« an sich, also die Fähigkeit und Anlage des Menschen zur Sprache und zweitens die Sprache als Einzelsprache im Sinne der Konkretisierung und Benutzung von Zeichen in einer bestimmten Sprachgemeinschaft. Die Fähigkeit, Sprache zu erwerben ist angeboren und entwickelt sich im Laufe der kindlichen Entwicklung und Reifung zu einem funktionierenden System. Lediglich Sprachstörungen können diesen Prozess des Spracherwerbs erschweren, verzögern, behindern oder in Ausnahmefällen unmöglich machen, so dass Ersatzsysteme entstehen (Glück 2005, S. 611). Mit der erworbenen Sprache kann der Mensch mit anderen interagieren, kommunizieren, denken und handeln. Die Sprache ist phylogenetisch (= stammesgeschichtliche Entwicklung des Menschen) und ontogenetisch (= individuelle Entwicklung des Menschen) an den Menschen gebunden. Die Sprache erzeugt Gedanken, entwickelt Kreativität und Fantasie, übermittelt Normen und Werte und vermittelt Emotionen. Im Bereich der Sprachwissenschaft bzw. Linguistik wird der Begriff Sprache definiert als das Inventar an Wörtern, das dem Kind zur Verfügung steht (Wortschatz bzw. Lexikon) und die Regeln für die Kombination der Wörter in einem Satz, also die Grammatik (vgl. Berg-mann/Pauly/ Stricker 2005, S. 7). Die Sprachwissenschaft als die zentrale Bezugswis-senschaft beschäftigt sich mit dem Gegenstand Sprache. Ein wichtiges Anwendungs-gebiet der Sprachwissenschaft ist der Sprachunterricht, die Sprachförderung im Sin-ne des muttersprachlichen Unterrichts. Gerade beim Begriff der Sprache sollte der Begriff der Bildung eine wichtige Rolle spielen, Bildung im Sinne von internen Selbstbildungsprozessen des Kindes. Sprache hat seinen Ursprung im menschlichen Gehirn, wo in den sogenannten Sprachregionen die Wörter gedanklich produziert und verstanden werden. Damit wir Gedanken und Wünsche sprachlich formulieren können, steuert ein Netzwerk von Nervenzellen fein abgestimmt die Sprechwerkzeu-ge. In verschiedenen Gebieten der Großhirnrinde wird die menschliche Sprache erdacht. Bei den meisten Menschen liegen diese Sprachzentren im linken Schläfen- und Stirnhirn, wie z.B. das Broca Sprachzentrum und das Wernicke-Sprachzentrum.

1.7.2 Sprechen

Sprechen umfasst zunächst alle Möglichkeiten der mündlichen Kommunikation des Menschen. Sprechen involviert und integriert immer das Hören bzw. das aktive und aufmerksame Zuhören. Beide Aspekte sind immer aufs Engste miteinander ver-knüpft. Das Sprechen an sich vollzieht sich in unterschiedlichen sozialen Situationen des Alltags und wird durch körperliche und psychologische Handlungen hervorge-rufen (vgl. Glück 2005, S. 637). Viele Kinder, aber auch Erwachsene sind der Ansicht, dass die menschliche Sprache »aus dem Mund kommt«. Dies trifft nur bei sehr oberflächlicher Betrachtung zu. Die Töne und Klänge werden im Kehlkopf mit den Stimmbändern, den Resonanzräumen und den Sprechwerkzeugen gebildet und sehr individuell realisiert. Neben diesem ersten Irrtum gibt es noch einen zweiten: Die Kinder erwerben und sprechen keine einzelnen Laute und sie reihen die Laute auch nicht aneinander. Neugeborene und Kleinkinder haben kein Einzellautbewusstsein, da sie von den Eltern und primären Bezugspersonen ja keine einzelnen Laute hören und damit auch erwerben können. Sie hören Silben, Wörter, Redewendungen, Sätze und sprachliche Äußerungen. Nach vier bis sechs Monaten produzieren die Kinder erste sogenannte »Lautgebilde«, die sehr stark Silben ähneln wie z.B. »ma-ma«, »ba-ba«, »da-da« usw. Das Kind hört unterschiedliche Lautverbindungen und beginnt Verschluss- und Öffnungslaute miteinander zu kombinieren. Es hört ebenso den Rhythmus und die charakteristische Melodie der Sprachgemeinschaft, d.h. hier ent-wickelt sich die Fähigkeit der Prosodie als eine komplexe Kraft der Sprache. So be-gleiten silbenähnliche Gebilde das Spielen und die Tätigkeiten des Kindes (vgl. Hell-rung 2002, S. 14). Die menschliche Sprache besteht aus einzelnen Lautverbindungen, die zu Sprechsilben, Wörtern, Redewendungen und Sätzen kombiniert werden. Kin-der hören keine einzelnen isolierten Laute, sondern Lautketten, Silben und Wörter.

Der Begriff »Sprechen« drückt die jeweils unterschiedliche und individuelle An-wendung des Inventars und die Realisierung der Regeln aus. Das Sprechen als individuelle Realisierung von Sprache umfasst elementare Prozesse wie Atmung, Stimme, Aussprache, Intonation und Körpersprache und darüber hinaus kulturspezifische Fähigkeiten wie Lesen, Sprechdenken und Hörverstehen. Erst das Zusammenspiel verschiedener Hirnareale und die fein abgestimmte Koordination verschiedener Organe versetzt uns in die Lage zu sprechen. Der eigentliche Ton entsteht im Kehlkopf. Hier geraten die Stimmlippen bei ausströmender Atemluft in Schwingungen und je nach Grad der Spannung entstehen unterschiedlich hohe Töne. Mit Hilfe der Sprechwerkzeuge wie Lippen, Zunge und Gaumen formt der Sprecher die charakteristischen Laute bzw. Lautverbindungen und Lautkombinationen der menschlichen Sprache der jeweiligen Sprachgemeinschaft.

Die menschlichen Laute werden nach festgelegten Regeln der Sprachgemeinschaft aneinandergereiht. So entstehen sinnvolle Informationen. Laute werden zu Silben zusammengefügt, aus den einzelnen Silben werden Wörter und aus den Wörtern Sätze. Die Sprechwissenschaft und Sprecherziehung als die zentrale Bezugswissenschaft mit dem weiten Feld der Kommunikation und Gesprächsfähigkeit beschäftigt sich wissenschaftlich mit dem Gegenstand Sprechen. Der Bezugspunkt sind die Menschen, die miteinander in Beziehung treten, Kontakte aufbauen und miteinander sprechen (vgl. Papst-Weinschenk 2004, S. 14). Neben dem Begriff der Sprecherziehung wird auch der Begriff der Sprechbildung benutzt. Dabei geht es nicht nur um die bloße Aneignung von Wissen, sondern auch um die eigentliche Tätigkeit des Sprechens, die von jedem einzelnen Menschen ausgehen muss. Der Begriff der Sprecherziehung meint die Erziehung zum Sprechen, die auf dem Prinzip der Selbsttätigkeit im Sinne von »learning by doing« beruht. Sprecherziehung, Sprechbildung und die Didaktik der mündlichen Kommunikation wollen das Kind auffordern, die persönlichen Möglichkeiten des Sprechens auszuprobieren und zu reflektieren. Es geht beim Sprechen um die persönliche Kompetenz zum angemessenen Sprechen in den unterschiedlichsten Situationen des Alltags (vgl. Papst-Weinschenk 2004, S. 15). Die Erziehung zum Sprechen ist nie abgeschlossen, sie ist ein lebenslanger Prozess der Selbstbildung. Auch im Erwachsenenalter können noch Lernprozesse hinsichtlich des Sprechens initiiert und erfolgreich abgeschlossen werden; man denke etwa an das Kommunikationstraining oder erfolgreich absolvierte Rhetorikkurse im Rahmen der beruflichen Ausbildung und Karriere. Die Impulse zum Sprechen müssen vom einzelnen Kind ausgehen, d.h. die Bereitschaft sich anzustrengen ist notwendig, um die persönliche Aussprache zu verbessern. Die Sprecherziehung stützt sich dabei in besonderer Weise auf die individuelle Freiwilligkeit, die intrinsische Motivation und die persönliche Einsicht, das Sprechen zu verbessern.

Die Sprechwissenschaft und die Sprecherziehung beschäftigen sich schwerpunktmäßig mit den verschiedenen Formen und Aspekten der mündlichen Kommunikation als Schlüsselqualifikation in der heutigen Informations- und Wissensgesellschaft. Sowohl im Kindergarten als auch in der Schule wird die Erziehung zum richtigen Sprechen zu wenig gewürdigt. Dabei gilt seit Erich Drach (1931), dem Begründer der modernen Sprecherziehung, die Schule als das traditionelle Praxisfeld der Sprecherziehung. Gerade im Deutschunterricht der Grundschule sollte das richtige Sprechen besser und intensiver gefördert werden.

Viele Kinder haben Probleme, den Unterschied zwischen stimmhaften und stimmlosen Lauten oder zwischen langen und kurzen Vokalen zu hören. Hier sollte über die gezielte Hörerziehung die Fähigkeit zur Lautunterscheidung, das Hörverstehen, das korrekte Sprechen und indirekt das Schreiben gefördert werden. Die Hörerziehung ist wichtig für deutsche Kinder, für Migrantenkinder (zugewanderte Kinder) und für Kinder, die Deutsch als Fremdsprache erlernen.

Neben der Hörerziehung sollte das Sprechen gefördert werden und zwar über die szenische Darstellung wie z.B. beim Witze-Erzählen, beim Rollenspiel oder beim Theaterstück, wo die Körpersprache und die Stimmgebung gleichermaßen wichtig sind. Außerdem kann die eigene Sprechweise durch das gestaltende Sprechen verbessert werden. Gerade durch das freie und spontane Erzählen, das Sprechen im Rollenspiel und in der freien sprachlichen Improvisation können die Kinder ihre sprachlichen Fähigkeiten erleben, erfahren und erweitern. Aber auch beim lauten Lesen von Erzähltexten und Gedichten können das Sprechen und das Sprachgefühl gefördert werden. Besondere Aufmerksamkeit gewinnt bei den Kindern das Theaterspielen, wo die Bewegungen und das Sprechen gleichermaßen verbessert werden (vgl. Ertmer 2004, S. 317). Insgesamt sollten für die Sprecherziehung im Kindergarten und in der Schule folgende Elemente und Bausteine bedacht werden:

- das Gespräch,
- die freie Rede,
- das Argumentieren,
- das Erzählen,
- das Vortragen,
- die Atmung,
- die Stimme,
- die klare und deutliche Aussprache,
- die Körpersprache mit Mimik, Gestik und Blickkontakt,
- die Emotionen und
- die Stimm- und Sprechstörungen.

Das Behalten von Wissen und Fakten wird immer dann erheblich gesteigert, wenn das Kind in einer angenehmen Atmosphäre einem anderen Kind das Gelernte erzählt. Die Erzählkultur und insgesamt die Sprachkultur sollten unbedingt in allen Bildungseinrichtungen stärker gefördert werden.

2. Begriffliche Grundlagen

2.1 Historischer Rückblick

Betrachten wir den langen und kaum zu überblickenden Weg zur Menschwerdung und untersuchen wir dabei die jeweiligen Kommunikationsmöglichkeiten des Menschen, dann fällt auf, dass die Kommunikation während des größten Teils der menschlichen Evolution – weit mehr als die Hälfte – nichtsprachlicher Art gewesen ist.

> Die ersten menschenähnlichen Wesen (Australopithecinen) lebten vor etwa drei Millionen Jahren. Sie waren körperlich und geistig den Menschenaffen ähnlicher als dem heutigen Menschen. Vor etwa einer Million Jahren folgte ihnen der Homo erectus und schließlich der Homo sapiens, der in der Frühzeit seiner Existenz noch nicht ganz den heutigen Entwicklungsstand erreicht hatte (Homo sapiens neanderthalensis). Erst etwa vor 30.000 Jahren erschien der heutige Mensch (Homo sapiens sapiens) auf der Erde (vgl. Radigk 1991, S. 69).

Der vorstehende Kiefer, der kleine Resonanzraum und der hochliegende Kehlkopf ermöglichten es dem Urmenschen nicht, Laute und Wörter zu produzieren. Allerdings war er in der Lage, durch bestimmte Urlaute elementare Emotionen, Wünsche

Abb. 4: Entwicklungsphasen des Menschen (Zihlmann 1985, S. 207).

oder Gefühle wie Ärger, Angst, Schmerz, Hunger Freude oder Schlafen auszudrücken. Das dominierende Kommunikationsmittel des Urmenschen dürfte die Gebärdensprache gewesen sein. Die die Gebärdensprache begleitende Lautgebung wurde immer mehr zur Signalgebung benutzt, bis sich daraus Signalsysteme entwickelten. Das Bedürfnis der Menschen nach Kommunikation war somit von Anfang an gegeben (vgl. Radigk 1991).

Stammesgeschichtliche Entwicklung des Menschen (= Phylogenese)

Im Laufe der menschlichen Entwicklung hin zum Homo sapiens hat der Mensch verschiedene Stufen und Grade der Kodierung durchlaufen: Gebärden mit dem ganzen Körper, Gemik (hierunter wird die Kombination aus Mimik und Gestik verstanden), die Bildung von Urlauten bei der Jagd, um sich miteinander zu verständigen, konventionelle und definierte Laute innerhalb eines festgelegten Systems von Sprech- und Sprachlauten, um etwas auszudrücken, bis hin zum Übertragen der Laute in Zeichnungen, Bilder, Keilschriften, Hieroglyphen und schließlich in den Buchstaben. Wir können nicht annehmen, dass der Ur-Mensch ohne jegliche Kommunikation seine Lebensbedürfnisse befriedigen konnte. Über einen längeren Zeitraum in der Menschheitsgeschichte ist der Gebrauch von Gebärde und Lautsignal parallel verlaufen, bis mit dem Anstieg der Anforderungen immer mehr Lautsignale notwendig wurden. Schließlich haben diese neuen Lautsignale den Natur-lauten immer weniger entsprochen. Letztlich haben die Laute Zeichencharakter angenommen, d.h. die Laute bzw. Lautverbindungen und Lautketten (= Wörter) stehen für etwas. Somit ist aus der Lautgebung der Bedeutungsgehalt nicht mehr erkennbar. Gebärde, Gesten und Urlaute wurden immer mehr zurückgedrängt. Dies war ein wichtiger Schritt in der gesamten Entwicklung der menschlichen Kommunikation. Im Medienzeitalter muss das Kind sich nun mit neuen Symbolen und Zeichen im Umgang mit E-Mail-Schreiben, SMS-Schicken und im Umgang mit der PC-Software beschäftigen.

Individuelle Entwicklung des Menschen (= Ontogenese)

Die Entwicklung des Individuums von der Eizelle bis hin zum geschlechtsreifen Zustand verläuft hinsichtlich der Entwicklung zur Sprache und zum Sprechen ähnlich der phylogenetischen Entwicklung. Zunächst kommuniziert das Kind über wenig differenziertes bis hin zu differenziertem Schreien und über Blickkontakt, Lächeln, Weinen, Gebärden, Mimik und Gestik mit der Mutter oder den unmittelbaren Bezugspersonen. Danach beginnt es zu lallen und spricht die ersten Wörter und kleine Sätze. Erst im Alter zwischen fünf und sieben Jahren nähert es sich immer mehr an die Zielsprache der Erwachsenen an und übernimmt die vorherrschende Form und Norm der Standardsprache seiner Sprachgemeinschaft. Es erwirbt so seine erste Sprache (= Erstsprache), in der Regel ist dies die Sprache seiner Mutter (= Muttersprache). Vereinfacht könnte man folgern, dass die ontogenetische Entwicklung in groben Zügen der phylogenetischen Entwicklung folgt.

Die menschliche Entwicklung allgemein ist abhängig von den Umwelt- und Lebensbedingungen insgesamt, die geistige Entwicklung jedoch in erster Linie von der zwischenmenschlichen Kommunikation. Im Rahmen dieser Kommunikation von Menschen ist die Sprache der Träger unserer Gedanken, Wünsche und Gefühle und gehört zweifellos zu den komplexesten Fähigkeiten, zu denen der Mensch in der Lage ist. Kein Weg führt zum Menschen, es sei denn über die mitmenschliche Kommunikation (vgl. Radigk 1991)!

2.2 Kommunikation als Grundlage

> Kommunizieren bedeutet so viel wie »sich mitteilen«, es bedeutet aber auch »miteinander in Verbindung treten und in Kontakt bleiben«. Kommunizieren meint einerseits die Aussendung von Signalen auf verschiedenen Ebenen der menschlichen Verständigung, andererseits aber auch die Fähigkeit, die ankommenden Signale aufzunehmen, sie zu verarbeiten und ihren Sinngehalt zu verstehen. Die Aussendung und Verarbeitung von Signalen erfolgt weitgehend über unsere Sprache, sie geschieht aber auch durch Mimik, Gestik, durch Berührungen, aber auch über Empfindungen und Gemütszustände.

Beim Sprechen und im Gespräch werden alle Sinne gebraucht und angesprochen. Die Sprache, die wir als Erstsprache erwerben, ist Träger unserer Gedanken, unserer Fantasie, unserer Emotionen, unserer Werte, Normen und unserer Kultur (vgl. Erkes 2001, S. 2).

Bei der Kommunikation unterscheiden wir die verbale Kommunikation (Lautsprache, Schriftsprache, Mediensprache), die paraverbale Kommunikation (Stimmgebung, Modulation, Klangfarbe, Lautstärke, Sprechgeschwindigkeit) und die nonverbale Kommunikation (Blickkontakt, Mimik, Gestik, Körperhaltung). Bei der menschlichen Kommunikation kodiert (verschlüsselt) der Sprecher die Botschaften z.B. in nonverbale Signale oder verbale Zeichen, und der Hörer dekodiert (entschlüsselt) die Signale und Zeichen in Informationen, d.h. er ordnet sie in bereits vorhandenes Wissen ein und interpretiert die angekommene Botschaft. Kommunikation unter Menschen findet immer dann statt, wenn ein Mensch das Verhalten eines anderen Menschen beeinflusst, und zwar auch dann, wenn nichts gesprochen wird. Kommunikation ist viel umfassender als dies allgemein angenommen wird. Das gesprochene Wort ist dabei nur ein Teil der Kommunikation (vgl. Birkenbihl 1993, S. 75).

Die menschliche Sprache wird in der Regel im Zuge der kindlichen Entwicklung schrittweise erworben. Dieser Vorgang des Spracherwerbs ist sehr komplex und höchst diffizil. Manche Kinder – insbesondere die Problem- und Risikokinder – müssen auf dem Weg hin zur Sprache Hürden überwinden, wie z.B. wenig förderliche Sprachvorbilder, unzureichende Anregungen, wenig Zeit zum Gespräch mit Erwachsenen und organische Unzulänglichkeiten, wie z.B. ein unzureichendes Gehör oder ein extrem offener Biss. Die Entwicklung der Sinne spielt eine zentrale Rolle. Ohne unsere Sinne ist ein Aufbau von Sprache und Kommunikation nicht möglich.

Die Sprache ist das wichtigste Medium der zwischenmenschlichen Kommunikation, gleichzeitig aber auch eine der kompliziertesten Fähigkeiten des Menschen (Chomsky 1969). Sprache kann betrachtet werden als ein konventionelles, kultur- und gesellschaftlich bedingtes System von Zeichen. Die Sprache dient der Kodierung, der Fixierung und Überlieferung von menschlichen Ereignissen, Wissen, Werten, Normen und Erfahrungen. Sprache ist eine typisch menschliche und zugleich gesellschaftlich-kulturelle Erscheinung. Sie ist das primäre und dominante System von Zeichen, ein Instrument des Denkens und Handelns zugleich. Alle sozialen Verhaltensweisen sind weitgehend sprachgebunden. Sprache ist ein Zeichensystem, das nach bestimmten Regeln abläuft und funktioniert. Mit diesem System von lautlichen Zeichen können wir Menschen miteinander kommunizieren. Die Grundlage der Kommunikation ist die Fähigkeit des Kindes zur Kodierung, denn sie ermöglicht erst, eine Information aufzubewahren – Gesprochenes in Schrift umzuwandeln – und bei Bedarf zu identifizieren und wieder abzurufen.

Im Laufe der menschlichen Entwicklung haben sich Verständigungssysteme herausgebildet, die in dem nachfolgenden Schaubild formal dargestellt werden.

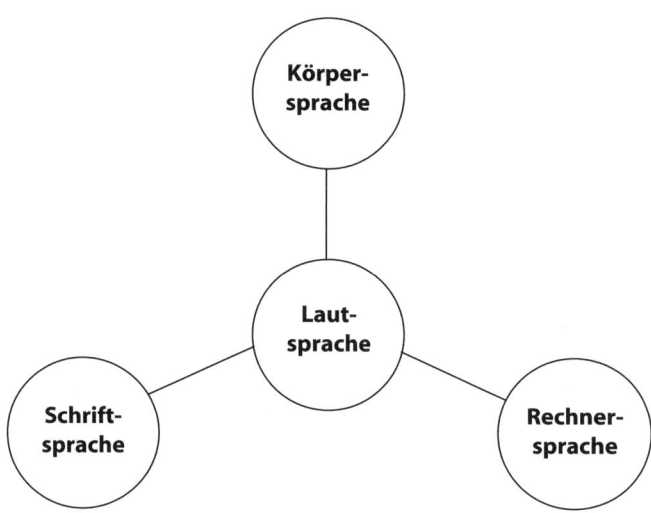

Abb. 5: Kommunikationsmodell

2.2.1 Erste Kommunikationsstufe: Körpersprache

Die Körpersprache – auch Ursprache oder Kinesik genannt – ist die älteste menschliche Form der Kommunikation. Das Interesse an der Körpersprache ist nicht neu. So hat man sich insbesondere für die Mimik im 18. Jahrhundert interessiert. Bei Johann Caspar Lavater (1775), Charles Darwin (1872), Eibl-Eibesfeld (1972) und

Desmond Morris (1997) wird die universelle Leistungsfähigkeit der Mimik des Menschen hervorgehoben. Alle diese Hinweise und Befunde lassen die Vermutung zu, dass die Körpersprache angeboren ist. Doch wenn man sich die verschiedenen körpersprachlichen Äußerungen genauer anschaut, erkennt man sehr schnell, dass sie im Laufe der Sozialisation erworben werden. Wachsmuth (2002, S. 158) unterscheidet bei den körpersprachlichen Äußerungen des Menschen drei unterschiedliche Kanäle:

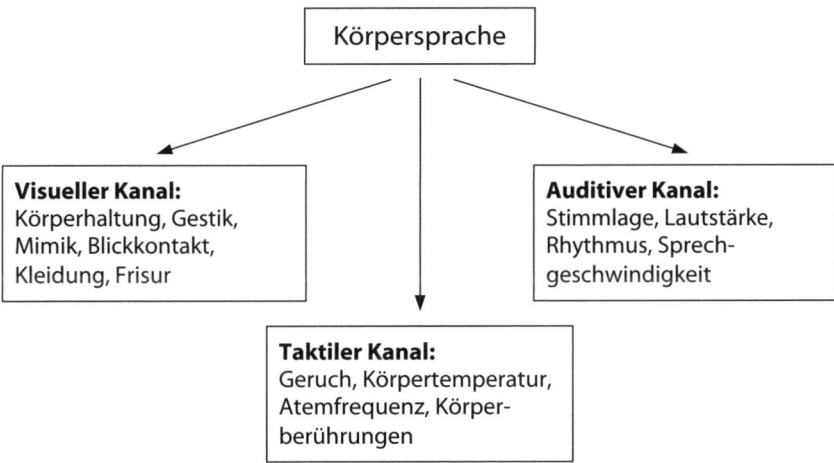

Abb. 6: Körpersprachliche Äußerungen

Bei einigen körpersprachlichen Äußerungen wie Kleidung und Frisur sind die sozialisationsbedingten Einflüsse deutlich erkennbar. Doch auch die anderen Elemente stehen unter historischem und geschlechtsspezifischem Einfluss.

Im Alltag sind wir uns aber nicht immer der Bedeutung dieser körpersprachlichen Einflüsse bewusst, obwohl wir uns permanent mit diesen Signalen der Körpersprache beschäftigen und sie zur Kommunikation nutzen. So wie Watzlawick u.a. (1990, S. 53) das erste Grundgesetz der menschlichen Kommunikation formulieren:

»Man kann nicht *nicht* kommunizieren.«

so kann man auch behaupten:

»Man kann Körpersprache nicht *nicht* wahrnehmen und deuten.«

Die Körpersprache arbeitet mit Zeichen, die ausschließlich mit dem Körper produziert werden. Während die Lautsprache verbal ausgerichtet ist, wird die Körpersprache durch eine Vielzahl von Faktoren bestimmt: Blickkontakt, Mimik, Gestik, Körperhaltung, Ausstrahlung und Kleidung. Der ganze Mensch ist beteiligt, und der Körper vermittelt Botschaften. Wir wissen heute, dass in einem Gespräch mindestens die Hälfte der Informationen über die Körpersignale aufgenommen wird. Man denke nur an ein Pantomimenstück, einen Stummfilm oder an die erste große Liebe. Hier spielen Worte nicht die entscheidende Rolle. Gehörlose Menschen kommunizieren weitgehend in der Körpersprache – auch Gebärdensprache genannt –, die sich weitgehend aus mimischen und gestischen Anteilen zusammensetzt. Der Ausfall der Sprechstimme wird durch individuelle Bewegungen der Hände und des Gesichts kompensiert. Die visuellen und pantomimischen Fähigkeiten ersetzen die fehlende lautsprachliche Kompetenz. Bei der Körpersprache kommt es offenbar nicht so sehr auf einzelne Merkmale und Teilaspekte an, sondern hier scheint eher der Gesamteindruck zu wirken als die Summe einzelner Faktoren. Die Körpersprache hat in der Lautsprache einen ganz zentralen Platz eingenommen, insbesondere werden emotionale Botschaften wie Sympathie und Antipathie von Menschen über unsere Körpersprache übertragen. Sie kann als die erste Stufe unserer Kommunikation betrachtet werden, mittels derer die Menschen untereinander in Kontakt treten, und zwar angefangen vom Säugling- und Kleinkindalter bis ins Erwachsenenalter hinein. Die Körpersprache, insbesondere die Mimik, Gestik und der Blickkontakt begleiten und unterstützen die Lautsprache. Die Körpersprache des Menschen hat unschätzbare Vorteile:

- Die Körpersprache ist jederzeit verfügbar genau so wie die Lautsprache der Hörenden, die Gebärdensprache der Gehörlosen und die Handzeichen für Menschen mit schwerster geistiger Behinderung.
- Die Körpersprache ist allen Menschen des jeweiligen Kulturraumes verständlich und verfügbar, ganz gleich welcher Sprachgemeinschaft sie angehören.
- Die Körpersprache begleitet alle anderen Symbolsysteme des Menschen und unterstützt die Interpretation. Sie ist ein taugliches Mittel, um Mitteilungen zu verdeutlichen, hervorzuheben, zu relativieren, zu ironisieren usw. (vgl. Wachsmuth 2002, S. 159f.).

Beispiel: Taubstumme und Gehörlose

Ein Beispiel für das Leben ausschließlich auf der Basis der Kommunikationsmöglichkeiten der Körpersprache bieten Taubstumme. Diese alte Bezeichnung wird hier gewählt, um den Unterschied gegenüber den Gehörlosen zu verdeutlichen. Gehörlose werden zu Taubstummen, wenn sie entweder gehörlos geboren werden oder die Gehörlosigkeit in frühester Kindheit erleiden. Werden diese Kinder nicht gefördert und beschult, dann erlernen sie weder die Gebärdensprache noch die Lautsprache. Der Taubstumme kann die gesprochene Sprache nicht hören und daher auch nicht erwerben. Auch die konventionelle Gebärdensprache erlernt er nicht, da sie niemand in seiner Umgebung beherrscht. Der Erwerb der Schriftsprache ist ihm ebenfalls nicht möglich, da er nicht über die Lautsprache verfügt. Der Taubstumme ist ein Mensch, der nur auf der Stufe der Körpersprache mit anderen Menschen kommunizieren kann (vgl. Radigk 1986, S. 50).

2.2.2 Zweite Kommunikationsstufe: Lautsprache

Die Lautsprache – auch gesprochene Sprache genannt – ist die zweite menschliche Kommunikationsstufe; Sie arbeitet vorwiegend mit symbolischen Zeichen. Für die kognitive Entwicklung des Menschen war die Lautsprache von Bedeutung. Entwicklungsgeschichtlich gesehen, entstand die Lautsprache zu einem Zeitpunkt, als die Vorfahren des Menschen durch die Veränderung der Lebensbedingungen darauf angewiesen waren, differenziertere Systeme zur menschlichen Verständigung zu entwickeln. Das System der Gebärden und die körpersprachlichen Äußerungen reichten nicht mehr aus, um sich auf Grund der gestiegenen Anforderungen ausreichend miteinander zu verständigen. Informationen über soziale Beziehungen, bestehende Verhältnisse und situative Bedingungen konnten mit den Mitteln der Körpersprache nicht vermittelt werden. Die Vorfahren des Neandertalers verfügten vermutlich vor über 300.000 Jahren über erste Sprechlaute. Natürlich konnte diese Sprache wegen der undifferenzierten und groben Sprechwerkzeuge noch nicht so elaboriert und differenziert sein wie die Sprache des Menschen der Neuzeit. Die Sprache des Neandertalers vor ca. 100.000 Jahren war physiologisch bereits in der Lage, eine ähnliche Sprache zu sprechen wie unsere heutige Lautsprache. Der Mensch ist seit über 100.000 Jahren in der Lage, Sprache zu gebrauchen und damit die erste Kodierung der Körpersprache in eine zweite Kodierung der Lautsprache umzuwandeln und zu übertragen.

Bei der Lautsprache handelt es sich aber nicht nur um eine einfache Umwandlung eines Signals in ein anderes, sondern die Lautsprache stellt einen Signalkomplex dar, der aus sprachlichen Klangfolgen, Sprechmelodie, Akzentuierungen, Pausen, Prosodie und grammatisch geordneten Wortfolgen besteht (vgl. Radigk 1991, S. 54). Die Lautsprache ist das wichtigste Mittel der zwischenmenschlichen Kommunikation und ist für die Herstellung der Kontakte und Beziehungen der Menschen untereinander unerlässlicher Bestandteil des täglichen Lebens. Sprache ist als eine allgemeine menschliche Fähigkeit, als ein soziales System von festgelegten Zeichen der jeweiligen Muttersprache, im Sinne von Sprechakten eine besondere Form des menschlichen Handelns und als individueller Gebrauch der Sprache zu verstehen (vgl. Braun 1999, S. 11).

Sprache und Sprechen

Die Konzentration auf den Begriff Sprache allein trifft den vorliegenden Sachverhalt nur teilweise und ist daher nicht zufrieden stellend. Wir müssen zwischen Sprache und Sprechen unterscheiden. Sprache kann als ein regelhaftes Zeichensystem betrachtet werden, das uns Menschen zur Ausdrucks- und Informationsvermittlung dient. Sprechen dagegen meint die Realisierung von Sprache durch die verschiedenen Sprechorgane; damit zählt Sprechen zu den höchsten psychischen Funktionen des Menschen. Sprache und Sprechen sind die Grundlage der menschlichen Kommunikation und von ganz entscheidender Bedeutung für das Erleben von Interaktion (vgl. das folgende Kommunikationsmodell).

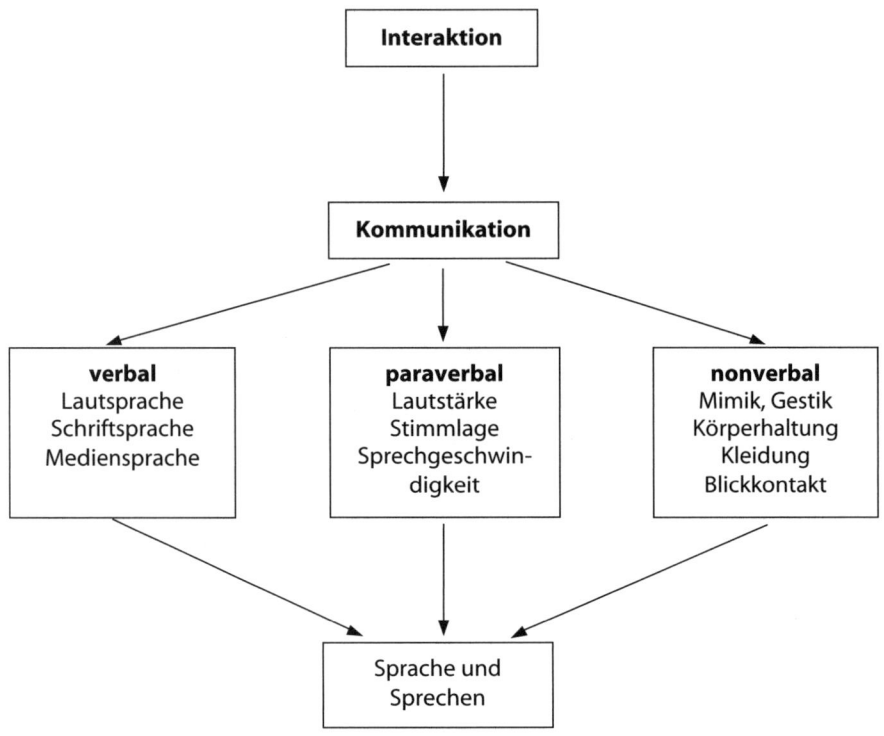

Abb. 7: Zum Kommunikationsbegriff

Beispiel: Sprachstörungen
Kinder mit Problemen innerhalb des zweiten Signalsystems haben Schwierigkeiten mit der Aussprache, es mangelt ihnen am Wortschatz, an den grammatischen Strukturen und an der Präzision der Ausdrucksfähigkeit. Diese Kinder haben Probleme beim oder nach dem Erwerb ihrer Erstsprache.

2.2.3 Dritte Kommunikationsstufe: Schriftsprache

Die bisherigen Kommunikationsformen wie Körpersprache (Gesten-, Mienen- und Gebärdensprache) und gesprochene Sprache (Sprechen, Singen, Klatschen) sind in zweifacher Hinsicht begrenzt: zum einen zeitlich auf den Moment der Produktion und zum anderen räumlich wegen der ausschließlichen Verwendung bei lokaler Nähe von Sender (z.B. Sprecher) und Empfänger (z.B. Hörer). Diese Begrenzung wird nun durch die dritte Kommunikationsstufe aufgehoben. Es handelt sich um die Schriftsprache oder vereinfacht formuliert um das Lesen und Schreiben. Daneben gibt es auf dieser Stufe auch noch andere Systeme wie die Blindenschrift, die Morse-schrift, Verkehrszeichen, Landkarten und die phonographischen Handzeichensysteme. Schrift ist ein System von Zeichen, das zum Zwecke menschlicher Kommunikation verwendet und durch Zeichen und Schreiben auf festen Materialien, wie z.B. Papier oder Tafeln, hervorgebracht wird (vgl. Schenk 1999, S. 11). Die Schrift ist ein grafisches Zeichensystem und dient als Kommunikationsmittel. Sprachliche Informationen werden von der akustischen Ebene in die visuelle übertragen. Entwicklungsgeschichtlich betrachtet, entstand die Lautschrift erst in der letzten Phase der Menschheitsentwicklung. Der wohl entscheidende Schritt in der Entwicklungsgeschichte der Schrift ist die Phonetisierung, die den Sprachklang kodiert, d.h. mit grafischen Zeichen für einzelne Laute wird die ganze Sprache dargestellt. »Die Buchstabenschrift ist die leistungsfähigste aller Schriftsysteme: Mit nur 26 Buchstaben können wir alles aufschreiben und lesen, vorausgesetzt, wir beherrschen das Prinzip« (Schenk 1999, S. 28). Beim Schreiben und Lesen spielt die Kodierung ebenfalls die zentrale Rolle. Schreiben ist das Verschlüsseln und Fixieren einer Botschaft durch bestimmte festgelegte grafische Zeichen (26 Buchstaben). Lesen bedeutet das Entschlüsseln der grafischen Zeichen in gedachte oder sprachliche Klanggebilde sowie das Verstehen der Bedeutung. Mit Hilfe der Schriftsprache erreichen wir einen hohen Abstraktionsgrad. Bei der Schriftsprache handelt es sich um eine Kodierung symbolischer Zeichen der Lautsprache in symbolische Zeichen der Schriftsprache. Allerdings existiert neben der Buchstabenschrift noch eine Reihe von Zeichensystemen, die zwar auf der Lautschrift basieren, deren Kodierung sich jedoch erheblich von ihr unterscheidet, wie z.B. die Braille-Schrift der Blinden und Taubblinden, die Morseschrift der Seeleute sowie die Handzeichen und Gebärden beim Lesenlernen. Alle diese Signale werden in Lautsprache umkodiert und diese wiederum in grafisch-figurale Symbole kodiert. Für die weitere Entwicklung der geistigen Operationen ist in erster Linie die Buchstabenschrift von Bedeutung.

Beispiel: Leserechtschreibschwäche

Kinder mit Schwierigkeiten im Gebrauch des dritten Signalsystems werden als leserecht-schreibschwache Kinder bezeichnet – früher bezeichnete man diese Kinder als Legastheniker. Diese Kinder haben oft Probleme mit der Lautsprache und sind in allen Schichten der Bevölkerung und in allen Schulformen zu finden. Ihr Anteil an der Gesamtschülerschaft liegt zwischen fünf und zehn Prozent. Zu ihrer Förderung wurden spezielle Förderkurse, LRS-Klassen, eigene Schulzweige, außerschulische Institute und Nachhilfeinstitutionen sowie eine Vielzahl diagnostischer Instrumente und entsprechender Förderprogramme entwickelt. Die Erfahrung zeigt immer wieder, dass nur eine individuelle, auf die persönlichen Förder-bedürfnisse abgestimmte Hilfe erfolgreich ist. Des Weiteren ist die präventive Förderung im Kindergarten hinsichtlich der metasprachlichen Fähigkeiten stärker zu gewichten und die Förderung in der Grundschule voranzutreiben. Leserechtschreibschwache Kinder sollten aber auch noch in den weiterführenden Schulen Beratung und gezielte Hilfe erhalten.

Die bisherigen Kommunikationsformen Köpersprache, Lautsprache und Schriftsprache werden vorwiegend als Medium der zwischenmenschlichen Kommunikation einzeln oder kombiniert eingesetzt. Die bisherigen Medien wie Bücher, Zeitungen, Zeitschriften, Comics, Film, Fernsehen, Video, Hörfunk, Schallplatten, CDs und Tonkassetten haben auf einer breiten Palette Möglichkeiten der menschlichen Kommunikation eröffnet. Doch die Herausforderungen und Anforderungen an den Menschen haben nicht Halt gemacht.

2.2.4 Vierte Kommunikationsstufe: Rechnersprache

Die technisch rasante Entwicklung der letzten Jahrzehnte hat eine weitere Modalität der menschlichen Kommunikation hervorgebracht, die im Folgenden mit »Rechnersprache« bezeichnet wird. Diese Rechnersprache basiert auf einer entsprechenden Hardware (Rechner, Monitor, Tastatur und Maus) und Software (Textverarbeitungs- und Bildbearbeitungsprogramme) sowie einem neuen System von optischen und akustischen Signalen. Dieses vierte Signalsystem kann aber nur von Menschen benutzt werden, die die Signalsysteme eins bis drei einigermaßen beherrschen.

Rechner
Die Welt des Computers – heute spricht man fast nur noch vom Rechner – ist eine programmgesteuerte elektronische Rechenanlage, die im Bereich der zwischenmenschlichen Kommunikation zahlreiche neue Kommunikationsmöglichkeiten eröffnet. Im Jahre 1981 brachte die amerikanische Firma IBM einen Computer auf den Markt, den sie Personal Computer oder kurz einfach nur PC nannte. Das englische Wort Personal Computer heißt auf Deutsch »persönlicher Computer«. Heute benutzen viele Menschen bereits einen Mini-Rechner, den sie als Notebook (= Notizbuch) oder Laptop (= Rechner, den man auf den Schoß legen kann) bezeichnen.

Rechnersprache
Dieses neue Signalsystem funktioniert folgendermaßen: Jedem Buchstaben bzw. jeder Zahl auf der Tastatur eines Rechners ist eine bestimmte Zahlenreihe zugeordnet. Diese Zahlenreihe besteht allerdings nur aus den Zahlen 0 und 1. Wenn also der Buchstabe A mit der entsprechenden Taste gedrückt wird, dann wird dem Rechner auf elektronischem Wege nicht wie bisher auf der dritten Signalstufe ein A gemeldet, sondern eine Zahlenreihe, die vielleicht so aussieht: 0100101. Wird ein B gedrückt, haben wir folgende Zahlenreihe: 11001010. So wird blitzschnell Buchstabe für Buchstabe in eine Zahlenreihe umkodiert, die der Rechner speichert. Der Benutzer kann die Buchstaben wieder ebenso schnell auf dem Monitor erscheinen lassen.

Diese neue Form der menschlichen Kommunikation ist jedoch ohne technische Hilfe und das Erlernen neuer Begriffe nicht zu realisieren. Daraus haben sich eigene Zeichensysteme (Software) entwickelt, die kulturelle und nationale Eigenarten überwinden und einer eher internationalen Norm und globalisierten Form entsprechen. So müssen die Kinder neue Begriffe wie Menüleiste, Symbolleiste, Datei, Bearbeiten, Ansicht, Einfügen, Format, Extras, Tabelle, Fenster, Layout und eine Vielzahl neuer Zeichen wie Absatzmarke, Returntaste, Leerzeichen, Einfügemarke, Entfernungstaste, Wiederherstellen, linksbündig, rechtsbündig und zentriert lernen.

Der Einfluss des Computers mit seinen vielfältigen Möglichkeiten auf die menschliche Kommunikation ist noch nicht ausreichend geklärt. Wir wissen z.B. aus den Untersuchungen von Webb u.a. (1986) und Fish/Feldman (1988), dass im Vergleich zum traditionellen Unterricht beim Unterricht mit dem Computer häufiger Interaktionen zwischen den Kindern stattfinden. Die Kommunikation findet also weniger mit dem Lehrer, sondern eher mit den jeweiligen Gruppenmitgliedern statt, ein Teil besteht sogar aus wechselseitigen Bestärkungen. Die Auswirkungen dieses neuen Zeichensystems schlagen sich im Sozialverhalten der Kinder nieder. Darüber hinaus steht die Hypothese im Raum, dass durch die Nutzung des Computers bei Kindern im Vorschul- und Grundschulalter die kognitiven Fähigkeiten gefördert, das Sozialverhalten positiv verstärkt und Leistungen verbessert werden. Die Beherrschung der Computer- oder Rechnersprache führt bei den Kindern zu einer hochgradigen Motivation, zur selbst bestimmten Gestaltung der Lernprozesse, zu einem Eingehen auf das individuelle Lerntempo und zu einer relativ angstfreien Lernatmosphäre, weil Fehler keine persönlichen Konsequenzen nach sich ziehen. Die Rechnersprache greift sehr stark auf das zweite Signalsystem, die Lautsprache, und auf das dritte Signalsystem, die Schriftsprache, zurück. Ohne diese Signalsysteme könnte dieses vierte Signalsystem nicht funktionieren. Die technische Entwicklung ist mittlerweile so weit vorangeschritten, dass der Rechner lautsprachliche Äußerungen in schriftsprachliche und natürlich auch schriftsprachliche Produkte in die elektronische Datenspeicherung und -verarbeitung aufnehmen kann.

Unsere Kommunikationssysteme werden nach und nach interiorisiert und zu Werkzeugen unseres Denkens, die uns die Aufnahme und Verarbeitung von komplizierten Informationen und neuen Zeichen ermöglichen. Das menschliche Denken ist sehr stark an die zur Verfügung stehenden Kommunikationsmittel gebunden. Die geistigen Operationen werden mit fortschreitendem Alter nicht von selbst erreicht. Der Weg führt ausschließlich über die mitmenschliche Verständigung, die Kommunikation (vgl. Radigk 1991).

Fazit

Sprache ist das wichtigste Medium der zwischenmenschlichen Kommunikation, gleichzeitig aber auch eine der kompliziertesten Fähigkeiten des Menschen. Wir können festhalten, dass die genannten Signalsysteme auch als Kommunikationsstufen in einem wechselseitigen Zusammenhang stehen und sich gegenseitig stützen. Bei Störungen einzelner
Signalsysteme kann es zu Störungen der gesamten zwischenmenschlichen Kommunikation kommen. Eine Störung der Lautsprache führt meist auch zu Schwierigkeiten bei der
Schriftsprache.

In fast allen neueren Darstellungen und Abhandlungen wird auf die notwendige und in
der Praxis so wichtige Unterscheidung zwischen Sprache und Sprechen hingewiesen. Wir
müssen uns einerseits mit der Tätigkeit des eigentlichen Sprechvorgangs und der
sprechmotorischen Leistung des Sprechens an sich beschäftigen und andererseits mit
dem Gebrauch des Systems der Sprache. Beim Sprechen haben wir es also mehr mit
motorischen bzw. sprechmotorischen Abläufen und bei der Sprache mit geistig-kogni-
tiven Vorgängen im Gehirn zu tun. Das sprachliche Handeln nimmt als Ausgangspunkt die
alltäglichen Lebenssituationen des Kindes. Hier müssen sich nun der aktuelle Sprachgebrauch und die erworbene Sprechtätigkeit bewähren.

2.3 Sprachmodelle

Zur weiteren Darstellung des Sprachbegriffs können einige historische Modellkon-
zeptionen herangezogen werden.

2.3.1 Organon-Modell

Karl Bühler (1934) entwickelt ein Zeichenmodell, das er Organon-Modell nennt, da
Sprache als Werkzeug verstanden wird (griech. organon – Werkzeug). Das Modell
besteht aus drei konstitutiven Faktoren, nämlich dem Sender, dem Empfänger und
dem Denotat. Unter Denotat werden Gegenstände und Sachverhalte verstanden.

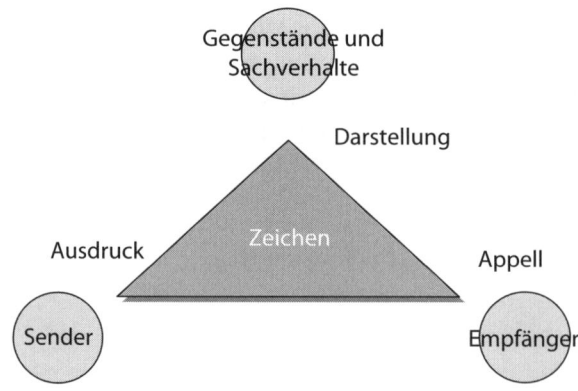

Abb. 8: Organon-Modell

Ausgehend von den drei Faktoren kann Sprache auch drei Funktionen erfüllen.

- *Darstellungsfunktion*
  Wenn sich ein sprachliches Zeichen auf das Denotat bezieht, d.h. auf Gegenstände und Sachverhalte, erfüllt dieses Zeichen die Darstellungsfunktion (Laut-Ding-Relation). Durch diese Funktion kann sich Sprache von der Situation lösen.
- *Appellfunktion*
  Werden durch das sprachliche Zeichen Veränderungen beim Empfänger hervorgerufen, so wird von der Appellfunktion gesprochen. Appellfunktion erfüllen Zeichen, die die Aufmerksamkeit des Zuhörers erregen und Veränderungen bei ihm hervorrufen.
- *Ausdrucksfunktion*
  Als dritte Funktion ist die Ausdrucksfunktion zu nennen. Bei der Ausdrucksfunktion bringt der Sprecher mit den sprachlichen Zeichen seine Haltung und seine Gefühle zum Ausdruck. Diese Dimension des Zeichens vermittelt die inneren emotionalen und motivationalen Vorgänge des Sprechers.

2.3.2 Funktions-Modell

Roman Jakobson (1960) erweitert Bühlers Modell. Jakobsons Modell besteht aus den sechs konstitutiven Faktoren eines jeden Sprechakts: Sender, Empfänger, Kontext, Mitteilung, Kontakt und Kode. Somit wurde das Bühlersche Organon-Modell um die drei letztgenannten Faktoren erweitert. Jeder Faktor bestimmt eine andere Funktion einer Sprachäußerung. Daher gibt es bei Jakobson auch sechs Funktionen, die Sprache erfüllen kann:

- auf den Sender bezogen: *emotive* Funktion von Sprache (z.B. Interjektionen wie »ach, aha …«),
- auf den Empfänger bezogen: *konative* Funktion von Sprache (z.B. performative Verben wie z.B. »versprechen« und der Imperativ),
- auf den Kontext bezogen: *referenzielle* Funktion von Sprache (z.B. »Das Auto ist schwarz.«),
- auf die Mitteilung bezogen: *poetische* Funktion von Sprache (z.B. binominale Ausdrücke wie Kind und Kegel),
- auf den Kontakt bezogen: *phatische* Funktion von Sprache (z.B. »Hallo, hören Sie mich?« bei Telefongespräch),
- auf den Kode bezogen: *metasprachliche* Funktion von Sprache (z.B. »Wie meinen Sie das?«).

Eine Sprachäußerung hat immer mehrere Funktionen, aber immer eine dominante Funktion.

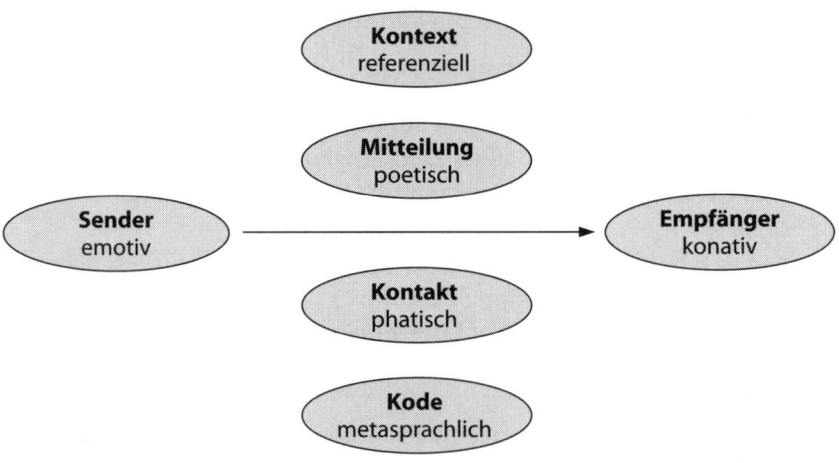

Abb. 9: Funktions-Modell

2.3.3 Sprechakt-Theorie

Des Weiteren ist die Sprechakttheorie im Sinne von Austin zu nennen. Austin (1972) ging von der These aus, dass wir Sprache benutzen, um Handlungen zu erreichen. Seine These wurde von Searle (1971) weiterentwickelt. Nach Searle ist der Sprechakt eine sprachliche Äußerung in einem komplexen sozialen Kontext, wobei Beziehungen zwischen Kommunikationspartnern hergestellt werden. Er ist die kleinste und zugleich grundlegende Einheit der sprachlichen Kommunikation. Searle nimmt eine Dreiteilung des Sprechakts vor, indem er von lokutionärem, illokutionärem und perlokutionärem Sprechakt spricht. Wir produzieren wohlgeformte Äußerungen

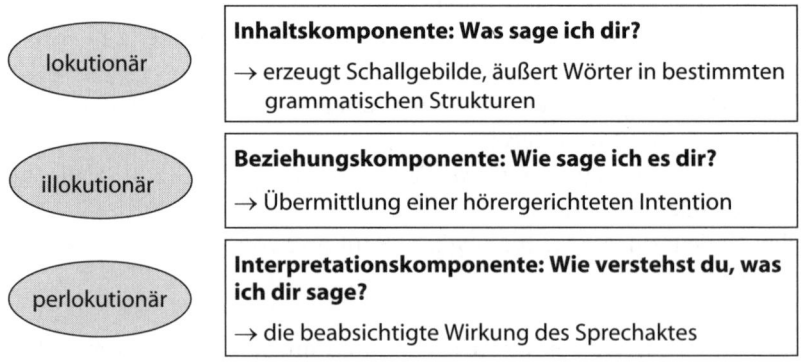

Abb. 10: Sprechakt-Modell

(lokutionärer Akt) nicht ohne ein Ziel zu verfolgen (illokutionärer Akt). Mit der sprachlichen Äußerung wollen wir beim Hörer eine Wirkung erzielen (perlukotionärer Akt). Folgendes Beispiel soll die drei Teilprozesse erläutern: »Der Hund ist bissig« ist ein grammatikalisch korrekter Satz (= lokutionärer Akt). Wird mit dieser Äußerung das Ziel verfolgt, einen anderen zu warnen, sprechen wir vom illokutionären Akt. Der Sprechakt »Der Hund ist bissig« bedeutet für den Hörer in dieser Situation »Achtung, pass auf!« (perlokutionärer Akt).

2.3.4 Mehrdimensionales Entwicklungsmodell

Das mehrdimensionale Entwicklungsmodell geht auf den deutschen Sprachheilpädagogen Manfred Grohnfeldt (1986) zurück, der in seinem Modell die Komplexität, Dynamik und Mehrdimensionalität von Sprache hervorhebt. Das System Sprache besteht demnach aus einer Vielzahl von miteinander interagierenden Faktoren und interdependenten Bereichen. Eckpfeiler dieser Modellvorstellung sind zum einen die biologischen und neurophysiologischen Voraussetzungen und zum anderen die Anregungen aus der Umwelt und dem sozialen Netz der zwischenmenschlichen Beziehungen. Weiterhin betont Grohnfeldt die Wechselwirkungen der einzelnen Entwicklungsbereiche. Dieses Modell besitzt insbesondere für diagnostische Überlegungen und für die Erarbeitung eines Förderplans im Bereich der Pädagogik praktische Bedeutsamkeit.

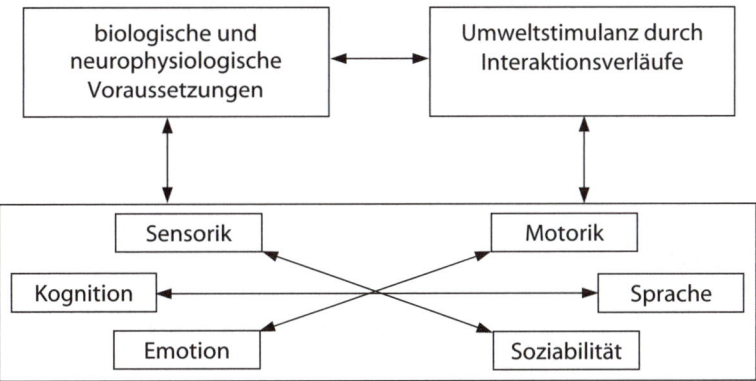

Abb. 11: Mehrdimensionales Entwicklungsmodell

2.3.5 Kommunikationsquadrat

Bei diesen Modellen geht es darum, vorliegende psychologische Erkenntnisse und Grundthesen, die zum kommunikativen Basiswissen gehören, in Modellvorstellungen gebündelt zusammenzufassen. Modelle können jedoch nur unvollkommene

Abbilder der Realität sein und dabei nur einzelne Aspekte der zwischenmenschlichen Kommunikation aufgreifen. Der Hamburger Psychologe Friedemann Schulz von Thun hat Ende der 70er-Jahre ein komplexeres Kommunikationsmodell entwickelt, das das Organonmodell von Karl Bühler (1934) mit Ausdruck einer Person, Darstellung eines Themas und Appell an eine Person ergänzt und den Beziehungsaspekt von Watzlawik, Beavon und Jackson aufgreift und einbezieht. Von Thun hat zwei Modelle entwickelt: Die vier Seiten einer Nachricht und der vierohrige Empfänger. Beide Modelle werden von Friedemann Schulz von Thun im Modell des Kommunikationsquadrats dargestellt (vgl. Abb. 12).

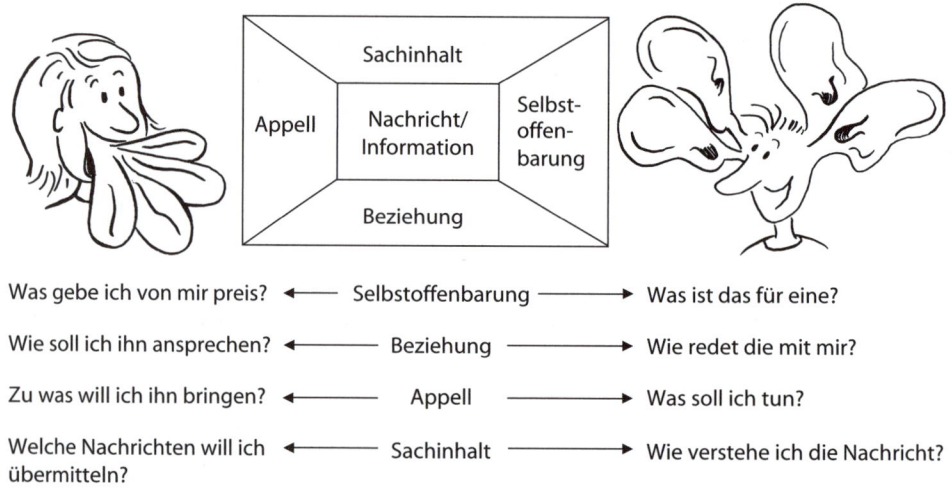

Abb. 12: Das Kommunikationsquadrat nach F. Schulz von Thun (Illustrationen: Ulrike Rath)

Sachinformation

Bei jedem Gespräch steht die sachliche Information im Vordergrund. Hier werden Informationen weitergegeben, Daten vermittelt, Ereignisse geschildert und Sachverhalte dargestellt. Dabei spielt der Wahrheitsgehalt der sprachlichen Äußerungen eine zentrale Rolle. Daneben ist das Kriterium der Relevanz des Gesagten für das weitere Gespräch entscheidend. Außerdem ist eine hohe Redundanz zu vermeiden, d.h. permanente Wiederholungen sollten vermieden werden.

Selbstoffenbarung

In jedem Gespräch offenbart sich der Sprecher und gibt gewisse Informationen über seine Person weiter – ob er es will oder nicht. Den Grad der Selbstoffenbarung und den Umfang kann er weitgehend bestimmen und kontrollieren. Er kann meistens seine eigene Position, seine Emotionen und körpersprachlichen Signale nicht völlig beiseite schieben und verbergen. In vielen Gesprächssituationen, die unter Stress, Angst und Zeitdruck stehen, wird diese Selbstoffenbarung ganz deutlich wie z.B. in Prüfungssituationen oder bei Zeugenaussagen vor Gericht.

Appell

Im Gespräch will der Sprecher bei seinem Partner auch etwas erreichen. Er will seinen Gesprächspartner beeindrucken durch sein Wissen, ihn vielleicht zu einer Verhaltensänderung bewegen, Wünsche an ihn herantragen, Gefühle vermitteln, Verstehensprozesse einleiten und beschleunigen, Ratschläge erteilen und konkrete Handlungsanweisungen geben. Im Gespräch und durch die sprachlichen Äußerungen will er bei seinem Gegenüber bestimmte Effekte erzielen.

Beziehung

In jedem Gespräch, ob privat oder beruflich, wird über die Prosodie (Stimmführung, Melodie, Tonfall, Lautstärke) und die Körpersprache (Mimik, Gestik, Blick, Aussehen, Kleidung) dem Partner mitgeteilt, in welchem Verhältnis beide zueinander stehen, Emotionen und Gefühlszustände, Sympathie und Antipathie, Trauer und Freude, Angst und Lockerheit werden schnell als solche entlarvt. In jedem gesprochenen Satz kommt dies mehr oder weniger zum Ausdruck. Das Wohlfühlen von Sprecher und Hörer wird in der Gesprächssituation zum entscheidenden Indikator für das Gelingen oder Misslingen des Gesprächs. Entscheidend ist nicht, was der Sprecher sagt, sondern wie er es sagt. Der Ton macht die Musik.

2.3.6 Modell der Sprachganzheit

Die Sprache wird betrachtet als Einheit von Form und Norm einerseits und von Sinn und Bedeutung andererseits. Das Modell der Sprachganzheit nach Bindel und Günther (2002) negiert die ausschließliche Betrachtung der formalen Kategorien wie Aussprache, Satzbau und Wortschatz und bezieht para- und nonverbale Anteile der Sprache sowie die impressive Seite des Sprechaktes stärker in die Betrachtungen zum Gegenstand Sprache ein. Im Mittelpunkt dieses Konzeptes steht die zwischenmenschliche Konversation, die natürliche Intervention, d.h. dieses Förderkonzept will Lernprozesse anregen, die normalerweise auch im Alltag des Kindes oder des Schülers ablaufen. Dabei gehen die Autoren von den Interessen und Interaktionsformen des Kindes aus und versuchen die Sprache in Richtung Zielsprache zu modellieren. In diesem Ansatz werden kognitive, motivationale und partnerorientierte Aspekte in den Vordergrund gestellt.

Abb.13:   Modell der Sprachganzheit

2.4 Sprachverarbeitung

Der dynamische und komplexe Charakter der Sprache als System wird durch die Vielzahl der miteinander in Wechselwirkung stehenden Prozesse betont. Einige grundlegende Prozesse werden daher im Folgenden dargestellt.

2.4.1 Kodierung und Dekodierung

Grundlage aller Kommunikationssysteme ist die Kodierung. Hier geht es um das Verschlüsseln als Tätigkeit des Sprechers bzw. Hörers beim Sprechvorgang. Der Sprecher wählt aus dem Inventar der ihm zur Verfügung stehenden sprachlichen Zeichen diejenigen aus, welche seinen mitzuteilenden Vorstellungen entsprechen und von denen er auch annimmt, dass sie beim Zuhörer die gleichen Vorstellungen wach rufen. Beim Kodierungsvorgang unterscheiden wir zwei Teilprozesse. Das Verschlüsseln von Zeichen bezeichnen wir als Kodierung oder En-Kodierung und das Entschlüsseln von sprachlichen oder schriftlichen Zeichen als De-Kodierung. Die

Kodierung macht es erst möglich, eine Information oder Botschaft zu behalten und diese bei einem erneuten Auftreten zu identifizieren. Menschliche Erkenntnis und Kommunikation sind ohne den grundlegenden Vorgang der Kodierung nicht möglich. Erst die Fähigkeit zur Kodierung macht uns unabhängig von Zeit und Raum und versetzt uns in die Lage, die Informationen in geistigen Prozessen zu benutzen. Die Kodierung allein ermöglicht es uns, Informationen aufeinander zu kodieren, d.h. in ein anderes System umzuwandeln, sodass sich ein stufenartiger Aufbau unterschiedlichster Systeme ergibt. Der Mensch hat im Laufe seiner Entwicklung auf Grund der sich verändernden Herausforderung immer andere Systeme der Kommunikation entwickelt (vgl. Radigk 1991).

2.4.2 Segmentierung

Unter Segmentierung wird der Prozess verstanden, bei dem das lautsprachliche Kontinuum in seine Elemente zerlegt wird. Neben der Kodierung stellt er einen zentralen Vorgang der Sprachverarbeitung dar. Eine Aussage kann in kleine Einheiten zerlegt werden. Äußerungen können in Sätze und diese wiederum in Satzteile segmentiert werden. Die Satzteile werden in die einzelnen Wörter zerlegt. Auf sprechtechnischer Ebene sind die Wörter aus Silben und aus linguistischer Sicht aus Morphemen zusammengesetzt. Als kleinste Einheit des Wortes sind die Laute bzw. Phoneme zu nennen.

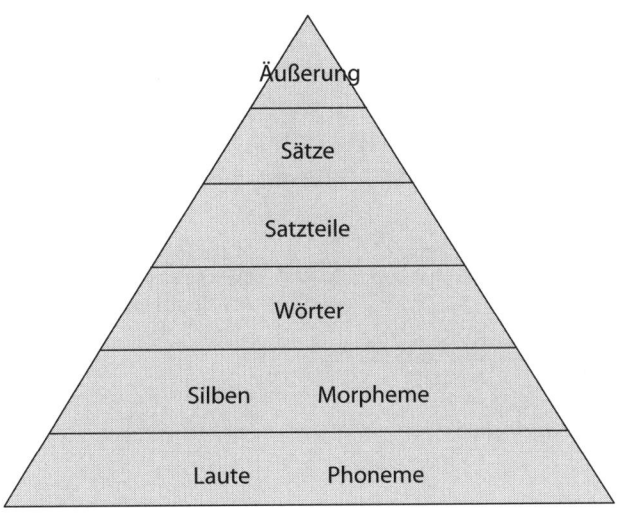

Abb.14: Segmenthierarchie

2.4.3 Sprachbewusstsein

Ein Aspekt, der im Zusammenhang mit der Sprachverarbeitung und ihren grundlegenden Prozessen immer mehr an Bedeutung und Forschungsinteresse gewinnt, ist das Sprachbewusstsein. Hierbei handelt es sich jedoch nicht um ein neues Konzept, sondern um die Wiederbelebung eines für den Spracherwerb wichtigen Begriffs. Unter Sprachbewusstsein wird das Bewusstsein für die Struktur von Sprache und das Erkennen von Einheiten wie Text, Satz, Wort und Silbe verstanden. Der bewusste Umgang mit dem Laut bzw. den Lauten im Sinne des Einzellautbewusstseins wird als phonologische Bewusstheit definiert. Das Konstrukt des Sprachbewusstseins baut auf der Einsicht auf, dass sprachliche Einheiten in kleinere Einheiten segmentiert werden können und aus diesen wiederum größere Einheiten aufgebaut werden können.

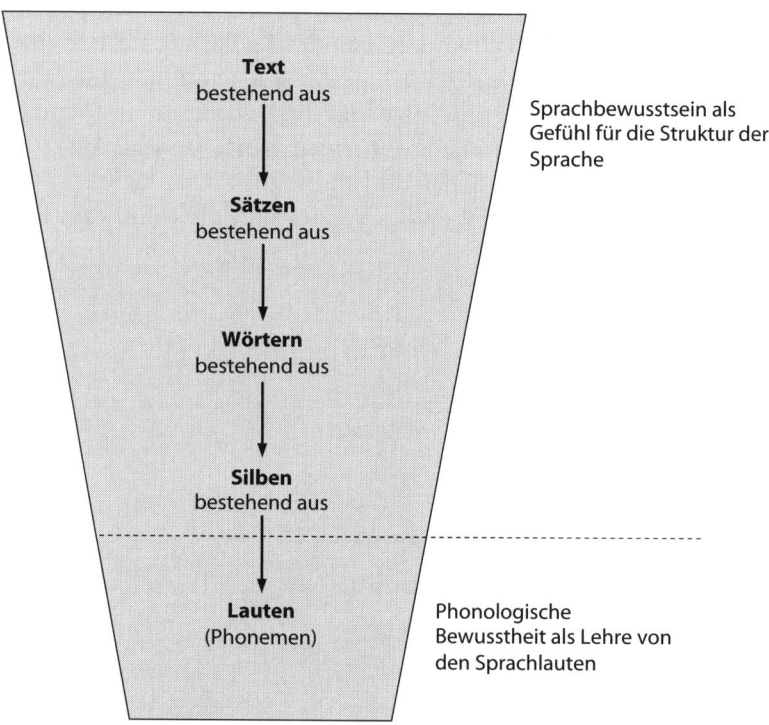

Abb. 15: Strukturtrichter

Im Zusammenhang mit der Diskussion um Sprachbewusstsein findet sich auch der Begriff »Sprachbewusstheit«, der sich inhaltlich jedoch nicht von dem Begriff »Sprachbewusstsein« unterscheidet. In der angelsächsischen Literatur ist von »language awareness« die Rede. Das Forschungsinteresse geht auf Überlegungen in

Großbritannien in den 80er-Jahren zurück. 1988 wurde ein Expertenbericht von der Regierung in Auftrag gegeben, der so genannte Kingman-Report, der Sprache als festen Bestandteil aller Schulfächer ansah und riet, wo immer es möglich sei, auf ihre Form und Funktion zu fokussieren, um damit »language awareness« bei den Schülern aufzubauen. Eine der ersten Definitionen von Sprachbewusstsein stammt von Donmall (1985): »Language awareness is a person's sensitivity to and conscious awareness of the nature of language and its role in human life.« Die 1995 von van Lier formulierte Definition enthält zusätzliche Aspekte: »Language awareness can be defined as an understanding of the human faculty of language and its role in thinking, learning and social life. It includes an awareness of power and control through language, and of the intricate relationships between language and culture.« Van Lier unterscheidet bei seinem Konzept zwischen »subsidiary« oder »peripheral awareness« und »focal awareness«, d.h. der kompetente Sprachbenutzer ist sich beim Sprachgebrauch in konkreten Situationen nur unterschwellig der sprachlichen Struktur bewusst, er kann sie aber gezielt in sein Bewusstsein rufen. Switalla (1992) bescheinigt jemandem Sprachbewusstsein, »wenn er sich zum praktischen Sprachgebrauch und Sprachverstehen reflexiv verhalten kann. Wir sprechen einer Person dann ein Sprachbewusstsein zu, wenn uns ihr Handeln zeigt, dass sie sich unter pragmatischen, semantischen und syntaktischen Aspekten zu sprachlichen Handlungen verhalten kann.« Sprachbewusstsein wird als »reflexive Dimension des praktischen sprachlichen Handelns in Situationen« angesehen.

Häufig wird auch von metaspachlichen Fähigkeiten gesprochen. List (1992) beschäftigt sich mit der Entwicklung metasprachlicher Fähigkeiten. Ein weiterer Begriff ist der von Bialystok (2001) geprägte Begriff der metasprachlichen Bewusstheit (metalinguistic awareness), bei dem das Hauptaugenmerk auf der Aufmerksamkeit (attention) liegt. Denn nach Meinung Bialystoks ist man sich eines Phänomens erst bewusst, wenn man seine Aufmerksamkeit darauf gelenkt hat. Bialystok geht davon aus, dass die Förderung metasprachlicher Bewusstheit positive Effekte für das Sprachlernen besitzt. Diese These wird durch die Untersuchungen von Snow (1976) und Bertoldi et al. (1988) gestützt, da sich Verarbeitungsmechanismen von Sprache verbessern, wenn sie bewusst gemacht werden. Nach Wolff (2002) entsteht Sprachbewusstsein durch Reflexion über Sprache. Die Aufgabe des Lehrenden besteht daher in der Bereitstellung geeigneter Materialien, mit denen sie mit der Arbeit an Sprache vertraut gemacht werden.

Schulte-Körne (2002) unterscheidet bei seinem Modell drei Ebenen der Verarbeitung. Auf der ersten Ebene spricht er von der Bedeutung der Wahrnehmung von nicht-sprachlichen Reizen. Beim zweiten Verarbeitungsniveau handelt es sich um die Wahrnehmung von Sprachreizen. Beeinflusst wird dieses Niveau von Variablen wie selektive Aufmerksamkeit und akustisches Kurzzeitgedächtnis. Das komplexere Verarbeitungsniveau stellt die phonologische Bewusstheit dar. Die phonologische Bewusstheit erlaubt es Schülern, nicht über die visuelle Zuordnung von Buchstabenkombinationen, sondern über die lautliche Zuordnung die Aussprache von Wörtern zu erkennen. Ein Teilaspekt der phonologischen Bewusstheit ist das phonologische

Dekodieren, wobei die genaue Kenntnis der Phonem-Graphem-Zuordnung notwendig ist.

Titel und Thematik des Buches erfordern eine inhaltliche Auseinandersetzung und sprachliche Klärung zentraler Begriffe, die in der gesamten wissenschaftlichen Diskussion zum Thema Erstsprache und Zweitsprache eine wichtige Rolle spielen.

2.5 Erstsprache

Erstsprache ist die erste Sprache, die ein Mensch erwirbt. Dabei wird nach Kielhöfer/Jonekeit (1983, S. 12) in starke und schwache Sprachen untergliedert. Die dominierende Sprache wird starke Sprache und die weniger ausgeprägte als schwache Sprache bezeichnet. Die Erstsprache ist meist die starke Sprache eines Menschen; diese starke Sprache muss aber nicht immer die zuerst erworbene Sprache sein. Welche Sprache als erste Sprache erworben wird, hängt aber letztlich von den spezifischen Lebensumständen ab, in denen das Kind aufwächst. Diese Lebensumstände können sich durch die Zuwanderung verändern, sodass die zuerst erworbene Sprache nicht mehr gebraucht wird und nach und nach vergessen wird (vgl. Apeltauer 1997, S. 10).

Welche Sprache aber letztendlich gelernt und dann auch noch bevorzugt wird, hängt von den Lebensumständen ab, unter denen das Kind lebt und aufwächst. Diese Sozialisationsbedingungen können sich durch die Auswanderung oder Umsiedlung in eine andere Gesellschaft und Kultur schlagartig verändern, sodass die zuerst gelernte Sprache überhaupt nicht mehr gebraucht wird. So wird von Illich (1982, S. 19f.) über den Weltensegler Kolumbus berichtet, das er als erste Sprache – und damit als Muttersprache – Genuesisch erwarb.

> Kolumbus lernte Geschäftsbriefe in Latein zu schreiben, heiratete später eine Portugiesin und vergaß wahrscheinlich das Italienische fast völlig. Er sprach Portugiesisch, schrieb aber nie ein Wort in dieser Sprache. Kolumbus lebte neun Jahre in Lissabon und schrieb fortan seine Briefe in Spanisch. Er schrieb also in zwei Sprachen, die er nicht sprach und sprach insgesamt mehrere Sprachen. Dies war für ihn und alle, die mit ihm zu tun hatten, überhaupt kein Problem.

2.6 Muttersprache

Über dieses interessante Beispiel gelangen wir zu dem Begriff der Muttersprache. Genuesisch war die Muttersprache von Kolumbus, die er aber später nicht mehr sprach. Kann eine Sprache, die nicht gesprochen, möglicherweise auch vergessen wird, eine Muttersprache sein? Apeltauer (1997, S. 11) kommt bei diesen Überlegungen zu folgendem Ergebnis: Formal betrachtet ist die Muttersprache die Sprache, die

die Mutter spricht und das Kind als erste Sprache erwirbt. In diesem Sinne war Genuesisch die Muttersprache von Kolumbus. Betrachtet man jedoch die Muttersprache als eine Sprache, in der sich ein Mensch am besten artikulieren kann, in der er sich wohl fühlt und die er gerne spricht, dann müsste man bei Kolumbus diese Frage mit »Nein« beantworten.

Die Muttersprache wird oft mit dem Begriff der Erstsprache gleichgesetzt. Dies ist nicht korrekt. Die Muttersprache ist, formal betrachtet, die Sprache, die die Mutter spricht und die das heranwachsende Kind als erste Sprache auf ganz natürliche und meist unkomplizierte Art und Weise erwirbt und lernt. Erstaunlich ist die Beobachtung, dass die Kinder von Müttern mit ausländischem Akzent oder stark dialektgefärbter Umgangssprache dennoch korrekt die Muttersprache erwerben genau so wie die anderen Kinder auch. Wir können das oftmals in grenznahen Regionen beobachten. In französischen Familien, in welchen die Mutter ihr Leben lang einen deutschen Akzent sprach, sprechen die Kinder dennoch ein lautreines Französisch. Die Muttersprache ist die beim primären Spracherwerb erlernte Sprache im Unterschied zu den später hinzugelernten Sprachen als Zweit-, Dritt- oder gar Viertsprache. Die Muttersprache ist die Erst- oder Primärsprache, die von frühester Kindheit an gesprochene Sprache. Denken wir an gehörlose Mütter oder Mütter, die bewusst ihr Kind in der Zweitsprache erziehen.

Hinweis für den Leser
Aus Gründen der Klarheit und Präzision werden in den folgenden Darstellungen die Begriffe Erstsprache und Muttersprache nicht synonym gebraucht. Wegen verschiedener Ungereimtheiten favorisieren wir den Begriff der Erstsprache, so wie er auch im Titel des Buches benutzt wird.

2.7 Zweitsprache

Unter Zweitsprache verstehen wir jede Sprache, die nach der Erstsprache erlernt wird. Oft wird damit auch auf eine Alternativsprache – also auf eine zweite Sprache – verwiesen, die einfach zum Überleben in einer neuen Gesellschaft und Kultur notwendig ist. Diese Zweitsprache wird wegen der existenziellen Notwendigkeit von den Angehörigen der Minderheiten häufig dann so gut gesprochen wie die Erstsprache.

Die Zweitsprache hat in der Gesellschaft, in der das Kind lebt, eine ganz zentrale Aufgabenstellung. Sie dient in erster Linie zur kommunikativen Bewältigung von Alltagssituationen.

Beim Zweitspracherwerb unterscheidet Lewandowski (1990, S. 1285) zwischen dem systematisch erworbenen gesteuerten Fremdspracherwerb in der Schule und dem natürlich erworbenen ungesteuerten Erwerb einer zweiten Sprache nach dem Erwerb der ersten Sprache. Bis etwa zum zehnten Lebensjahr hat die Entwicklung der kommunikativen Kompetenz in der Erstsprache einen relativen Abschluss erreicht. Der Zweitspracherwerb kann sich dann auf eine Reihe von Strategien, Fertigkeiten und Mechanismen insbesondere interaktionaler, kognitiver und universalgrammatischer Art stützen und muss diese Fähigkeiten nicht aufs Neue ausbilden. Die Trennung in gesteuerten und ungesteuerten Zweitspracherwerb ist idealtypisch; in der Praxis finden wir meist Mischformen vor.

> Theoretisch betrachtet, könnte ein Kind nach dieser Definition gleichzeitig zwei Erstsprachen erwerben. In der Realität ist es jedoch meistens so, dass letztlich eine der beiden Sprachen besser gesprochen wird, sodass beispielsweise in einer der beiden Sprachen mehr Wörter gewusst und beherrscht werden als in der anderen. Der gleichzeitige Erwerb zweier Sprachen ist in Grenzregionen die natürlichste Sache der Welt. So gibt es in der deutsch-dänischen Grenzregion viele Menschen, die sowohl Deutsch als auch Dänisch sprechen (vgl. Apeltauer 1997, S. 11).

Insgesamt gesehen, spielt die Zweitsprache im Leben eines Menschen eine wichtigere Rolle als eine Fremdsprache. Eine Zweitsprache ist lebensbedeutsam und existenziell notwendig. Sie ist ein Mittel der Verständigung und des täglichen Überlebens in einer fremden Gesellschaft und Kultur. Die Fremdsprache hingegen ist meistens nur ein eingeschränktes und selten benutztes Mittel der zwischenmenschlichen Kommunikation. In vielen Fällen ist die Fremdsprache lediglich ein Vehikel für die berufliche Tätigkeit und Karriere. Daher wird seit einiger Zeit in den USA vom IMQ gesprochen, d.h. vom »International Meeting Quotient« – nicht zu verwechseln mit dem Intelligenzquotienten IQ (vgl. Geno 1981, S. 32).

Die Zweitsprache dient der Bewältigung von Alltagssituationen und wird daher in der Grundschule in Form von Kursen angeboten. Der zeitliche Aufwand beträgt oft nur ein bis zwei Stunden pro Woche, je nachdem in welchem Bundesland das Kind zur Schule geht.

Bei deutschen Kindern kann die Zweitsprache auch eine Mundart sein als regionale und bevorzugte Alltagssprache im Gegensatz zur überregionalen Standardsprache. Bei ausländischen Kindern in der Bundesrepublik Deutschland kann dies z.B. Türkisch sein gegenüber der deutschen Sprache. Heftig umstritten ist bis zum heutigen Tag der günstigste Zeitpunkt für den Zweitspracherwerb. So bringt ein sehr früher Beginn Vorteile in der mündlichen Kommunikation und gesprochenen Sprache, d.h. die Kinder sprechen dann meist auch akzentfrei. Im semantischen und syntaktischen Bereich, wo höhere Abstraktionsleistungen und komplexere kognitive Fähigkeiten erforderlich sind, werden keine sprachlichen Vorteile für das Kind erwartet (vgl. Ulrich 1983, S. 34). Bereits erworbene metasprachliche Fähigkeiten dienen als Gerüst und Basis für jeden folgenden Zweitspracherwerb.

Fremdsprachen dagegen werden erst in jüngster Zeit in der Grundschule angeboten. Meist werden sie jedoch erst nach der Grundschulzeit systematisch und auf schriftsprachlicher Basis auf den weiterführenden Schulen vermittelt. Hier werden die gesellschaftliche Funktion und kulturelle Wertigkeit der Fremdsprache deutlich.

Hinweis

In der teilweise sehr oberflächlich geführten und wenig kompetenten Diskussion verwenden die Beteiligten meist noch andere Begriffe, die im Folgenden ebenfalls kurz geklärt werden sollen.

2.8 Mehrsprachigkeit

Die Mehrsprachigkeit gewinnt im Zuge der Europäisierung und Globalisierung immer mehr an Bedeutung. Ein Kind ist dann mehrsprachig, wenn es zwei oder mehr Sprachen täglich als Mittel der sprachlichen Kommunikation einsetzt. Dabei wird erwartet, dass der Wechsel von einer Sprache in die andere ohne Probleme gelingt. Langjährige Untersuchungen und praktische Erfahrungen haben gezeigt, dass ein Aufwachsen mit mehreren Sprachen für durchschnittlich körperlich, geistig und seelisch entwickelte Kinder keine Belastung oder Überforderung darstellt. Kinder besitzen ein enormes Entwicklungspotenzial in den ersten Lebensjahren. Allerdings können die Entwicklungschancen nur optimal genutzt und ausgeschöpft werden, wenn die genetischen Voraussetzungen, die Qualität und Menge der Anregungen im persönlichen Umfeld bis hin zu den sozialen und gesellschaftlichen Bedingungen ihrer Kindheit stimmen. In der Regel ist die Entwicklung von Mehrsprachigkeit auch für die anderen Entwicklungsbereiche förderlich, d.h. wir haben einen engen Zusammenhang zwischen der Mehrsprachigkeit und der kognitiven Entwicklung (vgl. Schlösser 2001, S. 41).

Mehrsprachigkeit erscheint vielen Menschen mittlerweile als Normalität. Selbst Naturvölker wie die Vaupe-Indianer im brasilianischen Urwald sprechen mindestens drei Sprachen fließend, viele von ihnen beherrschen sogar vier oder fünf Sprachen. Da diese Sprachen kaum eine enge Beziehung und sprachliche Verwandtschaft aufweisen, ist dies eine beachtliche Leistung dieser Menschen und zugleich aber auch ein Beweis dafür, dass die Mehrsprachigkeit offenbar etwas ganz Natürliches sein kann (vgl. Jackson 1974, S. 53f.).

Mehrsprachigkeit ist für viele Menschen und Bewohner kleinerer Länder wie Dänemark oder die Niederlande keine Ausnahme, sondern fast schon zur Selbstverständlichkeit geworden. So sprechen z.B. 60 Prozent der Dänen eine Fremdsprache und in den Niederlanden sind es sogar 72 Prozent der Bevölkerung. Zwei Fremdsprachen und mehr sprechen 22 Prozent der Dänen und 44 Prozent der Niederländer (vgl. Finkenstaedt/ Schröder 1990, S. 18).

Die Mehrsprachigkeit gehört in vielen Nationen und Ländern zum Alltag. Allerdings sollte man auch wissen, dass, je mehr Fremdsprachen ein Mensch erwirbt und spricht, ein erhöhter persönlicher Aufwand notwendig ist, um die Sprachproduktion in Gang zu halten. Das Nichtsprechen einer fremden Sprache führt dazu, dass das aktive Sprechen mehr und mehr verloren geht. Daher beherrschen mehrsprachige Menschen ihre Sprachen in der Regel nicht gleich stark, sondern oft in unterschiedlicher Art und Weise und auf unterschiedlichem Niveau (Apeltauer 1997, S. 17).

Aus Gründen der Vereinfachung und besseren Verständlichkeit spricht man auch dann vom Erwerb einer Zweitsprache, wenn es sich tatsächlich um den Erwerb einer Dritt- oder gar Viertsprache handelt. Vereinzelte Untersuchungen zu diesem Problemkreis der Mehrsprachigkeit zeigen, dass die Erstsprache Ausgangspunkt und Basis für den Erwerb einer weiteren Sprache darstellt. In der Literatur wird auch betont, dass jede weitere Sprache, die nach der Erstsprache erworben wurde, sich ebenfalls zu den bisher erworbenen Sprachlernvoraussetzungen des Menschen hinzugesellt.

Wenn wir vor vielen Jahren eine Zweit- oder gar Drittsprache erworben oder gelernt haben, diese Sprachen aber über einen längeren Zeitraum nicht gesprochen haben, dann fallen uns beim Aktivieren dieser Sprachen die Wörter zuerst in der Erstsprache ein, danach in der zuletzt gelernten Drittsprache und schließlich erst in der früher erworbenen Zweitsprache. Solche Umwege beim Sprachgebrauch lassen sich auch durch gedächtnispsychologische Erkenntnisse erklären. Diese Beobachtungen zeigen, wie komplex vernetzt die einzelnen Sprachsysteme sind. Wir wissen, dass Menschen, die sich bereits zwei oder gar drei Sprachen angeeignet haben, ungeübten Sprachlernern überlegen sind (vgl. Thomas 1985; Nation/McLaughlin 1986).

Natürlich gibt es verschiedene Strategien und individuelle Mechanismen, um sich eine fremde Sprache anzueignen. Dabei spielen das Sprachgefühl und die sprachliche Sensibilität keine geringe Rolle. So können wir annehmen, dass erfahrene Sprachlerner sich schneller und zielstrebiger hin zur Meta-Ebene bewegen und die von ihnen eingesetzten Techniken in ihrer Wirksamkeit auch besser einordnen und einschätzen können. Weiterhin ist die Beherrschung unterschiedlicher Sprachsysteme, wie z.B. Deutsch und Englisch, wichtig für den Erwerb einer dritten Sprache, wie z.B. Spanisch. Insgesamt gesehen, stehen wir jedoch erst am Anfang der Erforschung des Problemfeldes der Mehrsprachigkeit.

2.9 Bilingualismus

Bilingualismus bedeutet Zweisprachigkeit bzw. Gebrauch zweier Sprachen (bi = zwei; lingua = Sprache). Vielfach wird der Begriff aber auch als Synonym für Mehrsprachigkeit benutzt (eigentlich Plurilingualismus). Lewandowski (1990) versteht unter Bilingualismus allgemein die Fähigkeit, sich in zwei Sprachen verständlich zu machen und sie zu verstehen. Dabei gibt es unterschiedliche Auffassungen hinsichtlich der Frage, ob jemand zweisprachig ist, wenn er beide Sprachen gleich gut beherrscht oder in unterschiedlichem Maße. Die traditionelle Sichtweise im Sinne von Bloomfield (1933) sieht einen Menschen als bilingual an, der beide Sprachen jeweils wie ein entsprechender Muttersprachler beherrscht. Für McNamara (1967) hingegen beginnt Bilingualismus ab dem Zeitpunkt, wo eine Mensch minimale Fähigkeiten in einem der vier Bereiche (Sprechen – Hören – Lesen – Schreiben) einer zweiten Sprache vorweisen kann. Nach dem aktuellen Definitionsansatz von Franceschini (2000) kann eine Person als zweisprachig angesehen werden, wenn sie regelmäßig im Alltag fähig ist, zwischen zwei oder mehr Varietäten schnell zu wechseln und sie zu verwenden. Bei bilingualen Sprechern lässt sich feststellen, dass der Gebrauch einer Sprache von sozialer Situation, Gesprächspartner oder Thema abhängt.

In den meisten Klassifikationsschemen wird zwischen individuellem und gesellschaftlichem Bilingualismus unterschieden. Lüdi (1997) spricht sogar von vier Formen: individueller, sozialer, territorialer und institutioneller Bilingualismus. Beim individuellen Bilingualismus geht es um die Mehrsprachigkeit einer einzelnen Person; beim sozialen Bilingualismus kommen den Sprachen unterschiedliche Funktionen zu z.B. (Arabisch in Pariser Vorstädten, aber Französisch bei offiziellen Anlässen). Mit territorialem Bilingualismus wird die Koexistenz von mehr als einer Sprache in einem Gebiet gemeint (z.B. Schweiz). Institutioneller Bilingualismus meint die Mehrsprachigkeit in internationalen Organisationen, wie z.B. in der EU.

Im Bereich des individuellen Bilingualismus sollten die persönlichen Lebens- und Spracherwerbsumstände des Betroffenen berücksichtigt werden.

Im Sinne von Lüdi (1997) sollten vier wichtige Aspekte bedacht werden:

- *Zeitpunkt des Zweitspracherwerbs*
  Werden die beiden Sprachen gleichzeitig erworben, so spricht man von simultanem Zweitspracherwerb. Setzt der Zweitspracherwerb erst im Laufe des Erstspracherwerbs ein, so nennt man dies sukzessiven Zweitspracherwerb.
- *Modalität des Zweitspracherwerbs*
  Damit ist die Art und Weise gemeint, wie eine zweite Sprache erworben oder gelernt wird. Wir unterscheiden den ungesteuerten Zweitspracherwerb, der in der natürlichen Kommunikation abläuft. Daneben sprechen wir vom gesteuerten Zweitspracherwerb, der in systematisierten Lehrgängen angeboten wird.
- *Grad der Beherrschung der beiden Sprachen*
  Werden die beiden Sprachen in gleichem Maße beherrscht, spricht man von einer symmetrischen Sprachkompetenz; sind die sprachlichen Fähigkeiten in einer der beiden Sprachen dominanter, so spricht man von einer asymmetrischen Kompetenz. Die Unterscheidung in symmetrische und asymmetrische Kompetenz sollte nach den vier Bereichen Hören (Verstehen), Sprechen, Lesen (Verstehen) und Schreiben differenziert werden.
- *Kognitive Organisation*
  Bei der kognitiven Organisation werden zusammengesetzte Zweisprachigkeit oder koordinierte Zweisprachigkeit unterschieden (Ervin/Osgood 1954). Bei der koordinierten Zweisprachigkeit werden einzelnen Wörtern jeder Sprache unterschiedliche Repräsentationen im Gehirn zugeordnet. Bei der zusammengesetzten Zweisprachigkeit sind die Wörter beider Sprachen einem Konzept zugeordnet.

2.10 Interkulturelle Erziehung

Seit 1980 werden zunehmend Möglichkeiten einer interkulturellen Erziehung diskutiert. Was meint der Begriff »interkulturelles Lernen«? Darunter verstehen Gondolf u.a. (1983, S. 19)

- das gemeinsame Lernen von Menschen unterschiedlicher nationaler bzw. ethnischer Herkunft,
- die Berücksichtigung der kulturell geprägten Erfahrungen sowohl im Herkunftsland als auch im Zielland einschließlich der sich entwickelnden Migrantenkultur,
- Gemeinsamkeiten und Unterschiede kennen und akzeptieren lernen, kooperative und gleichberechtigte Beziehungsformen finden und sich an der Gestaltung neuer Lebensformen aktiv beteiligen.

Allerdings werden die Begriffe »interkulturelle Erziehung« und »multikulturelle Erziehung« im deutschen Sprachraum synonym gebraucht. Weitere Termini sind »internationale Erziehung« (Schmitt 1981) oder »kulturoffene Erziehung« (Schmidtke 1983).

Die bisherige Darstellung zur Aneignung einer oder mehrerer Sprachen wird in der nachfolgenden Abbildung noch einmal zusammengefasst.

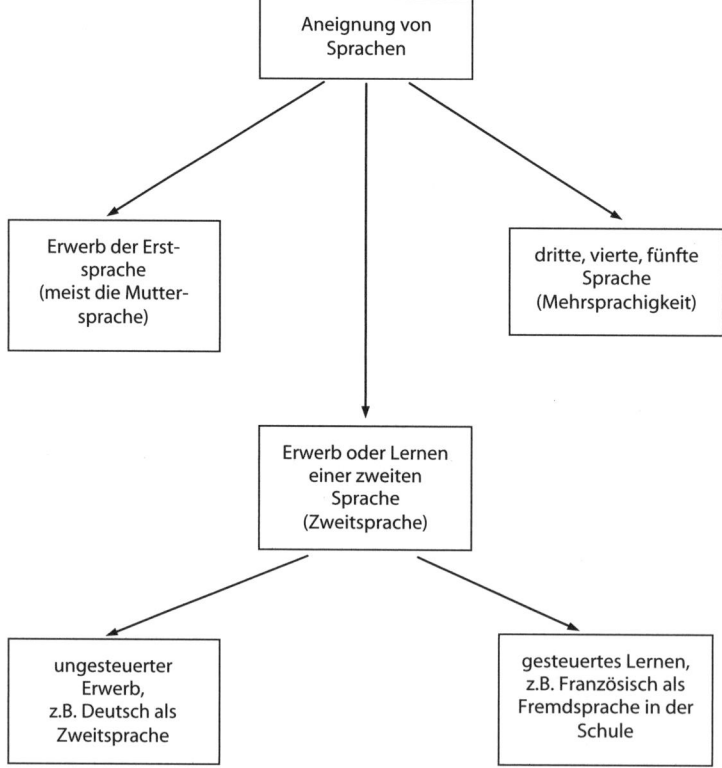

Abb. 16: Aneignung von Sprachen

Fazit

Was die begriffliche Diskussion angeht, so favorisieren wir in den folgenden Ausführungen den Begriff der Erstsprache gegenüber dem Begriff der Muttersprache. Unter dem Begriff der Zweitsprache verstehen wir jede Sprache, die nach der Erstsprache erworben wird. Wichtig ist weiterhin die Unterscheidung in den natürlichen und ungesteuerten Erwerb einer Sprache, wie z.B. Deutsch, als Zweitsprache für ausländische Kinder und in das gesteuerte und unterrichtlich systematisierte Lernen einer Fremdsprache, wie z.B. des Französischen oder Englischen. Im Zuge der Europäisierung und Globalisierung finden wir immer mehr mehrsprachige Menschen, insbesondere in den Grenzregionen der Bundesrepublik Deutschland. Ein Kind ist dann mehrsprachig, wenn es täglich zwei oder mehr Sprachen zur Kommunikation einsetzt.

3. Sprachwissenschaftliche Grundlagen

Eine Einführung in das Thema Sprachunterricht fordert regelrecht die Auseinandersetzung mit bestimmten Begriffen heraus. Jede Fachsprache operiert mit bestimmten Begriffen, die eine Definition notwendig machen. Wissenschaftliches Arbeiten kann nur dann gelingen, wenn die Begriffe klar und präzise definiert sind und dem Leser klar ist, was zu dem Begriff gehört und was nicht. Hier ist das Kriterium der Präzision gefragt. Zweitens sollten alle Gesprächspartner auf der mündlichen und schriftlichen Ebene das Gleiche unter den benutzten Begriffen verstehen, damit eine Kommunikation erfolgreich gelingt und Missverständnissen und Informationsdefiziten vorgebeugt werden kann. Hier wird das Kriterium der Konsistenz angesprochen.

Der deutsche Philosoph und Aufklärer Immanuel Kant (1724–1804) untergliedert in seiner 1800 herausgegebenen Logik die Philologie in die Literatur (Bücherkenntnis) und in die Linguistik (Sprachkenntnis). Wilhelm von Humboldt (1767–1835) betrachtet die Leistungen und Wirkungen der Sprache und teilt sie in Ergon und Energeia ein. Ergon sieht Sprache als grammatisches System, in dem jedes sprachliche Zeichen formale und inhaltliche Eigenschaften hat. Ergon ist die Voraussetzung für die Energeia als dynamische und kreative immerwährende Kraft der Sprache. Die Aufgabe der Energeia als Teilbereich der Sprache besteht in der Vermittlung der außersprachlichen Welt. Das Wort Linguistik finden wir zum ersten Mal Ende des 18. Jahrhunderts in der Einleitung in die Bücherkunde von Denis (1778). Linguistik ist neben der Rhetorik, Poetik und Literaturgeschichte ein Teilgebiet der Philologie und besteht aus Glossologia, Graphica, Grammatica und Vocabularia.

Die heutige Sprachwissenschaft – synonym mit Linguistik – ist die wissenschaftliche Betrachtung und Erforschung des Gegenstandes Sprache mithilfe theoretischer Aussagen in Form von Basissätzen und theoretischen Sätzen, und empirisch nachprüfbarer Beobachtungen. Die Sprachwissenschaft als die wissenschaftliche Betrachtung, Beschreibung und Erforschung der Sprache beschäftigt sich in der hier vorgelegten pädagogischen Einführung mit den Strukturen der Laut- und Schriftebene, der Wortebene, der Satzebene und der Textebene. Sie untersucht weiterhin Strukturen und Funktionen der Sprache auf den Ebenen der Phonologie/Phonetik, der Morphologie, der Syntax, der Semantik und der Pragmatik (vgl. Bergmann/Pauly/Stricker 2005).

Die menschliche Kommunikation ist eine wesentliche Voraussetzung dafür, dass das soziale Miteinander der Menschen funktioniert. Sie ist ein komplexer Vorgang, der wiederum aus vielen Teilbereichen besteht. Ein zentraler Bestandteil der menschlichen Kommunikation ist die Sprache. Die Sprache ist ein komplexer Prozess, der auf unterschiedlichen Teilleistungen wie z.B. das intakte Gehör, ein funktionstüchtiges und leistungsfähiges Gehirn, ein koordiniertes Bewegungsvermögen der Sprechorgane und vielseitige Anregungen aus der Umwelt aufbaut.

Die menschliche Sprache tritt in der Evolution der Menschheitsgeschichte erst zu einem relativ späten Zeitpunkt in Erscheinung. Die Lebenstüchtigkeit der Vorläufer des Menschen war bereits recht differenziert ausgeprägt. Auch die Gehirne als die Königsorgane des Menschen waren bereits teilweise gut entwickelt, doch gab es im menschlichen Gehirn kein Areal, das für die künftigen Aufgabenstellungen des Menschen bereit gehalten wurde. Als nun die Sprache und das Sprechen als wichtige Funktionen notwendig wurden, mussten diese neuen Aufgaben von den bestehenden Organen und Gehirnsystemen übernommen werden. Von daher ist es so bis in unsere Zeit hinein geblieben. Die Sprache hat keinen speziellen Ort im menschlichen Gehirn, sie ist bis heute eine dynamische Kraft und komplexe Leistung mit stark integrativem Charakter geblieben. Um diese Komplexität der Sprache als Medium der zwischenmenschlichen Kommunikation und sozialen Interaktion und als Gegenstand der Betrachtungen in ihren vielfältigen Zusammenhängen und Wechselwirkungsprozessen zu durchschauen und transparent zu machen, haben wir verschiedene Ebenen, die im linguistischen Analyseschema zusammengefasst sind.

Der Schweizer Sprachwissenschaftler Ferdinand de Saussure (1857–1919) hat die Sprache zum ersten Mal als Zeichensystem betrachtet. Das sprachliche Zeichensystem ist für ihn ein Teilgebiet der Semiotik (= Zeichenlehre). De Saussure untergliedert die allgemeine menschliche Sprachfähigkeit (le langage) in das Sprachsystem (la langue) und in den Sprachgebrauch (la parole). Einen möglichen Zugriff liefert das folgende Analyseschema.

3.1 Linguistisches Analyseschema

Hier geht es um die Beschreibung und Analyse der Sprache mit den wichtigsten linguistischen Kategorien (vgl. Abb. 17). Eine weitere mögliche Differenzierung wie z.B. in Phon, Morph und Sem wird bewusst vermieden.

Phonologie	Morphologie	Syntax	Semantik	Lexik
Phonem	**Morphem**	**Satz**	**Semem**	**Lexem**
abstrakte Einheit	freie	Einheit des Sprachsystems	inhaltliche Seite des Zeichens	Wort, Element des Wortschatzes
Lautklasse	gebundene	Muster für sprachliche Äußerungen	Bedeutung des Morphems	Einheit des Lexikons
bedeutungsunterscheidend	bedeutungstragend			

Abb. 17: Linguistisches Analyseschema

Die in dem Analyseschema aufgezählten linguistischen Kategorien dienen einem zweiten Zugriff auf den Gegenstand und das Medium Sprache. Wir müssen uns immer wieder bewusst machen, dass sich die gesprochene Sprache als sogenannte Sprechsprache nicht einfach und eindeutig in die geschriebene Sprache als sogenannte Schriftsprache übertragen lässt. Die vielfach vorgenommene Gleichsetzung von Lautsprache und Schriftsprache ist falsch und sollte kritischer von den Erwachsenen hinterfragt werden. Gesprochene Wörter geben uns nicht immer eindeutige Hinweise auf die korrekte Schreibweise, wie z.B. Mann und man oder Meer und mehr (vgl. Topsch 2005, S. 14). Von daher ist ein fachkundiger Rückgriff auf wichtige Begriffe und Kategorien der Linguistik wichtig und hilfreich, um einerseits selbst die komplexen Prozesse besser zu durchschauen und zum anderen Kindern geeignete Förderhinweise geben zu können. Es ist gerade für die Fachkräfte und die Eltern wichtig zu wissen, dass wir im Deutschen eine Alphabetschrift haben. Hier wird nicht die Bedeutung notiert, sondern beim Schreiben geht es um die Lautungen der gesprochenen Sprache. Laute bzw. Lautgruppen werden durch einzelne Buchstaben bzw. Buchstabengruppen repräsentiert. Da es zentral um die Laute geht, sind die gesprochene Sprache und die Metasprache (Nachdenken über Sprache und Sprachbewusstsein) grundlegende Voraussetzungen für den Erwerb der Schriftsprache. Nun kommen wir zu den einzelnen linguistischen Beschreibungsebenen und einigen wichtigen Begriffen.

3.2 Phonetik

Die Phonetik als Wissenschaft ist ein Teilgebiet der modernen Linguistik und befasst sich mit den akustischen Phänomenen und Eigenschaften der Sprachlaute, also der gesprochenen Laute, insbesondere mit den anatomischen, physiologischen und nervalen Voraussetzungen beim Sprechvorgang. Der zentrale Gegenstand der Phonetik ist die Erforschung der Sprachlaute, ihre Bildung und ihre Veränderung und Variationsmöglichkeiten im Redefluss. In der deutschen Hochsprache kennen wir 57 Laute (Phone). In der Literatur werden Phone und Phoneme oft gleichgesetzt. Hier machen wir bewusst einen Unterschied. Die Aufgabe der Phonetik besteht in der Beschreibung der Laute hinsichtlich der artikulatorischen Produktion, der akustischen Übertragung und ihrer auditiven Verarbeitung und Wahrnehmung. Die Phonetik beschäftigt sich mit der Analyse der sprachlichen Laute (Schallwellen) und bedient sich dabei naturwissenschaftlicher Methoden und Instrumente. Man unterscheidet weiterhin in artikulatorische, akustische und auditive Eigenschaften der Laute. In letzter Zeit weisen Sprachwissenschaftler (vgl. Bunk 2005, S. 5) immer wieder auf die Bedeutung phonetischer Übungen beim Sprachlernprozess hin. Daher sollten phonetische Übungen ein wesentlicher Bestandteil in jedem Sprachunterricht für deutsche und insbesondere für zugewanderte Kinder mit einem heterogenen und komplexen Migrationshintergrund sein. Gerade zugewanderte Menschen aus anderen Sprachgemeinschaften nehmen die deutsche Sprache, die zu den akzentbetonten

Sprachen gehört, als eine harte, monoton und weitgehend stimmlos klingende, wenig melodische und teilweise »abgehackte« Sprache wahr. Ein gezieltes Aussprachetraining sollte sich an der Standartsprache ausrichten und sich schwerpunktmäßig mit der Prosodie beschäftigen. Die Intonation, dazu gehören u.a. Rhythmus, Melodiebewegungen, Lautstärke, Sprechgeschwindigkeit, Pausen und Akzente, hat eine wichtige Funktion bei der rhythmisch-melodischen Gliederung der Wörter und Sätze. Im Dialog und beim Gespräch wird über die Intonation der Sprecherwechsel angezeigt. Wird der Sprecher leiser und die Sprechmelodie fällt ab, so wird deutlich, dass der Sprecher mit seiner sprachlichen Äußerung zum Ende kommt. Durch die Verbesserung der Artikulation wird bei ausländischen Kindern auch das Zuhören der Gesprächspartner gefördert, die Aufmerksamkeit nimmt zu und das Verstehen wird unterstützt. Phonetische Übungen sollten daher verstärkt bewusst, gezielt und intensiv in den Sprachunterricht einbezogen werden. Hier handelt es sich allerdings nicht um einen separaten Unterricht, sondern um unterrichtsimmanente Übungen und Hinweise.

Phon

Der Begriff Phon stammt aus dem Griechischen, bedeutet so viel wie Stimme, Ton oder Klang und ist ein Maß für die Lautstärke. Akustische Phänomene wie Geräusche und Klänge können zwischen 0 und 130 Phon liegen. Sprachlaute werden als Phone bezeichnet. Sie sind noch nicht im Hinblick auf die Bedeutungsdifferenzierung klassifiziert. Sprachlaute sind die kleinsten Einheiten sprachlicher Äußerungen und nicht zu verwechseln mit den Phonemen. Phone werden konkret realisiert, können vom Sprechvorgang her unterschieden werden. Phone sind konkret hörbare sprachliche Gebilde in kleinster Form.

3.3 Phonologie

Die Phonologie als Wissenschaft ist ein weiteres Teilgebiet der modernen Linguistik und beschäftigt sich mit den abstrakten Sprachlauten (= Phonem), die innerhalb unseres Sprachsystems eine bedeutungsdifferenzierende Funktion übernehmen. Sie beschreibt die Funktion der Laute in den sprachlichen Zeichen (Wörter) innerhalb eines Sprachsystems. Generell wird zwischen den Vokalen als den Öffnungslauten und den Konsonanten als den Hindernislauten unterschieden. Für die Vokale und Konsonanten sind bestimmte artikulatorische Merkmale bedeutsam wie z.B. lang/kurz oder offen/geschlossen. Darüber hinaus gibt es auch noch distinktive Merkmale, also Merkmale, die Oppositionen beinhalten und realisieren. Phoneme als die kleinsten bedeutungsunterscheidenden Einheiten unserer Sprache sind zunächst einmal abstrakte Entitäten, d.h. linguistische Konstrukte ohne jegliche physikalische, substanzielle und materielle Realität. Entität ist eine wirkende Größe, die jedoch nicht existent ist. Phoneme werden streng genommen nicht gesprochen und können damit auch nicht gehört werden. Die Realisierung der Phoneme erfolgt über die Sprachlaute (= Phone) im Kontext des Sprachschalls. Die Phonologie ist der Teil der Linguistik, die sich mit den Phonemen, dem Phoneminventar und ihren Funktionen im Sprachsystem beschäftigt. Phoneme werden in Schrägstrichen notiert /k/ und durch Buchstaben der Lautschrift bezeichnet. Als Beispiel können Minimalpaare genannt werden. Minimalpaare eignen sich als »Eselsbrücke«, um die Funktion der Phoneme in einem Wort deutlich zu machen. Minimalpaare wie Oma und Opa, Tina und Tino oder Nina und Nino unterscheiden sich nur in einem Phonem im Anlaut, Inlaut oder Auslaut und werden zu Beginn des Lese- und Schreiblehrgangs in Fibeln angeboten. Die Phoneme /t/ und /n/ in Tina und Nina sind Bestandteile der Ausdrucksseite der sprachlichen Zeichen Tina und Nina. Sie unterscheiden diese beiden sprachlichen Zeichen (Wörter), jedoch sind sie selbst kein Bedeutungträger. Die gleichen Phoneme können in anderen Minimalpaaren auftreten, d.h. sie können in verschiedenen anderen Umgebungen in Erscheinung treten und haben dort ebenfalls eine bedeutungsdifferenzierende Aufgabe zu erfüllen. Wegen der Schwierigkeit der Trennung und Unterscheidung wenden wir uns im Folgenden noch einmal eingehender dem Begriff und der Problematik des Begriffes Phoneme zu.

Phonem

Ein Phonem ist die kleinste bedeutungsdifferenzierende Einheit der Sprache. Die Aufgabe des Phonems besteht darin, innerhalb der Morpheme (freie und gebundene Morpheme) Bedeutungen zu unterscheiden, wie z.B. in »Gehweg« und »Geh weg!«. Ein Phonem ist ein Laut, aber nicht jeder Laut ist ein Phonem. Phonem ist ein Laut, der innerhalb eines sprachlichen Systems zur Unterscheidung sprachlicher Zeichen (Wörter) eingesetzt wird. Die Phoneme werden durch die hörbaren Laute (Phone) erst realisiert. Im Deutschen kennen wir 42 Phoneme, aber nur 26 Buchstaben (mit Umlauten und »scharfem S« sind es 30). Rein quantitativ gibt es von daher keine eindeutige 1:1-Zuordnung der Laute zu den Buchstaben. Wir sind zu der Erkenntnis gelangt, dass die Buchstaben keineswegs einzelne Sprachlaute repräsentieren, sondern Phoneme. Diese Trennung ist sehr schwierig, wird aber von nicht wenigen Autoren vorgenommen. Phoneme sind zunächst einmal abstrakte Lautklassen, nicht wie vielfach angenommen einzelne Laute. Ein Laut erreicht erst den Phonemstatus durch den Minimalpaarvergleich. Minimalpaare sind: Tanne/Kanne, Tina/Nina, Oma/Opa, Tina/Tino, Drachen/krachen usw. Die Minimalpaartechnik wird oft am Fibelanfang eingesetzt, um bestimmte Laute und Buchstaben zu gewinnen, wie z.B. bei der Fibel »Bücherwurm« das Minimalpaar Nina/Nino. Diese Phoneme unterscheiden sich durch distinktive Merkmale. Aus der Vielzahl der täglich gehörten Laute bzw. Lautverbindungen wie z.B. die e-Laute, die s-Laute oder die p-Laute abstrahiert und analysiert das Kind nur ganz bestimmte hörbare Merkmale, die einen bestimmten Typ von Phonem repräsentieren. Phoneme sind eher virtuelle Gebilde und abstrakte Konstrukte, die über die Laute dargestellt werden.

Laut-Phonem-Graphem-Beziehungen

Ein Phonem kann in der Schrift durch unterschiedliche Buchstaben bzw. Buchstabenverbindungen geschrieben werden. Das unbetonte /e/ kommt nur in Wörtern mit mehreren Silben vor. Der Buchstabe ‹e› kann sehr unterschiedlich ausgesprochen werden. Das lange und kurze /e/ sind unterscheidbare Phoneme, weil sie in den Wörtern »Bett« und »Beet« zu unterschiedlichen Bedeutungen führen. Das Phonem /t/ kann geschrieben werden als ‹t› in »Tinte«, als ‹th› in »Theater«, ‹tt› in »Mutter«, als ‹dt› in »Stadt«, als ‹d› in »Wald«, als ‹tth› in »Matthäus«. Das Phonem /i/ kann geschrieben werden als ‹i› in »Igel«, als ‹y› in »Xylander«, als ‹ie› in »hier«, als ‹ih› in »ihr«, als ‹ieh› in »Vieh«, als ‹ee› in »Jeep«. Das Phonem /gs/ kann geschrieben werden als Hexe, Kekse, Klecks, flugs und Fuchs.

Ein Phonem wird jedoch nicht immer in der gleichen Form als Laut realisiert, sondern wird durch die Vorgänge der Koartikulation und der Assimilation (= lautliche Angleichung) in seiner Klanggestalt verändert. Dagegen gehören die regional unterschiedlichen Realisierungsmöglichkeiten des /r/, je nachdem sie als Rachen- oder als Zungen-R gesprochen werden, zu ein und derselben Phonemklasse. Man bezeichnet sie als Allophone. Grapheme sind die Buchstaben bzw. die Buchstabengruppen wie z.B. beim ‹sch› oder ‹ch›. Die Grapheme und die Phoneme sollen einander zugeordnet werden, d.h. miteinander korrespondieren. Die Grapheme geben keine eindeutigen Informationen, sondern lediglich grobe Hinweise über die Zugehörigkeit zu einer Lautklasse (= Phoneme). Es ist aber auch möglich, dass ein Graphem durch verschiedene Phoneme realisiert wird. So kann das Graphem ‹a› durch verschiedene Phoneme realisiert werden wie z.B. in »Bad« und »Blatt«.

Das Alphabet der deutschen Sprache umfasst 26 Buchstaben, wenn wir die Umlaute und das »scharfe S« hinzufügen 30 Buchstaben. Diesen 30 Graphemen stehen aber 42 Phoneme gegenüber. Die Realisierung dieser Phoneme erfolgt über die Aussprache der Phone und Allophone, die wiederum in weit höherer Anzahl vorkommen als die Phoneme. Zur Darstellung dieser Problematik ist die folgende Grafik hilfreich (vgl. hierzu Kalmar 1998, S. 43), um die nicht immer eindeutigen Beziehungen innerhalb der deutschen Sprache klarzumachen (vgl. Abb. 18).

Laut (Phon)	Phonem	Graphem (Buchstabe)
[l]	/l/	‹l›, ‹ll›
[s]	/s/	‹s›, ‹ss›, ‹ß›
[t]	/t/, /d/	‹t›, ‹tt›, ‹dt›
[i]	/i/	‹i›, ‹y›, ‹ie›, ‹ih›, ‹ieh›

Abb. 18: Laut-Phonem-Graphem-Beziehungen

Die Phone sind die hörbare und wahrnehmbare Aussprache eines Lautes, die Phoneme dagegen abstrakte Konstrukte, die eine Lautklasse mit einer individuellen Weite darstellen und keinen einzelnen Laut. Es sind jedoch nicht immer nur einzelne Phoneme, die die Bedeutungsunterscheidung hervorrufen. Manchmal sind es auch mehrere Phoneme, die den Unterschied in der Bedeutung produzieren wie z.B. /l/ und /t/ in »Welt« und /r/ und /k/ in »Werk«.

Graphemische Ambiguität

Der Begriff der Ambiguität bedeutet Mehr- bzw. Doppeldeutigkeit von Wörtern, Symbolen oder Buchstaben. Hier geht es um die Mehrdeutigkeiten von Graphemen. Weigl hat auf dieses Phänomen der Lockerung des phonologischen Prinzips aufmerksam gemacht und hingewiesen (1974, S. 134). Graphemische Ambiguitäten wie bei »malen« und »mahlen« oder »mehr« und »Meer« sind über das Hören und über die phonetische Strategie des Kindes nicht oder nur sehr schwer zu erkennen und von daher gibt es Probleme beim Rechtschreiben. So kann das Phonem /gs/ auf folgende Art und Weise verschriftet werden: Hexe – Kekse – Klecks – Fuchs – flugs. Diese graphemische Ambiguität führt insbesondere bei Schulanfängern zu großen Rechtschreibproblemen. Ein Graphem kann also unterschiedlich ausgesprochen werden, d.h. mehr als ein Phonem repräsentieren. Hier spielt natürlich auch die Umgangssprache oder die dialektal gefärbte Regionalsprache eine große Rolle (vgl. hierzu Meiers 1998, S. 41ff.).

Koartikulation

Darunter versteht man die durch die fließende Rede bedingte Form der Artikulation, wobei die Lautgrenzen zwischen den einzelnen Lauten verschwinden und ineinander übergehen. Die Laute werden nicht einzeln und isoliert gesprochen und gehört, sondern verschmelzen zu einer komplexen Lautkette und Klangstruktur. Das Kind, insbesondere der Schulanfänger, braucht bei der Verknüpfung zwischen dem isolierten Laut und dem koartikulierten Wissen Erfahrungen über die abstrakte Struktur des Wortes. Die phonologische Bewusstheit bildet sich erst im Zuge der kindlichen Alphabetisierung und im Gefolge des Schriftspracherwerbs nach und nach sicher heraus (vgl. Dehn 1985). Die Assimilation (Angleichung der Laute) steht in enger Wechselwirkung mit dem Phänomen der Koartikulation.

3.4 Morphologie

Die Morphologie ist eine weitere Teildisziplin der Linguistik und meint die Lehre von der Gestalt, der Struktur und den Bauformen sprachlicher Zeichen, wobei sprachliche Zeichen über Wörter repräsentiert werden. Weiterhin bezeichnet die Morphologie die Lehre von der Funktion der kleinsten sprachlichen Zeichen, den Morphemen. In der traditionellen Grammatik verstehen wir darunter die Formenlehre, die Lehre von der Gestaltveränderung, die Flexionsformen (Deklination, Konjugation) und die Wortarten (vgl. Lewandowski 1990, S. 729). Die Morphologie beschäftigt sich mit Formen, Strukturen und Veränderungen von Wörtern wie z.B. der Konjugation und der Deklination.

Morpheme

Morpheme sind die kleinsten bedeutungstragenden Einheiten der deutschen Gegenwartssprache und damit auch das kleinste sprachliche Zeichen des Sprachsystems. Es sind sogenannte Formelemente eines Wortes. Morpheme sind die kleinsten Einheiten der grammatischen Analyse wie z.B. Früh-ling oder beb-te. Es gibt verschiedene Einteilungsversuche: Freie Morpheme können isoliert auftreten, d.h. allein als Wort in Erscheinung treten: Tür, Tor, Herz, froh, klein, Haus usw. Gebundene Morpheme können nur mit einem anderen Morphem zusammen gebildet werden: /bar/ in hörbar, /ab/ in ablaufen, /lich/ in königlich und /n/ in Straßen. Als gebundene Morpheme zählen auch Präfixe, Suffixe, Präpositionen und Artikel. Alle Verben im Deutschen bestehen aus mindestens zwei Morphemen und zwar aus einem Stammmorphem und einem Flexionsmorphem wie z.B. »lesen«: Stammmorphem ist »les« und Infinitivmorphem ist »en«. Wegen dieser angesprochenen Komplexität wird in die Flexionsmorphologie und in die Wortbildungsmorphologie unterschieden. Unter Flexion verstehen wir die Deklination der Substantive und die Konjugation der Verben.

Das sprachliche Zeichen

Sprachliche Zeichen bilden eine Untergruppe der Zeichen. Sie sind eine materielle Größe, die auf etwas anderes verweisen. Bergmann/Pauly/Stricker (2005) unterscheiden beim Denotat folgende Gruppierungen:

- Zeichen *mit realem Denotatsbezug* wie z.B. Spuren im Sand oder im Schnee, die von einem Tier verursacht werden.
- Zeichen *mit konventionellem Denotatsbezug* wie z.B. die Verkehrszeichen, die bestimmte Verhaltensweisen vorschreiben bzw. andere wiederum verbieten.
- Zeichen *als ikonische Zeichen* mit Übereinstimmungen in Farbe, Klang, Form, Struktur und Reihenfolge wie z.B. Piktogramme in Büchern oder auf Wegweisern, aber auch auf manchen Verkehrszeichen (wie das Zeichen für den Fußgängerweg).

Das Sprachzeichen wird als Lautkette realisiert oder als Buchstabenfolge dargestellt, die wiederum auf eine bestimmte Vorstellung verweisen, d.h. etwas bedeuten. Beim sprachlichen Zeichen untergliedern Bergmann/Pauly/Stricker (2005, S. 15) die materielle Komponente als Ausdruck und die bezeichnete Vorstellung als Inhalt. Dabei werden Inhalt und Bedeutung meist synonym verwendet.

Wort

Das Wort ist eine natürliche Einheit der menschlichen Sprache. Wörter werden als sprachliche Zeichen für Personen, Gegenstände und Sachen verwendet. Die Wörter erscheinen als gesprochene Lautketten oder als geschriebene Buchstabenfolgen. Sie repräsentieren die gedanklichen Vorstellungen von Gegenständen, Vorgängen, Erscheinungen, Zuständen usw. Dies wird dann besonders deutlich, wenn über etwas gesprochen wird, das ausschließlich in der gedanklichen Vorstellung existiert (vgl. Bergmann/Pauly/Stricker 2005, S. 15). Ein Wort ist eine Gruppe von Lauten (Lautsprache) oder eine Gruppe von Buchstaben (Schriftsprache), die einen Bedeutungsinhalt besitzt. Sätze wiederum bestehen aus einzelnen in Beziehung stehenden Wörtern. Dies wird durch die Syntax geregelt.

Silbe

Das Wort ist noch nicht der kleinste Baustein der Sprache. Das Wort »lesen« lässt sich in die Teile »le« und »sen« zerlegen. Diese Teile nennen wir Silben. Eine Silbe ist ein Teil eines Wortes, der mit einem einzigen Ansatz der Stimme gesprochen wird. Silben sind keine linguistischen, sondern sprechtechnische Einheiten. Es gibt dem Sprachgebrauch nach eine weitere Untergliederung in Sprechsilben und Sprachsilben. Sprechsilben entstehen beim langsamen Sprechen eines Wortes. Das Wort wird hier in Sprechsilben zerlegt: Kin-der, le-sen, Zei-tung. Für diese Art der Silbentrennung sind die Sprechsilben entscheidend. Mit den Sprechsilben nicht zu verwechseln sind die Sprachsilben. Das sind Bestandteile eines Wortes, die immer dann entstehen, wenn ein Wort in die Vorsilbe, den Stamm und die Endung zerlegt wird. Das Erkennen der einzelnen Sprachsilben ist die Voraussetzung für das Entstehen eines Wortes.

Buchstabe

Die kleinsten Bestandteile der Silben werden als Buchstaben bezeichnet, sofern man sie aufschreibt. Die deutsche Rechtschreibung basiert auf der Alphabetschrift (Buchstabenschrift) mit den 26 Buchstaben des ABC i.e.S. Hinzu kommen die Umlaute ä, ö und ü, sodass wir dann 29 Buchstaben haben. Das ABC wird auch als Alphabet bezeichnet, benannt nach den beiden ersten Buchstaben des griechischen Alphabets Alpha und Beta. Buchstabe und Graphem werden heute in der Literatur synonym gebraucht, wobei die Unterscheidung zwischen Graph und Graphem von einzelnen Autoren vorgenommen wird. Der Begriff Graphem stammt vom griechischen »graphein«, das »schreiben« bedeutet. Die Graphemik ist die Lehre von den Graphemen (Schriftzeichen) unter dem Aspekt ihrer distinktiven Merkmale und ihrer

Stellung im Alphabet. Streng genommen bedeutet Graphem nicht den einzelnen Buchstaben, sondern die Klasse aller Schriftzeichen mit gleicher distinktiver Funktion. Bei der Graphem-Phonem-Zuordnung ist es wichtig zu wissen, dass wir es hier nicht immer mit einer eindeutigen Zuordnung zu tun haben, wie z.B. in Schule repräsentiert /sch/ nur ein Phonem. Die Zuordnung von Lauten und Buchstaben orientiert sich an der deutschen Standardsprache (Hochsprache). Der Begriff Graph wird bei einigen Autoren als Bezeichnung für ein Schriftzeichen benutzt. Graph ist das konkrete und sichtbare Schriftzeichen und gleichermaßen die kleinste Einheit in schriftlichen Texten. Diese Schriftzeichen sind aber zu trennen von irgendwelchen Strichen oder Kritzelzeichen ohne speziellen Mitteilungscharakter. Graphe sind im Gegensatz zu den Graphemen noch nicht klassifiziert. Alle vorkommenden Graphe können zu Klassen zusammengefasst werden und werden durch den Buchstaben oder Graphem repräsentiert.

Wortarten

Darunter versteht man die Einteilung der Wörter einer Sprache nach bestimmten Merkmalen. Die Wortart ist sozusagen eine lexikalisch-grammatikalische Kategorie einer Sprache (vgl. Lewandowski 1990, S. 1220). In der traditionellen Untergliederung der Sprache unterscheidet man in Verben, Substantive, Adjektive, Adverbien, Artikel, Pronomina, Numeralia, Präpositionen, Konjunktionen und Interjektionen. Bergmann/Pauly/Stricker (2005) unterscheiden weiterhin in offene und geschlossene Wortarten. Offene Wortarten sind Substantive, Adjektive und Verben, die kontinuierlich durch Wortbildung erweitert werden. Geschlossene Wortarten sind Präpositionen, Konjunktionen und Partikel, die nur in einem begrenzten Umfang durch Wortbildung erweitert werden.

3.5 Syntax

Die Syntax ist ein Teilgebiet der Linguistik und meint die Lehre von den Sätzen. Die Syntax beschäftigt sich mit den Anordnungen und Beziehungen der Wörter untereinander in einem Satz und ist eine linguistische Teilkategorie. Syntax meint die Lehre vom Bau und von der Konstruktion der Sätze, d.h. die Kombination und Reihenfolge der Wörter in einem Satz. Ihr wichtigstes System ist die Grammatik, die sich mit den Regeln bzw. den Regularitäten des Satzes der deutschen Gegenwartssprache auseinandersetzt. In den Einführungen zur Sprachwissenschaft und in den einschlägigen linguistischen Wörterbüchern (vgl. Lewandowski 1990) werden drei unterschiedliche syntaktische Beziehungen erwähnt: erstens die Subjekt-Prädikat-Beziehung, die attributive Beziehung, die adverbiale Beziehung und die Objektbeziehung; zweitens die grammatischen und drittens die syntagmatischen Beziehungen, d.h. die Beziehungen, die auf dem linearen Charakter der Sprache basieren, die Anreihungsbeziehungen und die Beziehungen zwischen Einheiten, die in einem Kontext gemeinsam vorkommen. Die Syntax ist eine wichtige Ebene der Sprache und beschäftigt sich mit der Kombination von Wörtern zu Sätzen. Es geht um die Satzstellung. Als Beispiel sei die Bildung von Fragesätzen genannt. Hier gilt die Regel, dass eine Inversion von Subjekt und Verb vorgenommen werden muss: »Liest Du ein neues Buch?« Unter Syntagma verstehen wir eine Wortgruppe bzw. eine Wortverbindung. Ferdinand de Saussure verstand darunter eine Verkettung von Wörtern, eine Kombination oder Anreihung von Wörtern wie z.B. »für uns alle«, »ein schönes Leben«, die nach bestimmten Regeln gebildet werden und ein regelmäßig wiederkehrendes sprachliches Muster darstellen.

Satz

In der Regel sprechen und schreiben wir in vollständigen Sätzen. Der Satz ist die kleinste in sich geschlossene Einheit, um etwas auszudrücken, festzustellen, zu äußern, zu fragen, aufzufordern oder etwas mitzuteilen. In der Sprachentwicklung des Kindes beobachten wir verschiedene Phasen der Satzentwicklung. Vom Einwortsatz (1. Lebensjahr) als Vorläufer der Syntax geht es über Zweiwortäußerungen (2. Lebensjahr) zu Mehrwortäußerungen (3. Lebensjahr) über den Erwerb syntaktischer Besonderheiten wie die Verbzweitstellung (3./4. Lebensjahr) hin zu komplexen Sätzen im 5. und 6. Lebensjahr (vgl. Clahsen 1986). Einzelne Wörter können als Bausteine betrachtet werden. Ein Haufen Bausteine ergibt jedoch noch kein Haus. Die Bausteine (= Wörter) müssen nach einem Plan nach ganz bestimmten Regeln (Syntax) zusammengefügt werden. So müssen auch die einzelnen Wörter nach einem Plan und nach festgelegten Regeln im Sinne einer Konvention zu Einheiten zusammengefügt werden. Diese Einheit ist ein Satz. Der Satz ist die kleinste selbstständige und vollständige sprachliche Äußerung und gleichzeitig Element der Langue im Sinne von de Saussure. Als aktuelle Einheit des Textes oder der Rede gehört er aber auch gleichzeitig dem Sprachgebrauch bzw. der Parole an. Der Satz ist eine komplexe syntaktische Einheit mehrerer sprachlicher Zeichen (Wörter), die zeitlich nacheinander produziert werden, jedoch zeitlich gleichzeitig gelten sollen. Der Satz ist eine Einheit der Grammatik, des Sprachsystems oder der Langue und die sprachliche Äußerung die Einheit des Sprachgebrauchs, der Pragmatik oder der Parole. Der Satz gehört als abstrakte Konstruktion zum Bereich der Grammatik. Der Satz ist dann ein Satz, wenn er vollständig ist, dagegen braucht eine sprachliche Äußerung nicht immer und unbedingt den vollständigen Satz. Eine sprachliche Äußerung kann gerade in den Alltagsgesprächen elliptisch sein wie z.B. »Wohin gehst Du? – Nach Hause« (vgl. Lewandowski 1990, S. 889). Wir sprechen nicht immer in vollständigen und mehrgliedrigen Sätzen. Stichwortartige ungegliederte sprachliche Äußerungen kommen in der Alltagssprache gehäuft vor, insbesondere dann, wenn sie aus der jeweiligen Alltagssituation heraus oder dem schriftlichen Kontext gut verständlich sind. Solche sprachliche Äußerungen nennen wir satzwertige Kurz-Äußerungen. Es gibt verschiedene Satzbaupläne – Satzschema und Satzmuster werden synonymverwendet –, d.h. Strukturmuster nach dem Sätze durch Wortfügung innerhalb der Langue gebildet werden. Die Begriffe Satzart und Satztyp werden synonymgebraucht. In der traditionellen Grammatik unterscheiden wir je nach Sprechabsicht in:

- *Aussagesatz:* Verb als zweites Satzglied, meist Stimmabsenkung am Schluss;
- *Aufforderungssatz:* Verbglied in einer besonderen Form z.B. »komm«, »fahre« (= Imperativ); die Intonation wird etwas schroffer als im Aussagesatz und die Stimmabsenkung ist am Schluss etwas schwächer ausgeprägt;
- *Fragesatz:* Zum einen kennen wir die Auskunftsfrage und zum anderen die Entscheidungsfrage.

3.6 Lexik

Lexik steht für Lexikon und bedeutet Wortschatz. Gemeint ist die Gesamtheit der zur Verfügung stehenden Lexeme eines Sprechers bzw. einer Sprachgemeinschaft. Der Begriff Lexem wird aus dem Griechischen lexis abgeleitet und bedeutet soviel wie Wort. Lexeme werden durch Morpheme repräsentiert und sind die Bausteine des Wortschatzes und damit Einheiten unseres Lexikons. Neben den Einzelwortlexemen unterscheidet man in Wortgruppenlexeme (Weiße Haus oder Berliner Bär) und in Idiome (auf die Palme bringen) als feste Wort- und Redeverbindungen. Die Lexik als Teilgebiet der Linguistik steht in enger Wechselwirkung zur Semantik. Wir unterscheiden beim Wortschatz den aktiven Wortschatz; darunter verstehen wir die Menge der zur Verfügung stehenden Wörter bzw. Begriffe und den passiven Wortschatz, d.h. hier geht es um die Menge der verstandenen, jedoch nicht unbedingt gebrauchten und verwendeten Wörter. Jedes Kind hat ein seinen Möglichkeiten und Anregungen entsprechend entwickeltes und ausgebautes mentales Lexikon, das sich im Gehirn als Gedächtnisspeicher manifestiert. Wird ein Wort gehört oder gelesen so kann die Bedeutung im Sinne des lexikalischen Zugriffs aus dem Gedächtnisspeicher abgerufen werden. Das Lexikon ist demnach die Gesamtheit der Wörter und Begriffe im Sinne des Wortschatzes, also eines internalisierten und abgespeicherten internen Lexikons. Man könnte dieses Lexikon als eine Liste der dem Kind zur Verfügung stehenden Wörter bezeichnen, sozusagen ein zerebrales Wörterbuch. Der gesamte Wortschatz unserer deutschen Gegenwartssprache wird auf ca. 350.000 Wörter geschätzt und in Wortarten eingeteilt, wobei drei Kriterien eine Rolle spielen.

1. Die Bedeutung, d.h. die Bezeichnungen wie Verb, Adjektiv oder wie man früher auch sagte »Dingwort« weisen auf eine bestimmte Bedeutung hin. Dieses semantische Kriterium ist jedoch umstritten, weil es nicht zu einer trennscharfen Abgrenzung führt.
2. Hinsichtlich der Form können wir die Wörter in veränderliche (= flektierbare) und unveränderliche (= nicht flektierbare) Wörter untergliedern. Bei den flektierbaren unterteilen wir weiterhin in konjugierbare Verben und deklinierbare Nomen, Adjektive, Artikel und Pronomen. Die nicht flektierbaren Wörter wie die Adverbien, die Präpositionen, die Konjunktionen und Interjektionen werden als Partikeln bezeichnet.

3. Beim Gebrauch der Sprache werden die Wörter meist nicht isoliert benutzt, sondern in Redewendungen oder in Sätze eingebunden. Der Sprecher folgt dabei definierten und überlieferten Regeln, was natürlich dazu führt, dass einige Wörter bzw. Wortarten sich an bestimmten Positionen im Satz immer wieder finden. So wird das Prädikat im Deutschen in der Regel durch ein Verb gebildet und das Subjekt wird in der Regel durch ein Substantiv repräsentiert.

3.7 Semantik

Der Begriff wurde 1883 von Breal in die Sprachwissenschaft eingeführt. Die Semantik beschäftigt sich mit den Bedeutungen und Inhalten der sprachlichen Zeichen, d.h. der Wörter. Die Bedeutung eines sprachlichen Zeichens ist das, was das Zeichen uns zu verstehen gibt. Semantisch erfassen wir ein Zeichen immer dann, wenn wir die Bedeutung kennen, die ihm zugeordnet ist, wenn uns also bekannt ist, wofür das Zeichen steht. Es ist sozusagen der Aspekt der Sprachforschung und Sprachanalyse, unter dem die Beziehungen von sprachlichen Zeichen zu den von ihnen bezeichneten Gegenständen untersucht werden. Es geht um die Beschreibung der Beziehungen zwischen dem Ausdruck und dem Inhalt. Während sich die Phoneme als die kleinsten bedeutungsdifferenzierenden Einheiten der Sprache definieren und über artikulatorische Merkmale beschreibbar sind, können wir die funktionalen Einheiten der Bedeutungsseite, die sogenannten Sememe als eine Kombination kleinster begrifflicher Merkmale erklären. Die lexikalische Bedeutung meint das »Was« der sprachlichen Erfassung der Welt. Die Einheiten und Bedeutungsüberträger werden als Sememe bezeichnet. Der Begriff wurde aus dem Griechischen sema abgeleitet und bedeutet soviel wie Zeichen. Man versteht darunter den Inhalt der kleinsten bedeutungtragenden Einheiten, den Morphemen oder im Sinne von Bloomfield (1923) die Bedeutung des Morphems. Die lexikalische Bedeutung wird mit der formalen Struktur des Wortes fest verbunden. So ist das Lexem Spiegel nicht nur für einen speziellen individuellen Spiegel zu gebrauchen, sondern für die Klasse der Spiegel insgesamt. Unter der Bedeutung verstehen wir die feste und enge Verbindung zwischen dem Ausdruck und dem Inhalt.

3.8 Pragmatik

Die Pragmatik beschäftigt sich als Teilgebiet der Linguistik mit dem sprachlichen Handeln in bestimmten Situationen. Der Begriff Pragmatik stammt aus dem Griechischen und bedeutet soviel wie Handlung, d.h. Handeln mit Sprache. Die Pragmatik als eigenständiger Bereich der Sprachwissenschaft – man spricht auch von der Pragmalinguistik – untersucht und beschreibt die Sprache als eine Form sozialen Handelns im Sinne von Interaktionen zwischen den Kommunikationspartnern in ganz konkreten Situationen des Alltags. Es geht nicht nur darum, konkrete Rede wendungen und Sätze zu produzieren, man sollte auch wissen, unter welchen Umständen und mit welcher Intention sie benutzt und verwendet werden (vgl. Ulrich 1987, S. 140).

Sprachliches Handeln

Die Sprache ist als Werkzeug des Handelns im Sinne des bereits erwähnten Organonmodells von Bühler (1934) Teil des menschlichen Handelns. Die Sprache wird als Mittel eingesetzt, um die Ziele des Handelns zu erreichen. Von daher sind die Sprache und das Sprechen Werkzeuge, die im Kontext der menschlichen Handlungen unverzichtbar sind und dort ihre existentielle Bedeutsamkeit erfahren.

Sprachliches Handeln ist immer eingebettet in soziales Handeln, d.h. die menschliche Sprache braucht ein soziales Netz als Basis für die Entwicklung und Ausgestaltung der sprachlichen Potenziale. Die menschliche Sprache vollzieht sich in natürlichen und relativ abgeschlossenen Sequenzen der mündlichen Kommunikation im Alltag. Als Beispiele sind zu nennen: das kurze Gespräch an der Haustür, die kleine Unterhaltung auf dem Weg zur Schule, das private Telefongespräch mit der Freundin, der Anruf bei der Feuerwehr im Notfall, das Bestellen einer Pizza im Restaurant oder die Begrüßung am Morgen. Sind sprachliche Äußerungen in das menschliche Handeln eingebettet, werden sie als Sprechakte definiert (vgl. Bergmann/Pauly/Stricker 2005, S. 106). Viele menschliche Handlungen sind nur über sprachliche Äußerungen durchführbar, manche werden durch sprachliche Äußerungen begleitet wie z.B. das Grüßen und Verabschieden. Wir haben es hier mit einer Vielfalt an sprachlichen Äußerungsformen innerhalb der mündlichen Kommunikation zu tun, die alle mehr oder weniger Grundlage der Sprachförderung sein sollten. Sprachliche Bildung und Förderung ist ein langwieriger und kontinuierlicher Prozess, wobei konstante und vertraute Bezugspersonen eine sehr wichtige Rolle spielen. Alle kurzfristig angesetzten Förderprogramme und Projekte führen nicht zum Erfolg und erzielen keine längerfristigen Veränderungen. Ein differenziertes soziales Netz sowie lebendige Beziehungen zu anderen Menschen, insbesondere zu vertrauten Bezugspersonen sind ein guter Nährboden für die Förderung der Sprache. Zu den wichtigsten Formen der Sprachförderung zählen wir

- das Gespräch untereinander,
- das regelmäßige Vorlesen von Geschichten,
- das Erzählen von Märchen,
- das interaktive Betrachten von Bilderbüchern,
- die Förderung des aktiven und konzentrierten Zuhörens,
- das Sprachbewusstsein allgemein und das individuelle Sprachgefühl und
- die verschiedenen Sprachstile wie z.B. Höflichkeitsregeln sowie die Regeln und Rituale beim Alltagsgespräch (vgl. Bayerisches Staatsministerium für Arbeit und Sozialordnung, Familie und Frauen 2003, S. 155).

Das Handeln mit und in der Sprache fällt in den großen Bereich der menschlichen Tätigkeit. Hier können wir im Sinne der materialistischen Betrachtung beim Modell der Sprachtätigkeit (vgl. Holtz 1985, S. 15) drei große Felder ausmachen:

- die kognitive Orientierung im Sinne eines gedanklichen Rohentwurfs mit entsprechender Motivation und Zielsetzung,
- die Ausführung über die innere steuernde, ausführende und kontrollierende innere Sprache und die Umsetzung in eine sprachliche Form und
- die Kontrolle der ausgeübten Tätigkeit im Sinne einer Antizipation, die bereits Schwierigkeiten und Hindernisse früh erkennt und möglicherweise aus dem Weg räumt.

Um diese drei Felder besser verstehen und an einem praktischen Beispiel nachvollziehen zu können, versetzen wir uns in die Situation, dass wir gerade ein Referat zum Thema »Sprache« hören (vgl. Holtz 1985).

Mit jedem Sprechakt als der kleinsten Einheit der Pragmatik wird nicht nur eine Botschaft übermittelt, sondern auch eine psychosoziale und emotionale Beziehung zwischen den Gesprächspartnern hergestellt.

Sprechakt

Sprachliche Äußerungen können in unterschiedlicher Art und Weise in das menschliche Handeln eingebunden sein, ja sie können gar selbst die Handlung ausmachen. Man nennt solche Handlungen auch Sprechakte. Im menschlichen Sprechakt werden die primären und organischen Systeme über das Betriebssystem Gehirn mit den sekundären Funktionen Sprache und Sprechen zusammengeschaltet. Der Sprechakt wird als eine sprachliche Äußerung definiert, der wiederum eine Handlung initiiert, aktiviert, vollzieht und beabsichtigt (vgl. Bergmann/Pauly/Stricker 2005, S. 106). Die russischen Sprachpsychologen Luria und Leontjew betrachten die Sprechtätigkeit als eine besondere Form der geistigen Tätigkeit, die in Verbindung mit kommunikativen Bedürfnissen des Menschen sich in konkreten Sprach-Handlungen wie z.B. des Grüßens, der Verabschiedens, des Erzählens, des Besprechens usw. realisiert. Der Sprechakt vollzieht sich in ganz konkreten Alltagssituationen und ist ein zentraler Bestandteil der Pragmatik, d.h. der Verständigung von Menschen unter- und miteinander. Der Sprechakt ist die kleinste Einheit der zwischenmenschlichen Kommunikation. Man versteht darunter die Transformation von Ideen, Gedanken und Wünschen in den normierten Sprechklang der Gegenwartssprache. Ein Sprechakt liegt immer dann vor, wenn ein Kind in einer bestimmten Situation zu einem anderen Kind etwas sagt.

Text

Der Text ist eine Einheit des sprachlichen Handelns. Die produzierten sprachlichen Äußerungen innerhalb eines Sprechaktes sind durch den inneren Zusammenhang als Text charakterisiert (vgl. Bergmann/Pauly/Stricker 2005, S. 113). Unter Text verstehen wir nicht nur geschriebene, sondern auch gesprochene Inhalte, die aus mehr als einem Satz bestehen, d.h. auch Erzählungen, Berichte und Beschreibungen. Der Text wird definiert als eine Folge von mindestens zwei sprachlichen Äußerungen, die jedoch nicht unbedingt vollständige Sätze darstellen müssen. Der Text ist als eine sprachliche Einheit zu betrachten, er hat einen Anfang, ein Ende und eine bestimmte Struktur. Die Resultate des Sprechens und des Schreibens werden unter dem Begriff Text zusammengefasst. Meist steht der Begriff Text jedoch für etwas Geschriebenes. Wenn ein Kind in der Familie, im Kindergarten oder in der Schule spricht, kritzelt oder etwas aufschreibt, produziert es Texte. Texte bestehen aus Silben, Wörtern und Sätzen (vgl. Lewandowski 1990, S. 1153). Bei einem geschriebenen Text handelt es sich um die Ebenen der Graphie, der Pragmatik, der Syntax und der Semantik.

Sprachliche Äußerungen

Sprachliche Äußerungen als Akt des menschlichen Äußerns können gesprochen oder geschrieben werden. Sie können als Oberbegriff für sprachliche Aussagen aller Art gebraucht werden. Eine sprachliche Äußerung ist eine sinnvolle sprachliche Einheit, die aus einem oder mehreren Sätzen oder aus Teilen von Sätzen bestehen kann. Sprachliche Äußerungen können allgemein betrachtet sein:

- Ausrufe, Interjektionen, Wörter
- Redewendungen in der direkten Rede
- Kurze und auch unvollständige Sätze
- Sätze

Nach Lewandowski (1990, S. 117) wird zwischen dem Satz und einer sprachlichen Äußerung differenziert. Ein Satz wird immer dann zu einer sprachlichen Äußerung, wenn er mit einer bestimmten Absicht in einer bestimmten Situation benutzt wird. Damit rückt die sprachliche Äußerung in die Nähe des Sprechaktes. Sprachliche Äußerungen können länger als ein Satz sein, manche aber auch kürzer im Sinne einer alltäglichen Redewendung. Sprachliche Äußerungen gehen meist über sich selbst hinaus und verweisen auf andere Menschen oder eine bestimmte Sache bzw. Gegenstand. Den Erfolg bzw. den Misserfolg einer sprachlichen Äußerung können wir nur in der sozialen Beziehung beobachten. Sprachliche Äußerungen dienen der persönlichen Erfahrungserweiterung, der individuellen Persönlichkeitsentwicklung und dem kognitiven Erkenntnisgewinn (vgl. Ministerium für Bildung, Frauen und Jugend 2005).

3.9 Grammatik

Die Grammatik ist eine von mehreren Ebenen der Sprache. Unter Grammatik versteht man die Sprachlehre – aus dem Lateinischen »ars grammatica« (Sprachlehre, Sprachkunst) – als Beschreibung des Baus und der Funktion einer Sprache als Wissenschaft. Grammatik wird verstanden als Oberbegriff für die Sprachebenen der

Syntax und der Morphologie (vgl. Crystal 1993). Grammatiken gibt es nachweislich seit den Griechen, die erste Versuche gestartet haben, den Sprachunterricht zu systematisieren. Diese Grammatiken als Lehr- und Forschungsbücher sind aus der Beschäftigung mit der geschriebenen Sprache heraus entstanden. Das Schreiben von Texten war eine Voraussetzung für das systematische Untersuchen der Sprache. Die geschriebene Sprache ist somit zum Gegenstand der systematischen Beobachtung geworden (vgl. Glinz 2006, S. 423). Im Mittelalter bezeichnete Grammatik die erste Kunst des Trivums (neben Rhetorik und Stilistik). Meistens werden die sprachwissenschaftlichen Ergebnisse in einem »Lehrbuch der Sprachlehre« zusammengetragen und dokumentiert. Dabei wird in einem solchen Lehrbuch in Lautlehre, Formenlehre und Satzlehre untergliedert. Weiterhin versteht man unter dem Begriff der Grammatik ein vom Sprecher und Hörer internalisiertes System von Regeln das zum Zwecke der Kommunikation in alltäglichen Situationen eingesetzt wird. Innerhalb der Grammatik sind alle Regeln und Regelmäßigkeiten des korrekten Gebrauchs einer Sprache zusammengetragen. Im Metzler Lexikon Sprache (Glück 2005) werden folgende Bedeutungsrichtungen der Grammatik angeführt:

- regelhafte Eigenschaften und Baumuster einer Sprache,
- Beschreibung dieser Regelhaftigkeiten und Muster,
- Gesamtheit der wissenschaftlichen Annahmen, die hinter einer Sprachbeschreibung stehen.

Nach Glinz (2006, S. 423) gehören folgende Bereiche und Aspekte zur Grammatik:

- Lautlehre, d.h. eine Beschreibung der Lautungen im Deutschen: Vokale, Konsonanten, Silben, Betonung und Stimmführung,
- Arten von Wörtern, d.h. Verben, Nomen, Adjektive, Pronomen und Partikel einschließlich der verschiedenen Flexionsformen,
- Syntax als der Zentralbereich einer jeden Grammatik, d.h. hier geht es primär um die Lehre vom Aufbau der Sätze, aber auch um die direkte und indirekte Rede und die
- Wortbildung, d.h. hier handelt es sich um die Sammlung aller einzelnen Wörter mit ihren Bedeutungen und Wortgestalten, also dem Wortschatz oder dem Lexikon.

Die Grammatik hat sich allgemein betrachtet aus der Beschäftigung mit der geschriebenen Sprache heraus entwickelt. Von da an beschäftigte man sich mit dem systematischen Beobachten und Untersuchen der Texte. Die Gliederung der Texte erfolgt meist von oben nach unten, d.h. man beginnt mit dem Satz als oberster Einheit und bewegt sich dann nach unten hin zu den Wörtern, Sprechsilben und Sprachlauten, die als Merkmale für die verschiedenen Wörter dienen (Glinz 2006, S. 425). Insgesamt gab und gibt es immer die Diskussion »Wie viel Grammatik ist im Sprachunterricht notwendig und wie soll sie den Schülerinnen und Schülern vermittelt werden?«. Hier schwanken die Positionen zwischen der Auffassung, Grammatik sei der Zentralbereich des Sprachunterrichts, bis hin zu der Meinung, dass Grammatik eine nur untergeordnete und nebensächliche Rolle im Sprachunterricht spiele. In den letzten Jahren wurde der Begriff der Grammatik in vielen Lehrplänen und neueren Rahmenplänen durch den offeneren und schwammigeren Begriff »Reflexion über Sprache« bzw. »Sprachbetrachtung« ersetzt.

Fazit

Die menschliche Sprache und deren Realisierung durch das konkrete Sprechen kann aus verschiedenen Blickwinkeln wissenschaftlich betrachtet und beschrieben werden. Hier sind die Ebenen der Sprache zu nennen: Phonetik und Phonologie, Morphologie, Syntax, Semantik und Lexik. Diese Ebenen sind nicht unabhängig voneinander. Sie werden auch nicht isoliert und nacheinander im Sinne einer hierarchischen Rangfolge erworben. Sie treten in alltäglichen Sprach- und Sprechverwendungssituationen immer gleichzeitig auf. Ihre Komplexität und Verwobenheit mit- und untereinander macht die Analyse und Beschreibung der Sprache sehr schwierig und kompliziert. Eine weitergehende Betrachtung beschäftigt sich mit den linguistischen Elementen Satz, Wort, Sprechsilbe, Laut, insbesondere mit der Position des Lautes im Wort. In den Vereinbarungen über Bildungsstandards für den Primarbereich speziell für die Jahrgangsstufe 4 hat die Kultusministerkonferenz im Jahre 2004 die curricularen Anforderungen definiert. Als grundlegende sprachliche Strukturen und Begriffe werden u.a. genannt:

- Wort: Buchstabe, Laut, Silbe, Alphabet, Nomen, Verb, Artikel, Adjektiv und Pronomen.
- Satz: Satzarten, wörtliche Rede, Satzzeichen, Subjekt, Prädikat, Ergänzungen und die Zeiten Vergangenheit, Gegenwart und Zukunft.

4. Empirische Befunde

4.1 Befunde zur Erstsprache

Erzieherinnen, Lehrerinnen und Schulärztinnen schlagen Alarm und klagen über die Zunahme von Problemen, Schwierigkeiten und Beeinträchtigungen beim Erwerb der Erstsprache. Eigene Beobachtungen und epidemiologische Ergebnisse aus den jugendärztlichen Untersuchungen des Gesundheitsamtes des Stadtverbandes Saarbrücken in den Jahren 1998 bis 2001 sowie verschiedene regionale empirische Untersuchungen aus den Jahren 1996 bis 2002 zeigen, dass etwa jedes vierte Kind Probleme mit dem Sprachgebrauch und dem Sprechen hat (vgl. Stadtverband Saarbrücken 2001).

25 Prozent der vier- bis fünfjährigen Kinder weisen Verzögerungen in der kindlichen Sprachentwicklung auf. 96 Prozent dieser Kinder haben die größten Probleme mit dem Sprachverständnis. Wir wissen aus amerikanischen Längsschnittstudien, dass das Sprachverstehen als sprachlich kognitive Verarbeitung von Informationen wie z.B. bei der Betrachtung von Bilderbüchern von ganz besonderer Bedeutung für den Schulerfolg ist (vgl. Beitchman 1996). Das Verstehen sprachlicher Informationen beruht auf der kindlichen Vorstellungskraft, auf der Fähigkeit, Schlussfolgerungen zu ziehen, auf dem Wissen über die Welt und der Fähigkeit der realistischen Einschätzung von multiplen Umwelterfahrungen. Die aktuelle Situation in Kindergärten und Grundschulen sieht aber so aus, dass insbesondere das Sprachverstehen weder registriert, diagnostiziert, noch gefördert wird. Der Schwerpunkt der Förderung liegt immer noch auf der hörbaren und gesprochenen Sprache der Kinder.

Die Schwierigkeiten liegen bei sprachauffälligen bzw. sprachgestörten Kindern auf verschiedenen Ebenen der Sprache, die jedoch aufs Engste miteinander verknüpft sind.

4.1.1 Sprachverstehen

Manche Kinder haben Schwierigkeiten, einer Anweisung der Erzieher, einem Gespräch mit Erwachsenen oder einer vorgelesenen Geschichte zu folgen. Diese Kinder können nicht richtig zuhören, sie sind unaufmerksam und können dadurch den Sinn und die Bedeutung von Wörtern und Sätzen nicht erfassen. Diese Kinder haben Probleme mit dem Verstehen von gesprochener Sprache.

4.1.2 Aussprache

Viele Kinder haben auch Probleme mit der Aussprache. Sie können Laute nicht richtig aussprechen, sie vertauschen Laute, sie lassen Laute einfach weg und sprechen daher die Wörter falsch aus. Besonders auffällig ist bei Kindern die falsche Aussprache der Zischlaute /s/, /ch/ und /sch/. Aber auch die g- und k-Laute sowie die Aussprache der r-Laute in Verbindung mit verschiedenen Konsonanten wie /tr/, /str/ /kr/ und /gr/ bereiten den Kindern Probleme. Diese Kinder haben Schwierigkeiten mit der exakten und korrekten Aussprache.

4.1.3 Wortschatz

Manche Kinder haben auch Wortfindungsprobleme. Sie finden nicht immer die richtigen und passenden Wörter in der jeweiligen aktuellen Situation, weil ihr aktiver Wortschatz nicht altersgemäß entwickelt ist. Daher sprechen diese Kinder sehr langsam, müssen lange überlegen und zögern bei fast jedem Wort. Bei diesen Kindern sind der altersgemäße Wortschatz und das kindliche Lexikon unzureichend entwickelt.

4.1.4 Satzbildung

Einige Kinder haben Probleme beim Konstruieren von Sätzen. Sie können einen gedachten Sachverhalt oder ein interessantes Ereignis anderen Kindern und Erwachsenen im Gespräch bzw. im Dialog nicht mitteilen. Die Formulierungsfähigkeit in bestimmten Situationen und bei bestimmten Personen ist eingeschränkt. Diese Kinder verdrehen die Sätze, bilden die Wort- und Zeitformen falsch und haben Probleme mit den Artikeln und Präpositionen wie vor, hinter, neben, auf oder unter. Ein richtig gedachter Sachverhalt kann nicht in einem Satz konstruiert werden.

4.1.5 Stottern/Poltern

Manche Kinder haben auch Schwierigkeiten, flüssig und locker zu sprechen. Sie sprechen überhastet, manchmal auch undeutlich und haben ein unregelmäßiges Sprechtempo. Hinzu kommen dann auch noch Probleme mit der Atmung. Die Kinder wiederholen Laute oder Silben am Wortanfang oder pressen die Wörter regelrecht aus dem Mund heraus. Die Wörter bleiben fast im Hals stecken, weil sie oft unter Stress und Ängsten leiden. Diese Schwierigkeiten nennen wir Stottern. Stotternde Kinder sprechen überhastet, sie verschlucken regelrecht Silben, Laute oder gar ganze Wörter, meist am Ende der Sätze. Diese Auffälligkeit bezeichnen wir als Poltern.

4.1.6 Sprachentwicklungsstörungen

Bei wenigen Kindern – etwa drei bis sieben Prozent – haben wir es in der Erstsprache mit einer Massierung dieser Probleme zu tun: Sie verstehen wenig, können noch nicht alle Laute sprechen, suchen beim Gespräch nach den passenden Wörtern und Begriffen und können im Gespräch die Sätze grammatikalisch nicht korrekt konstruieren. Hier liegen schwere Verzögerungen im Rahmen des kindlichen Spracherwerbs vor; wir sprechen von Entwicklungsstörungen beim Sprechen und in der Sprache.

4.1.7 Untersuchungsergebnisse

Die aktuellen Untersuchungsergebnisse zu Sprachentwicklungsstörungen bei Vorschulkindern im Saarland aus der Einschulungsuntersuchung 2001 zeigen folgende Situation:

Untersuchungsergebnisse
10.450   Kinder bei der Einschulungsuntersuchung insgesamt
davon:
5.326   Jungen
5.125   Mädchen
davon:
8.833   Kinder deutscher Herkunft (84,4%)
1.617   Kinder ausländischer Herkunft (15,5%)

Fast 20 Prozent der Schulanfänger im Saarland – also knapp 2.000 Kinder – haben Sprachentwicklungsstörungen unterschiedlichen Schweregrades. Bei diesen Kindern sind folgende Befunde erhoben worden:

Übersicht

Leichte Stammelfehler	8,02%	833 Kinder
Ausgeprägte Stammelfehler	6,08%	633 Kinder
Dysgrammatismus	4,12%	431 Kinder
Komplexe Sprachentwicklungsstörung	3,26%	384 Kinder
Stottern	0,42%	43 Kinder

Logopädische Versorgung
1.275 Kinder sind bereits in logopädischer Behandlung
ca. 500–600 Kinder sind ohne Therapie

Diese Befunde werden durch die Reihenuntersuchungen der Schulärztinnen in Baden-Württemberg aus den Jahren 1999 bis 2001 gestützt. 20–25 Prozent der eingeschulten Kinder haben Teilleistungsstörungen. Hier haben wir es mit auditiven und visuellen Wahrnehmungsstörungen und mit Problemen der Informationsverarbeitung zu tun. Es gibt verschiedene plausible Vermutungen, die dieses Phänomen erklären:

Vermutung 1: Keine Zeit für Gespräche

Eine wesentliche Voraussetzung für die Entwicklung der kindlichen Sprache ist primär der Dialog mit Kindern. Auf Grund der sozialen und strukturellen Veränderungen in den Familien treten Gespräche zwischen Erwachsenen und Kindern immer mehr in den Hintergrund. Die Kinder machen immer mehr Erfahrungen aus zweiter Hand, die Sprache wird häufig nur passiv aufgenommen, und in vielen Familien fehlt die Zeit zu ausführlichen Gesprächen beim Frühstück, beim Mittagessen nach der Schule und beim gemeinsamen Abendbrot. Hier gehen wertvolle Lebensabschnitte verloren zur Vermittlung von Normen, Wertvorstellungen und kulturellen Gepflogenheiten. Viele Kinder sind sich selbst überlassen oder werden in außerfamiliären Einrichtungen ganztägig betreut. Es gibt keinen Ersatz für eine intakte Erziehung und Bildung in der Familie! Das Sprechen mit- und untereinander, das Singen von Liedern und das Aufsagen von Kinderversen und Gedichten wird erheblich vernachlässigt. Der Stress im Alltag und Beruf führt in vielen Familien dazu, dass die Zeit für Muße und Gespräche mit den Kindern fehlt. Die Kinder haben kaum noch Gelegenheit, sich mit den Eltern über persönliche Erlebnisse und aktuelle Ereignisse im Gespräch auszutauschen. Im Elternhaus und im Kindergarten sollten daher sprachfördernde Situationen mit hohem Aufforderungscharakter angeboten werden, damit die Erzählung bzw. die Nacherzählung, das Diskutieren und verbale Streiten, Fantasiegeschichten und Rollenspiele wieder stärker geübt werden.

Vermutung 2: Sprache wird passiv aufgenommen

Die rasante Zunahme der technischen Medien in den einzelnen Familien und Kinderzimmern wie Fernsehgerät, Kassettenrekorder, Game-Boy, Play-Station, Computer mit Internetzugang und Videospiele haben viele Vorteile und erhöhen den Gewinn an Lebensqualität. Sie fördern aber keineswegs den aktiven Gebrauch der Sprache und der kommunikative Austausch mit Menschen wird weitgehend verdrängt. Diese technischen Neuheiten bieten zwar kurzweilige Unterhaltung, aber keine Anregungen zum Dialog und Gespräch. Die mediale Berieselung verhindert so die sprachliche Kommunikation in der Familie, ja noch mehr, sie verhindert die Möglichkeit der sinnlichen Wahrnehmung. Den Kindern bleiben die basalen Erfahrungen mit ihrem Geruchs-, Geschmacks- und Tastsinn weitgehend fremd. Die mangelnden Sinneswahrnehmungen blockieren die Neugierde, hemmen die Kreativität und Fantasie der Kinder und führen zu nachhaltigen Problemen bei der Sprachentwicklung. Wörter und Begriffe bleiben abstrakt und relativ undifferenziert, wenn ein Kind sie nicht mit allen Sinnen »begriffen« hat. Das Kleinkind erobert seine Umwelt durch Fühlen und Tasten. Informationen werden durch Greifen, Anfassen, In-den-Mund-Stecken förmlich einverleibt. Dadurch wird die Neugier immer wieder neu angestachelt und das Kind stellt Fragen. Die Dinge erhalten so nach und nach einen Namen, und schließlich treten die Wörter und Begriffe an die Stelle der konkreten Dinge. Dann repräsentieren Wörter und Sätze Gegenstände und Handlungen. So wird aus dem »Greifen« ein »Begreifen« und aus dem »Anfassen« wird ein »Erfassen«. Die Sinne sind das Tor zur kindlichen Welt, zu den Begriffen und damit zur Sprache.

4.2 Befunde zur Zweitsprache

Die Zwei- und Mehrsprachigkeit ist so alt wie die Menschheit, denn zu allen Zeiten – denken wir an die Völkerwanderungen – kamen immer Menschen aus verschiedenen Kulturen und Sprachen zusammen. Ohne die menschliche Fähigkeit, mehrere Sprachen zu lernen, wäre eine Kommunikation unter den Menschen nicht möglich. 70 Prozent der Weltbevölkerung sprechen täglich mehr als eine Sprache und über 50 Prozent der Kinder auf dieser Welt sprechen in der Schule eine andere Sprache als zu Hause. Heute können wir beobachten, dass die Mehrsprachigkeit immer mehr an Bedeutung und Gewicht in der Alltagssprache und in der Medien- und Werbesprache gewinnt. Wir begegnen immer häufiger Kindern, Jugendlichen und Erwachsenen, die in der Mehrsprachigkeit arbeiten, wohnen, leben und lernen. Etwa 20 Prozent der Grundschulkinder wachsen in der Bundesrepublik Deutschland mehrsprachig auf, weil sie eine andere Herkunftssprache als die deutsche Sprache haben; in einigen Regionen sind es 40 Prozent, 50 Prozent oder gar 60 Prozent! Mehrsprachigkeit ist mittlerweile zu einem Faktum an Grundschulen geworden (vgl. Bartnitzky 2000, S. 250).

Hier handelt es sich um Kinder mit Deutsch als Zweitsprache, die aus sprachlichen Minderheiten kommen. Ebenso wie in der Erstsprache liegen hier die Probleme auf den genannten Ebenen der Sprache wie Aussprache, Sprachverstehen, Wortschatz und Satzbildung. Bei den Einschulungsuntersuchungen finden wir teilweise moderate, teilweise aber auch dramatische Befunde vor. So liegt die Quote der ausländischen Kinder bezüglich der Gruppe der Einschulkinder im Jahre 2001 im Stadtverband Saarbrücken – dort wohnen immerhin ca. 300.000 Menschen – bei knapp 18 Prozent (Stadtverband Saarbrücken 2002, S. 7).

Herkunftsländer		
	Alle Einschulkinder	%
Deutsche Kinder	2.901	82,3%
Ausländische Kinder	624	17,7%
Insgesamt	3.525	100,0%

Für ausländische Kinder mit unzureichenden Deutschkenntnissen empfahlen die Schulärztinnen einen Sprachkurs. Diese Empfehlung wurde im Einschuljahr bei 47 Prozent der ausländischen Kinder ausgesprochen.

Kritische Anmerkungen

Die Untersuchungen der Schulärztinnen des Stadtverbandes Saarbrücken, der Berliner Untersuchung »Bärenstark«, die Beobachtungen der Erzieherinnen in den Kindertagesstätten sowie die Erfahrungen der Lehrerinnen in den Anfangsklassen der

Grundschulen unterstreichen die aufgezeigten empirischen Befunde. Allerdings dürfen wir die Augen nicht vor berechtigter Kritik verschließen:

- *Erster Kritikpunkt:* Die bisherigen Beobachtungen, gemachten Erfahrungen und durchgeführten empirischen Untersuchungen orientieren sich zu sehr an den bekannten linguistischen Kategorien wie Aussprache, Wortschatz und Satzbildung. Sie sind also zu einseitig, inhaltlich zu eng und zu oberflächlich. Die PISA-Studie hat bei den deutschen Schülern erhebliche Mängel im Bereich des Verstehens aufgedeckt. Das Verstehen von sprachlichen Anweisungen, dialogisierten Äußerungen und von Texten in Märchen und Bilderbüchern wird selten überprüft.
- *Zweiter Kritikpunkt:* Die Beobachtungen und durchgeführten Untersuchungen gehen alle von unterschiedlichen theoretischen Vorstellungen, einem nicht einheitlichen Sprachmodell und divergierenden diagnostischen Instrumentarien aus. So haben z.B. die Schulärztinnen des Stadtverbandes Saarbrücken und die Berliner Untersuchungsgruppe »Bärenstärk« unterschiedliche diagnostische Instrumente eingesetzt. Inhaltlich werden nicht immer gleiche Aufgaben und Anforderungen an die untersuchten Kinder gestellt.
- *Dritter Kritikpunkt:* Die Kriterien der kindlichen Sprachkompetenz am Schulanfang werden auf Grund der bisherigen Erfahrungen und theoretischen Erkenntnisse diskutiert. So gibt es hinsichtlich der Häufigkeit und der sprachlichen Aspekte zuweilen große Unterschiede in der Beobachtung und Einschätzung der Probleme beim Sprechen und in der Sprache zwischen Medizinern und Pädagogen. Es gibt weder national noch international gesicherte Kriterien für sprachliche Leistungen von Kindern am Schulanfang.

Fazit

Die Zahl der sprachauffälligen Kinder mit Deutsch als Erstsprache ist mit 28 Prozent sehr hoch, aber auch die Zahl der ausländischen Kinder mit Deutsch als Zweitsprache ist weiterhin im Steigen begriffen. Es ist festzuhalten, dass die verantwortlichen Wissenschaften wie Medizin, Psychologie und Pädagogik sich intensiver um die Früherfassung kümmern müssen. Weiterhin ist es notwendig, dass sich alle Beteiligten um eine Vereinheitlichung der zu untersuchenden sprachlichen Inhalte sowie der einzusetzenden diagnostischen Instrumente bemühen müssen. Mediziner und Pädagogen sollten im Rahmen flächendeckender Untersuchungen in den Kindertagesstätten und im Eingangsbereich zur Grundschule stärker kooperieren, damit wir die Früherkennung sicherstellen und die notwendige Frühförderung vor der Einschulung – spätestens aber in den ersten Wochen und Monaten der ersten Klasse – einleiten können.

5. Erstsprache

Die Sprache des Menschen (= phylogenetische Entwicklung) hat sich im Verlauf der letzten 200.000 Jahren über dieselben Stufen hinweg entwickelt, wie wir den Erstspracherwerb bei Kindern beobachten können (= ontogenetische Entwicklung). Diese Stufen im Einzelnen sind (vgl. Brügelmann 1992, S. 64):

- zunächst reine Zustandsäußerungen des Wohlbefindens, aber auch der Angst und Gefahr beim Jagen und Sammeln usw.;
- dann sozial ausgerichtete, aber informationsarme Signale, die lediglich Aufmerksamkeit oder Orientierung wecken, aber keine spezifischen Botschaften beinhalten;
- über Lautmalereien (= Onomatopoetica), d.h. eine Art akustischer Bildersprache (muh, wau-wau usw.), vermutlich eingesetzt im Zusammenhang mit Ackerbau und Viehzucht – solche Lautmalereien werden auch heute noch von Kindern eingesetzt;
- hin zur Festlegung bestimmter Lautketten für bestimmte Gegenstände, Tätigkeiten usw.;
- und schließlich die Übersetzung der gesprochenen Sprache in ein anderes Zeichensystem: die geschriebene Sprache bzw. die Schrift.

Die Spracherwerbsforschung ist bis zum heutigen Tage nicht in der Lage, die sprachliche Entwicklung von Kindern exakt zu klären. Je nach wissenschaftlicher Position stehen bestimmte Theorien im Blickpunkt der Vermutungen. Unter Theorie verstehen wir die »Draufsicht« auf die Phänomene des Alltags. Wir schauen durch die theoretische Brille und Lupe des Wissenschaftlers einer bestimmten Wissenschaftsdisziplin wie Medizin, Neurophysiologie, Kognitionspsychologie oder Linguistik und machen Aussagen über das Sprechen und den Sprachgebrauch von Menschen unter bestimmten Bedingungen. Theorien sind für den Pädagogen Hilfen, um sich Phänomene des Alltages zu erklären und über sein praktisches Handeln nachzudenken. Wer also sinnvoll pädagogisch handeln will, der muss sich über die Vernünftigkeit seines Handelns Gedanken machen. Die Theorie ist im Sinne des englischen Philosophen Karl Popper ein Netz, das wir auswerfen, um die Wirklichkeit zu erfassen. Werfen wir also nun verschiedene Netze einzelner Wissenschaftler aus, um uns den Erwerb der gesprochenen Sprache zu erklären. Dabei müssen wir uns im Klaren darüber sein, dass Theorien niemals eindeutig sind; wir arbeiten immer nur an und mit Hypothesen (vgl. Popper 1985).

Es ist nun an der Zeit, eine begriffliche Klärung und Präzision herbeizuführen. Dabei ist es notwendig, auf folgende Begriffe näher einzugehen:

- Der Begriff der *Sprachentwicklung* deutet zum einen die chronologische Dimension bzw. den zeitlichen Rahmen an, in dem sich die Entwicklung der Sprache und des Sprechens vollzieht. Zum anderen wird aber auch die biologistisch und genetisch orientierte Auffassung über die Entwicklung der menschlichen Sprache deutlich.
- Zum Zweiten begegnen wir in der Literatur auch häufig dem Terminus *Spracherwerb*: Dieser Begriff verdeutlicht stärker die aktive Seite des Geschehens und macht klar, dass das Kind auf sehr natürliche Weise im Umgang mit sprechenden Menschen dynamisch und konstruierend in diese Welt der Sprache hineinwächst. Mit Erwerb wird eher auf das unbewusste, nicht beabsichtigte und beiläufige Aneignen einer Sprache verwiesen, was bei Kleinkindern, Kindergartenkindern und auch noch Schulanfängern beobachtet werden kann.
- Schließlich sprechen wir auch davon, dass Kinder die Sprache oder Sprachen *erlernen*. Damit wird die lernpsychologische Perspektive betont, aber gleichzeitig auch das systematische, zielorientierte und didaktisch-methodische Vorgehen im Unterricht verstanden. Lernen meint also eher die bewussten Sprachverarbeitungsprozesse, die im organisierten und systematisch aufgebauten Unterricht ablaufen.

5.1 Theoretische Erklärungsversuche

Bis in die 70er-Jahre hinein lebte die Spracherwerbsforschung in der Bundesrepublik Deutschland fast ausschließlich von der Tradition der Veröffentlichungen aus den Anfängen des 20. Jahrhunderts (vgl. Stern/Stern 1907). Mehr und mehr wurden dann angloamerikanische Studien und Veröffentlichungen auf deutsche Verhältnisse übertragen, und in den 70er-Jahren wurde die Diskussion um die Sprachentwicklung durch die Diskussion der Neuropsychologen John Eccles, Roger Sperry und Alexander Luria nachhaltig beeinflusst. Danach wird die Diskussion um den Spracherwerb durch die Forschungen von Leontjew und Wygotski geprägt. In der rein deutschsprachigen Literatur zum Spracherwerb sind die Arbeiten von Grimm, Gipper und Szagun zu nennen. Im Folgenden geht es darum, verschiedene Entwürfe des Spracherwerbs vorzustellen.

5.1.1 Behaviorismus: Sprache wird gelernt

Dieser lerntheoretische Ansatz – auch Empirismus genannt – vertritt die Auffassung, dass die menschliche Sprache nach den gleichen Prinzipien wie alle anderen Verhaltensweisen des Kindes gelernt wird. Sprache wird unter diesem Erklärungsansatz als eine besondere Form des menschlichen Verhaltens betrachtet. In diesem imitationsorientierten Ansatz macht der Behaviorist Skinner (1957) deutlich, dass die Kinder die Sprache der Erwachsenen nachahmen. Die Kinder ahmen die Sprache und das

Sprechen der Erwachsenen immer dann nach, wenn sie belohnt werden und die Sprache zum Erfolg führt. Seine These besagt, dass der Mensch zum Sprechen gebracht wird. Für Skinner gibt es keine grammatischen Regeln oder Strategien, sondern nur Verhaltensgewohnheiten, die der Mensch entwickelt. Die Behavioristen betrachten das Kind als passives Wesen, das die Sprache über die Außenwelt aufnimmt. Nach dieser Vorstellung haben Eltern, Erzieherinnen und Lehrer große Chancen, den Spracherwerb anzubahnen, zu unterstützen und zu fördern.

5.1.2 Nativismus: Sprache ist angeboren

Der Nativist Chomsky (1958) leitete mit seiner kritischen Rezension von Skinners Buch »Verbales Verhalten« (1957) eine wissenschaftliche Revision hinsichtlich der Betrachtung des Spracherwerbs ein. Der nativistische Ansatz betrachtet den Erwerb der Sprache als Reifungsprozess, der weitgehend biologisch bestimmt und angeboren ist. Sprache wird als eine humanspezifische Fähigkeit betrachtet. Chomsky (1969) geht davon aus, dass sich die menschliche Sprache als genetisch vorprogrammierte Sprache entwickelt und nach festgelegten Regeln abläuft. Das Lernen spielt in diesem Konzept eine untergeordnete Rolle. Diese Forschungsrichtung konzentriert sich auf die Struktur des sprachlichen Systems. Dabei soll deutlich werden, dass

- Sprache eine hierarchische Struktur besitzt,
- Sprache eine Oberflächen- und Tiefenstruktur aufweist und
- eine eigene Dynamik und Kreativität in sich trägt.

Hinsichtlich der Kreativität der Sprache ist Chomsky der Auffassung, dass jedes sprechende Individuum fähig ist, eine unendliche Anzahl von Sätzen zu produzieren und zu verstehen. Die sprechende Umwelt spielt nach diesem eher linguistischen Erklärungsansatz eine untergeordnete Rolle, auch deshalb, weil in fast allen Sprachen und Kulturen die sprachliche Entwicklung ähnlich verläuft. Chomsky geht sogar so weit, dass er behauptet, Kinder könnten keine sprachliche Kompetenz entwickeln, wenn sie ausschließlich auf die unvollständigen und fehlerhaften Äußerungen ihrer direkten und indirekten Bezugspersonen angewiesen wären. Nach der Auffassung der Nativisten ist das Kind ein spezialisiertes Wesen, das die Sprache nach einem vorgegebenen Sprachprogramm verarbeitet und annimmt.

5.1.3 Kognitivismus: Sprache strukturiert Denken und Denken die Sprache

Die Entwicklungspsychologen um Piaget und seine Genfer Schule vertreten die Auffassung, dass die Sprachentwicklung als ein Teil der allgemeinen kognitiven Entwicklung zu betrachten ist. Die Entwicklung der Sprache ist aufs Engste verknüpft mit der kognitiven Entwicklung. Die Entwicklungspsychologen glauben weder an einen angeborenen Spracherwerbsmechanismus noch an die Kraft der Nachahmung und Verstärkung. Das Kind erwirbt die Sprache durch die ständige Auseinandersetzung – insbesondere die kognitive – mit seiner Umwelt, mit den Menschen und den Dingen. Wissenschaftler glauben, dass die kognitive Entwicklung des Kindes sich im Spracherwerbsprozess niederschlägt, ja sogar widerspiegelt. Die kognitivistische oder konstruktivistische Vorstellung sieht die Wurzeln der menschlichen Sprache in der sensomotorischen Phase, d.h. Wahrnehmung und Bewegung bilden die Basis der sprachlichen Entwicklung. Piaget (1972) betrachtet die Sprache als logische Folge der sensomotorischen Entwicklung und betont die wechselseitige Verknüpfung zwischen Sprache und Denken. Das Handeln des heranwachsenden Kindes wird durch die Sprache gesteuert und gleichzeitig erfolgt der Auf- und Ausbau kognitiver Strukturen im Rahmen des kindlichen Spracherwerbs. Sprache und Denken beeinflussen sich gegenseitig. Die Chance der Pädagogik liegt hier in der Förderung der sensomotorischen Entwicklung unter dem Konzept »Lernen mit allen Sinnen«. Nach dieser Vorstellung ist das Kind ein konstruktiv vorgehendes, intelligentes Wesen.

5.1.4 Interaktionismus: Sprache wird über Interaktionen und Wechselbeziehungen erworben

Die Interaktionisten gehen davon aus, dass sprachliche Strukturen, Strategien und auch Regeln existieren. Doch der eigentliche Erwerb der Erstsprache vollzieht sich in einer sehr engen und dynamisch-aktiven Wechselbeziehung zwischen dem Kind und seinem Umfeld. Das interaktionistische Konzept betrachtet die vorsprachlichen Interaktionen des Säuglings mit seiner Mutter als Ausgangspunkt der Sprachentwicklung. Bruner (1987) betrachtet das Schreien, die Lautäußerungen, die Mimik und die Gestik des Säuglings und die Zuwendung durch die Mutter bereits als erste und frühe Formen der Kommunikation und Grundlage der Sprachentwicklung. Die Mutter handelt dabei von Anfang an sprachlich und wird so zur Sprachlehrerin ihres Kindes, das zunächst nichtsprachlich über Mimik und Gestik, aber danach zunehmend auch sprachlich agiert und reagiert. Das Kind lernt über seine primären Bezugspersonen, sprachliche Äußerungen unter Einbeziehung ihres situativen und sozialen Kontextes zu produzieren und zu verstehen. Nach dieser Sichtweise sind beim Erwerb der Erstsprache beide Seiten an einer emotional motivierten und intentional gesteuerten Kommunikation beteiligt. Die Entwicklung der Sprache und der Kommunikation sind nach dieser Theorie untrennbar miteinander verbunden. Die Interaktionisten betrachten die Sprache als ein Mittel zur Herstellung sozialer Beziehungen, wobei die Hauptaufgabe beim Spracherwerb auf den Schultern der Eltern liegt. Mutter und Vater müssen ihre persönliche Sprache den Bedürfnissen und Fertigkeiten ihres Kindes so anpassen, dass das Kind sie leichter versteht und die Sprache erwirbt. Nach dieser Vorstellung ist der Spracherwerb weder mit angeborenen Fähigkeiten noch mit Konditionierung oder Nachahmung zu erklären. Sprache und die

Bedeutung von Begriffen werden nicht einfach erworben oder gelernt, sondern regelrecht zwischen den Beteiligten ausgehandelt. Für diese Vorstellung sprechen die Ergebnisse von Studien zur sprachlichen Interaktion zwischen Eltern und Kindern. Kinder hören lieber vereinfachte Sprache als komplizierte und Kleinkinder am liebsten die Sprache ihrer Mutter (vgl. Fernald/Kuhl 1987). Die Aufgabe der Pädagogen besteht darin, den Kindern geeignete Sprech-Handlungs-Situationen in einem breit gefächerten und vielseitigen Interaktionsfeld anzubieten, um dadurch den Spracherwerb zu fördern.

Zusammenfassend können wir feststellen, dass keine der hier vorgetragenen Vorstellungen zum Erwerb der Erstsprache weder für den interessierten Leser noch für den mit Kleinkindern arbeitenden Pädagogen eine ausreichende und zufrieden stellende Erklärung hergibt. Durch die Fokussierung eines zentralen Aspektes geht der Blick für das komplexe, hochsensible und damit anfällige multifunktionale Beziehungsgeflecht der menschlichen Sprache verloren. Diese vier theoretischen Positionen dürfen weder isoliert noch additiv betrachtet werden, sondern sind im Sinne eines integrativen und natürlichen Spracherwerbskonzeptes zu verstehen, wobei unterschiedliche Aspekte des Spracherwerbs beleuchtet werden.

5.2 Bedingungen des Spracherwerbs

Die Entwicklung der menschlichen Sprache hängt von zentralen Bedingungsbereichen ab, die einerseits im neugeborenen Kind selbst und andererseits in der Umwelt des Kindes liegen.

5.2.1 Hörvermögen

Eine unabdingbare Voraussetzung für den Erwerb der Sprache stellt das Hören dar. Hier ist die Unterscheidung in das periphere Hören und das zentrale Hören von Bedeutung. Unter peripherem Hören (= äußeres Hören) verstehen wir die Leistung und Fähigkeit des menschlichen Ohres als dem sichtbaren, äußeren Hörorgan, das der Aufnahme und Weiterleitung der gehörten Signale dient. Das zentrale Hören (= inneres Hören) meint die Speicherung, Verarbeitung, Identifikation und Interpretation der gehörten Signale im Gehirn. Das zentrale Hören wird in der Literatur auch als auditive Wahrnehmung von Sprachlauten bezeichnet (vgl. Günther 1998). Dabei werden folgende Funktionen unterschieden: die Unterscheidung von Lauten (Lautdiskrimination), die Reihenfolge der Laute (Lautsequenz), das Heraushören eines Lautes (Lautanalyse) und das Zusammensetzen von Lauten und Silben zu Wörtern (Lautsynthese).

5.2.2 Sprechwerkzeuge

Neben diesen Voraussetzungen sind die Sprechwerkzeuge von Bedeutung. Das Kind ist nicht mit einem einzigen Organ für das Sprechen ausgestattet, sondern eine Vielzahl von Organen, Hirnfunktionen und motorischen Fähigkeiten ist für das Sprechen zuständig. Die Sprechwerkzeuge dienen ursprünglich lebensnotwendigen Funktionen wie Saugen, Kauen und Schlucken und erst in zweiter Linie dem eigentlichen Sprechvorgang mit den Funktionen Atmung, Stimmgebung und Lautbildung. Die an der Lautbildung beteiligten Organe haben bewegliche und unbewegliche Teile. Unbeweglich sind z.B. die Wände des Nasenraumes, der Oberkiefer mit dem harten Gaumen im vorderen Bereich und die Zähne. Beweglich sind die Lippen, die Wangen, der weiche hintere Gaumen, der Unterkiefer und die Zunge. Die eigentlichen Sprechorgane bestehen aus den Lippen, dem Unterkiefer, dem harten und weichen Gaumen und vor allem der Zunge. Mangelhafte Geschicklichkeit und organische Defekte der Sprechwerkzeuge wie z.B. an der Kieferstellung und den Zähnen (Überbiss und offener Biss) können zu Problemen bei der Bildung bestimmter Laute führen. So kann der offene Biss oder der Überbiss die Bildung der Zischlaute /s/ und /sch/ erheblich erschweren oder gar verhindern.

5.2.3 Hirnreifung

Der australische Neurophysiologe Sir John Eccles bezeichnet die Hirnforschung als das elementare Problem unserer Zeit, weil es für ihn ohne das menschliche Gehirn kein anderes Problem auf dem Kosmos geben kann. Das Verstehen der Funktionsweisen des Gehirns führt zu einem präziseren Verständnis des Menschen selbst, ja vielleicht zu einem korrigierten Menschen- und Weltbild, da wir ja mit den sensorischen Sinneszellen die Welt um uns herum lückenhaft und subjektiv aufnehmen, verarbeiten, speichern und bewerten. Bisher können wir hinsichtlich der Funktionsweisen und Mechanismen der 1.400 Kubikzentimeter grauen Masse in unserem Schädel nur allgemeine Aussagen machen. Wir wissen, dass das menschliche Gehirn mit schätzungsweise einer Billion Nervenzellen als Grundlage aller Leistungen des Menschen betrachtet wird. Das Gehirn des Menschen ist ein äußerst komplexes und hochgradig strukturiertes Informationsverarbeitungssystem, welches in einer sehr engen Wechselbeziehung zu sprachlichen Funktionen steht. Die Entstehung unserer Sprache ist eine evolutionäre Neuentwicklung und revolutionäre Leistung zugleich, die man bei keinem anderen Lebewesen findet. Die Entdeckung der »Synapse« als Kontakt- und Verbindungsstelle zwischen den Nervenzellen und die Erforschung der »Neurotransmitter« als die chemischen Botenstoffe des Gehirns, wie z.B. Glutamat und Dopamin, sowie die Entwicklung neuroanatomischer Verfahren wie die Positronen-Emissions-Tomographie (PET), die Nuclear-Magnetic-Resonance (NMR) und die Magnet-Enzephalographie (MEG) haben die Erkenntnisse und das Wissen über die Funktionsweise des menschlichen Gehirns in den letzten Jahren erheblich erweitert.

Das menschliche Gehirn ist hinsichtlich seiner Funktionen dreigeteilt. Die Ur- oder Stammhirnregion ist zuständig für die menschlichen Instinkte, das Mittel- oder Zwischenhirn verursacht spontane Gefühle wie Ärger, Stress, Aggressionen und das Großhirn mit den beiden Hirnhälften ist verantwortlich für spezielle Fähigkeiten und Fertigkeiten wie Lesen, Schreiben, Sprechen und Hören.

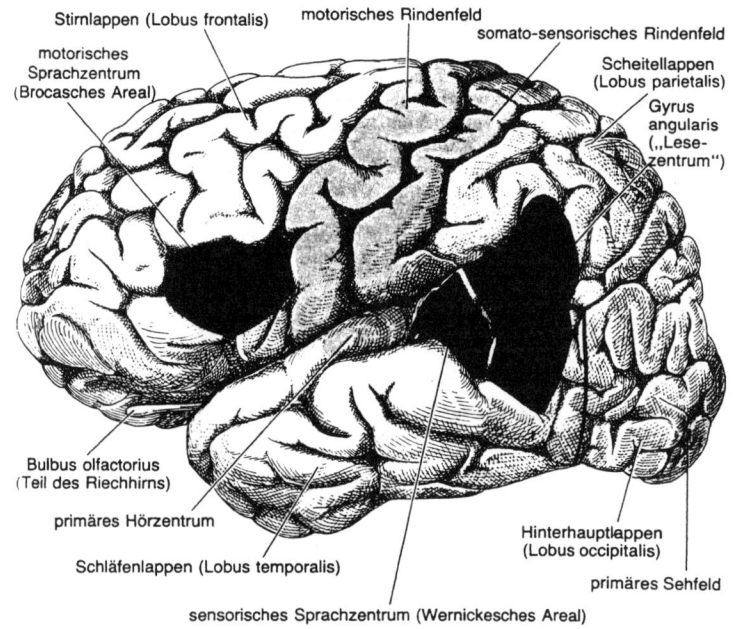

Abb. 19: Zentrum der linken Hirnhälfte (Gschwind 1980, S. 115)

Hierbei übernimmt die Lateralisierung eine wichtige Aufgabenstellung. Im Laufe der menschlichen Entwicklung kommt es zu einer funktionalen Spezialisierung der beiden Hirnhälften; dies wird als Lateralisierung bezeichnet. Im Großhirn gibt es bestimmte Bereiche, die sich im Laufe der Entwicklung quantitativ und qualitativ-strukturell weiterentwickeln, sodass sie schließlich nur noch ganz spezielle Reize aufnehmen, speichern und verarbeiten.

Bei dieser Gegenüberstellung der beiden Hirnhälften könnte der Eindruck der Hirnhälftenspezialisierung und Aufgabenlokalisierung des Gehirns sehr dominant werden. Dies trifft nicht zu, weil wir heute nicht mehr von einer strengen Lokalisationslehre, sondern eher von einer dynamischen Lokalisation des Gehirns ausgehen.

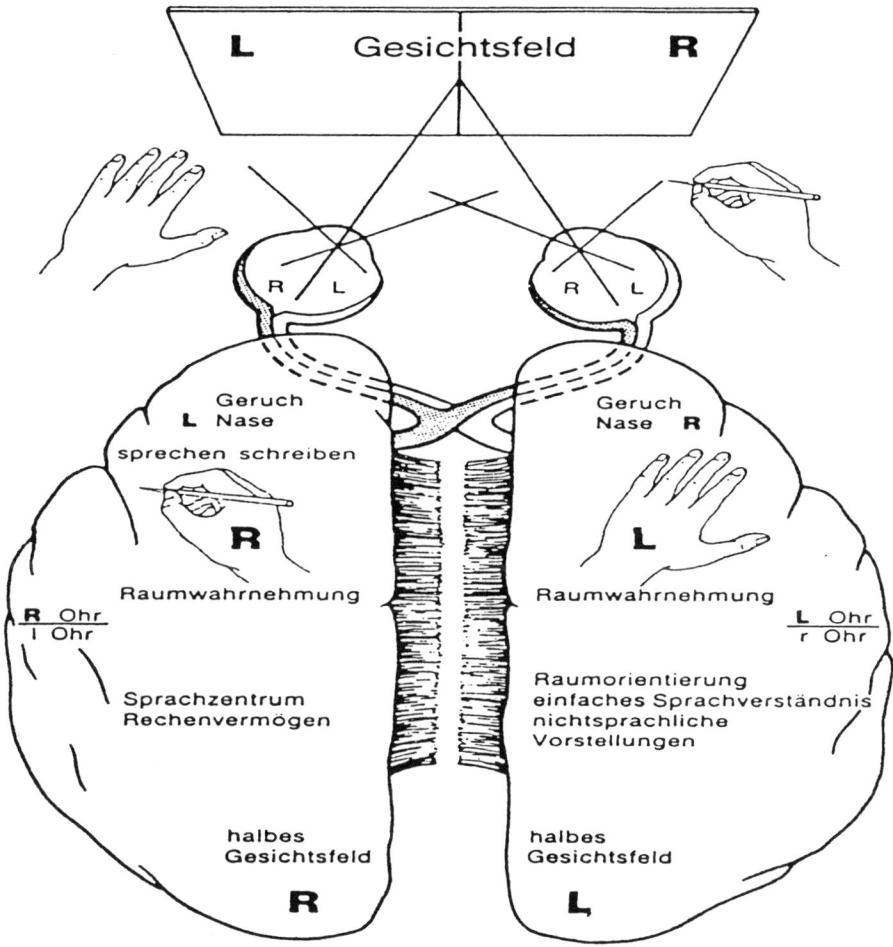

Abb. 20: Schematische Darstellung der Projektionen in den Hirnhälften (nach Sperry 1974, S. 7)

Rechte Hirnhälfte	Linke Hirnhälfte
• gestalthaftes Wahrnehmen	• für sprachliche Reize zuständig
• spontanes Reagieren	• für die Bildung von Wortkonzepten
• Verarbeitung emotionaler Reize	• En- und Dekodierung beim Lesen
• natürliche Geräusche	• sprachliche Geräusche
• Akzent und Intonation	• Lesen und Schreiben
• musikalische Töne	• Mathematik
• Gestik, Mimik, Körperhaltung	• verarbeitet Musik
• ganzheitliches Denken	• blockiert Wutausbrüche und Ärger
• bildhaftes Denken	• analytisches Denken
• insgesamt für nichtsprachliche Reize zuständig	• denkt begrifflich
	• logisches und lineares Denken

Im Laufe der menschlichen Entwicklung können wir aber folgende Dominanzverteilung von rechter und linker Hirnhälfte beobachten:

- In den ersten sechs Lebensmonaten werden basale Wahrnehmungsfähigkeiten im auditiven, visuellen und taktilen Bereich und grob- und feinmotorische Fertigkeiten ausgebildet. Der einsetzende Spracherwerb ist zunächst sehr stark auf die nonverbalen und prosodischen Elemente der Sprache angewiesen.
- In der zweiten Hälfte des ersten Lebensjahres bilden sich erste Begriffe, Wörter und grundlegende Sprachfunktionen heraus. Es kommt nach und nach zu wortähnlichen Produktionen im Rahmen der gesamten Lallphase des Kindes. Die Kinder führen Gespräche mit sich selbst (Echophase), die man auf Grund der Intonation und rhythmischen Konturierung ihrer sprachlichen Äußerungen interpretieren kann. In dieser Zeit vollzieht sich ein rasches Wachstum der neuronalen Verbindungen zwischen den Nervenzellen.
- Im dritten und vierten Lebensjahr haben sich die sprachlichen Grundlagen immer deutlicher herausgebildet, und die linke Hirnhälfte wird dominant. Es kommt jetzt zu einer sehr rasanten sprachlichen Entwicklung: Das morphologische System und der Wortschatz werden rasch ausgebaut.

Irrtum

Heute ist der Eindruck weit verbreitet, dass für die sprachliche Verarbeitung nur die linke Hirnhälfte zuständig ist. Dies trifft in dieser radikalen Form nicht zu. Auch die rechte Hemisphäre spielt bei der Verarbeitung von Sprache eine wichtige Rolle (vgl. Jacobs 1988, S. 304). Die rechte Hirnhälfte ist für interaktive und situationsspezifische Aspekte der menschlichen Kommunikation zuständig (vgl. Seliger 1982, S. 313). Möglicherweise übernimmt die rechte Hirnhälfte sogar eine Art Kontrolle über die linke Hemisphäre (vgl. Baur/Grzybek 1985, S. 174). So wissen wir aus den Untersuchungen von Sperry (1974) und Lassen u.a. (1980), dass die motorischen Reaktionen wie die Steuerung von Mund, Zunge und Kehlkopf von der rechten Hemisphäre unseres Gehirns aus gesteuert werden. Aus all dem Gesagten könnte man folgern, dass die linke Hirnhälfte mehr mit den eigentlichen Bausteinen der Sprache befasst ist, während die rechte mehr für das Interpretieren und Verstehen zuständig ist. Wir müssen davon ausgehen, dass die menschliche Sprache – das Zusammenwirken der verschiedensten Funktionen voraussetzt (vgl. Radigk 1991, S. 19).

Wir wissen heute, dass das menschliche Gehirn so beschaffen ist, dass mehrere Sprachen erlernt werden können. Wir wissen weiterhin, dass sich die Erstsprache parallel zur Hirnreifung entwickelt und der Spracherwerb wichtige Anstöße zu Veränderungen des Gehirns gibt (vgl. Apeltauer 1997, S. 68). Diese Entwicklung dauert in etwa bis zum vierten Lebensjahr. Hier machen wir die Beobachtung, dass Kinder, die zwei Sprachen gleichzeitig lernen, bis in dieses Alter hinein oftmals Schwierigkeiten haben, beide Sprachsysteme auseinander zu halten.

Das menschliche Gehirn ist weitgehend symmetrisch aufgebaut, und die beiden Gehirnhälften gleichen einander wie Spiegelbilder. Hinsichtlich ihrer Funktion und

Leistung unterscheiden sich die beiden Gehirnhälften erheblich. Jede Gehirnhälfte ist für die Koordination und Steuerung der gegenüberliegenden Körperhälfte zuständig. So wird von der linken Hirnhälfte aus die Bewegung der rechten Hand und des rechten Beins gesteuert. Bei allen Rechtshändern ist die linke Hirnhälfte im Wesentlichen für die Produktion und das Verstehen von Sprache, für das Lesen und Schreiben zuständig. Bei Linkshändern finden wir keine eindeutige Hirndominanz vor. Die rechte Hirnhälfte beschäftigt sich mit dem Verarbeiten von Melodien, dem Erkennen und Interpretieren von Gefühlen. Beim Erwerb einer Zweitsprache übernimmt die rechte Hirnhälfte eine dominierende Rolle. Vermutlich ist während der Anfangsphase des Zweitspracherwerbs die Verarbeitung von nonverbalen und prosodischen Eindrücken besonders wichtig und wirksam, weil ja Sätze und Wörter einer fremden Sprache häufig nicht sofort verstanden und daher nur indirekt über andere Faktoren erschlossen werden können. Daher sind Verstehensprozesse in der Anfangsphase stärker auf nicht sprachliche Elemente der Sprache angewiesen. Die Kinder versuchen daher auf Grund eines globalen Situations- und Kontextverständnisses die Bedeutung von sprachlichen Äußerungen zu erraten. Daher sind hier Elemente der Körpersprache und der Prosodie sehr hilfreich. So werden Beginn und Ende eines Satzes vom Sprecher häufig durch ein Anheben und Senken der Stimme, durch Heben oder Absenken des Kopfes und durch Veränderung des Blickkontaktes sowie durch Handgesten begleitet. So könnte man folgern, dass beim Erwerb der Erstsprache die linke, beim Erwerb der Zweitsprache – zumindest jedoch in der Anfangsphase des Spracherwerbs – die rechte Hirnhälfte dominant sind. Es gibt aber auch Hinweise, dass die Verarbeitung umso stärker rechtshemisphärisch bleibt, je später eine fremde Sprache im Leben eines Menschen erworben wird (vgl. Genese 1982, S. 317). Diese anfängliche Dominanz der rechten Hirnhälfte beim später einsetzenden Zweitspracherwerb geht aber mit zunehmender Kompetenz in der fremden Sprache mehr und mehr auf die linke Hemisphäre zurück. Insgesamt gesehen wird die Verarbeitung von Sprache im Gehirn auch durch die familiären Bildungsinteressen, den Gebrauch spezifischer Sprachmuster, von den individuellen Lernsituationen und vom Alter des Sprache erwerbenden Kindes beeinflusst.

5.2.4 Motivationale Faktoren

Neugeborene Kinder wollen die menschliche Sprache erlernen, sie zeigen daher von Geburt an großes Interesse an der Sprache der Erwachsenen. Bringen die Erwachsenen ihrerseits genügend Zeit für die Kinder mit und wenden sie sich ihnen als Person zu, dann erleben die Säuglinge die menschliche Sprache als wohltuende persönliche Zuwendung. Wir wenden uns den Kindern mit Blicken, Gesten, Streicheleinheiten und Worten zu und lassen sie so teilnehmen an unserer Welt. Damit wecken wir die Aufmerksamkeit, das Interesse und die Neugierde an unserer Sprache. Wenn es uns Erwachsenen also gelingt, die Kinder zu einem fantasievollen und kreativen Umgang mit der Sprache zu führen, dann erlangen die Kinder spielerisch und von alleine ihre Muttersprache. Die Kinder spüren emotional sehr schnell den Wert und die Bedeutung der Sprache. Sie entdecken, wie angenehm und nützlich die Sprache in ihrem Alltag erlebt wird. Die Art der sprachlichen Kommunikation vermittelt dem Kind, ob es angenommen oder abgelehnt, unterstützt oder allein gelassen wird. Sie begreifen die Dinge und Zusammenhänge der Welt und erleben Tag für Tag, welche Gefühle die menschliche Sprache wecken kann (vgl. Ferrari 1998). So können Ehekrisen, Trennung oder Scheidung der Eltern, Geschwisterrivalitäten, ständiger Streit, Trennung von der Familie über einen längeren Zeitraum zu Sprachstörungen führen. Die Kinder müssen Freude und Spaß gewinnen beim Sprechen mit anderen Personen, sie müssen Lust bekommen auf unsere Sprache. Bei sprachauffälligen Kindern sollte man daher auch nicht zu früh und zu intensiv auf die sprachlichen Probleme hinweisen. Dieses Fehlerbewusstsein kann zu Sprachhemmungen und Sprechängsten führen, die Kinder ziehen sich immer mehr bei Gesprächen zurück und verweigern schließlich die Sprache.

5.2.5 Familiäre Lebensbedingungen

Die Entwicklung der Sprache liegt nicht nur allein in der Verantwortung des Kindes, sondern ebenso in der Familie, im Bekannten- und Freundeskreis, im Kindergarten und in der Schule. Wir können heute davon ausgehen, dass die Umwelteinflüsse prägende Auswirkungen auf die Entwicklung des Kindes und des Gehirns haben. Zu diesen Umwelteinflüssen zählen auch die geordnete Familienstruktur, Zeit für das Kind, ausreichend Schlaf, die richtige Ernährung, der wohl dosierte Medienkonsum und vielfältige soziale Anregungen in der Gruppe. Innerhalb dieses familiären und sozialen Netzes bildet sich die gesprochene Sprache heraus, wobei das heranwachsende Kind unter dem Einfluss der unmittelbaren Umwelt seine Individualität und eigene Sprache erwirbt. Die Bedeutung der soziokulturellen Voraussetzungen für die Sprache wird durch Kinder belegt, die in ungeordneten Familienverhältnissen, unter extremen Spannungen und Konflikten, in Heimen oder Kliniken und unter sozialer Deprivation aufwachsen. In der Literatur wird immer wieder auf solche Fallberichte, wie z.B. »Kaspar Hauser«, den »Wilden von Aveyron« oder das »Mädchen Genie«, hingewiesen. In all diesen Fällen ist es jedoch schwer abzuschätzen, welche bleibenden Defizite auf die soziale Deprivation und welche auf Hirnschäden zurückzuführen sind. Wir können aber davon ausgehen, dass die Sprachentwicklung des Kindes eingebunden ist in den unmittelbaren Lebensraum, in den sozialen Kontext, in dem das Kind lebt, in die Gesellschaft und Kultur der jeweiligen Sprachgemeinschaft. Wir müssen den Kindern Sprachräume bieten, in denen sie sich geborgen, geliebt und verstanden fühlen. Wenn sich die Kinder in ihrer Haut und Situation wohl fühlen, können sie sich positiv entwickeln; dies gilt insbesondere für die Entwicklung der Sprache (vgl. Ferrari 1998). Die Bedeutung des Miteinandersprechens, das Singen von Liedern, das Aufsagen von Gedichten, das Vorlesen aus Büchern und das Erzählen von Geschichten sind wichtige direkte Sprachanreize und Sprechangebote.

Zusammenfassend können wir hier festhalten, dass ein Kind ohne größere Schwierigkeiten sprechen lernt, wenn seine Umgebung zu ihm kommunikativ eingestellt ist, wenn es Spaß am Sprechen hat, wenn es Mimik und Gestik sieht und wenn es die Sprechbewegungen beherrscht.

Fazit

Die Kinder erwerben die Sprache (= Erstsprache) auf ganz natürliche und in der Regel unkomplizierte Art und Weise. Wie dieser Erwerbsvorgang sich im Einzelnen vollzieht, wissen wir bis zum heutigen Tage nicht genau. Will man den komplexen Gegenstandsbereich Erstspracherwerb erklären, so werden vier theoretische Ansätze genannt: die behavioristische, die nativistische, die kognitivistische und die interaktionistische Sicht. Bei allen Erklärungshypothesen spielt das zu Grunde liegende differenzierte Netz der Entwicklungsbereiche von Wahrnehmung, Motorik, Denkvermögen, Emotion und Soziabilität eine entscheidende Rolle für die Ausprägung des sprachlichen Handelns. Sprache und Sprechen können nur in aktuellen Lebenssituationen mit realen Kommunikationspartnern realisiert werden. Gelingt das sprachliche Handeln nur begrenzt oder überhaupt nicht, dann müssen die Ursachen in der Persönlichkeit des Kindes, den familiären Hintergründen, den bisherigen Interaktionen, dem persönlichen Erleben und Wohlbefinden sowie dem individuellen Lernen gesucht werden.

5.3 Entwicklungsphasen

Eine so komplexe Fähigkeit wie die Sprache und das Sprechen erlernt ein Kind natürlich nicht von heute auf morgen. In der Regel können wir aber beobachten, dass jedes gesunde Kind geboren wird mit der Fähigkeit, sprechen zu lernen. Was den zeitlichen Verlauf des Erwerbs von Sprechen und Sprache angeht, so gibt es unterschiedliche Einteilungs- und Kategorisierungsversuche, die sich aber in groben Zügen decken. Darüber hinaus stellen die Zeitangaben durchschnittliche Erfahrungswerte dar, die als grobe Orientierungshilfen zu betrachten sind. Unterschiede gibt es jedoch in der begrifflichen und inhaltlichen Schwerpunktsetzung. Einige wichtige Meilensteine auf dem Weg hin zum Sprechen und zur Sprache werden im Folgenden dargestellt.

1. Phase: Das Kind schreit und beginnt dabei zu differenzieren
        (die ersten Tage und Wochen nach der Geburt)

Schon im Mutterleib trainiert das Kind den Gebrauch von Lippen, Zunge und Gaumen und entwickelt sein Gehör mit dem Hinhören auf den Herzschlag der Mutter und auf Geräusche außerhalb des Mutterleibs wie das heftige Zuknallen einer Tür. Nach der Geburt ist dann das Schreien die erste Form der Sprache, mit der unmittelbare Bedürfnisse nach Nahrung, Zuwendung, Abwechslung und Ruhe ausgedrückt werden. Das Schreien ist ein erster Entwicklungsschritt, weil es sich vom groben Schreien zu einem differenzierten Schreien entwickelt. Das Schreien gewinnt in den ersten Wochen an Informationsgehalt, sendet Signale und Botschaften aus und gewinnt an Mitteilungscharakter. An den Geburtsschrei schließen sich verschiedene Phasen der kindlichen Sprachentwicklung an:

- *Schreiphase (1. Monat)*
  In dieser Zeit schreit das Kind in unterschiedlichen Tonlagen. Mit diesem Schreien drückt das Baby Gefühle und Wünsche aus. Die leise Ansprache durch die Eltern wirkt beruhigend.

Nur die Mutter ist in der Lage, diese ersten Signale zu verstehen und zu deuten.

2. Phase: Das Kind lallt und produziert die ersten Laute (zwischen dem zweiten und siebten Monat)

Das Lallen ist ein wichtiger Entwicklungsschritt beim Erlernen der Sprache. Lallen dient der Einübung von Lautverbindungen und fördert die Freude am einsetzenden Sprechen. Kinder, die gehörlos oder hochgradig schwerhörig sind, stellen das Lallen nach und nach ein und verstummen.

- *Lallphase (2. bis 3. Monat)*
  Das Kind produziert jetzt die ersten Laute und wiederholt sie ständig auf spielerische Art und Weise. Diese Lautproduktionen variieren melodisch und rhythmisch und die kommunikativen Absichten des Kindes werden immer deutlicher. Das Kind lacht und quietscht jetzt gerne.
- *Echophase (4. bis 7. Monat)*
  Das Kind plappert die eigenen Lautproduktionen immer wieder nach. Es hört jetzt bewusst auf die Wörter und Sätze der Mutter und versucht sie zu imitieren.

3. Phase: Das Kind erkennt Signale und versteht die Mutter (zwischen dem achten und zwölften Monat)

Die Eltern sollten schon früh mit der sprachlichen Interaktion mit dem Kind beginnen, damit das Reagieren auf andere und das Verstehen von Sprache angeregt wird. Daher ist es wichtig, diesen Kindern vielseitige und komplexe sprachliche Muster zu präsentieren. Die Erwachsenen müssen sich viel Zeit nehmen, mit den Kindern anregend und vielseitig zu sprechen.

Das Kind beginnt nun immer mehr, den Sinn des gesprochenen Wortes zu erfassen. Mimik, Gestik und Tonfall der sprechenden Person helfen dabei. Das Kind begreift, dass Wörter Dinge und Handlungen bezeichnen. Das Verstehen von Sprache entwickelt sich weiter. Wenn man das Kind nach bestimmten Gegenständen wie Rassel, Ball, Schnuller oder Puppe fragt, wird es mit der Zeit gezielt auf diese Gegenstände zeigen. Bestimmte Gegenstände und Gebärden von Personen haben Signalcharakter, die nach und nach vom Kind gedeutet und verstanden werden. Gegen

Ende des ersten Lebensjahres ordnet das Kind Lautkombinationen bzw. Wörter bestimmten Gegenständen und Personen zu. Das Kind begreift allmählich bewusst und kognitiv, dass jedes Ding einen Namen hat. Das Symbolbewusstsein bildet sich heraus. Das Symbolverstehen ist sehr eng an das Sprachverstehen gebunden.

4. Phase: Das Kind spricht die ersten Wörter (im Alter von ca. einem Jahr)

Die Kinder sprechen um den ersten Geburtstag herum die ersten Wörter wie /Mama/ und /Papa/, sie verstehen jetzt bereits mehrere Wörter und können sprachlichen Äußerungen zuhören. Die Einwortäußerungen stehen für ganze Sätze, in denen sich Gefühle und Bedürfnisse ausdrücken. Mit einem Jahr kann das Kind den Mund geschlossen halten. Die Lippen und die Zunge werden immer beweglicher und die Bildung der Laute immer variantenreicher. Das Kind beherrscht mit eineinhalb Jahren aktiv ca. 30 bis 50 Wörter. Es lohnt sich, eine Liste mit den Wörtern anzulegen, die das Kind aktiv gebraucht, versteht und spricht.

5. Phase: Das Kind spricht in Mehrwortsätzen (im Alter von zwei bis drei Jahren)

Im Alter zwischen zwei und drei Jahren machen die Kinder nun ihre ersten Konstruktionsversuche, d.h. sie drücken ihre Gedanken, Wünsche, Vorstellungen und Emotionen in Sätzen aus. Sie konstruieren mit einem oder zwei Wörtern die ersten kleinen unvollkommenen Sätze. Durch Hinzuziehung von Mimik, Gestik und Blickkontakt sowie der Klangfarbe, Tonhöhe und Lautstärke ihrer sprachlichen Äußerungen können sie erste Kommunikationsversuche mit anderen Menschen machen. Hier gestehen wir den Kindern noch einen Freiraum zu, Fehler machen zu dürfen. Im Alter von drei Jahren kommen die Kinder in der Regel in den Kindergarten und sollten in der Lage sein, Bilder einem Begriff zuzuordnen und in Mehrwortsätzen zu sprechen. Der Wortschatz umfasst jetzt etwa 800 bis 1.000 Wörter und im Alter zwischen drei und vier Jahren liegt der bekannte Höhepunkt der manchmal ungeliebten »Warum«-Fragen.

6. Phase: Das Kind führt erste Dialoge und beginnt zu erzählen (im Alter von ca. drei bis vier Jahren)

Die Fähigkeit zum Dialog erwirbt das Kind durch den Umgang mit den Erwachsenen und durch das Spielen. Im Rollenspiel spricht das Kind mit Gegenständen und Puppen und wird so nach und nach fähig, auch mit anderen Kindern oder Erwachsenen Dialoge einzugehen und zu führen. In diesem Alter nimmt die Fähigkeit zu, grammatikalisch korrekte Sätze zu konstruieren. Die Formulierungsfähigkeit wird quantitativ, was die Zahl der Wörter angeht, und qualitativ, was die Struktur der Sätze betrifft, erheblich erweitert und differenziert. Das Kind wird mehr und mehr fähig, über plötzliche Ereignisse und persönliche Erlebnisse zu erzählen. Die Erzählungen werden wiederholt und immer weiter sprachlich ausgeformt. Wird dem Kind durch die Zuhörer Interesse signalisiert, dann wird die Ausdauer im Erzählen erweitert.

7. Phase: Das Kind spricht jetzt alle Laute und kann sich mit anderen Personen unterhalten (im Alter von ca. fünf Jahren)

Die bisher erreichte Fähigkeit zum Dialog mit anderen und die Steigerung der Fähigkeit, Sätze zu formulieren, versetzen das Kind nun in die Lage, intensiv und bewusst mit und in der Sprache zu leben und damit umzugehen. In alltäglichen Situationen des Lebens müssen sich nun die erworbene Fähigkeit zum Gebrauch der Sprache und der Fertigkeit des Sprechens bewähren. Gleichzeitig durchdringt das Kind immer tiefer und stärker seine Umwelt. Durch den vielseitigen Umgang mit Gleichaltrigen und Erwachsenen gewinnt das Kind an Sicherheit im Formulieren von Sätzen. Für die weitere Entwicklung des Kindes ist aber enorm wichtig, dass der Drang zur sprachlichen Perfektionierung nicht zu intensiv und dominant wird. Das Kind braucht im Alter von vier und fünf Jahren weiterhin einen Freiraum, in dem es mit und in der Sprache experimentieren kann. Fehler müssen erlaubt sein, und die gut gemeinten Hinweise durch Eltern und Erziehrinnen wie »Wiederhol das Wort noch einmal!« oder »Sprich bitte in einem ganzen Satz!« hemmen die weitere sprachliche Entwicklung.

8. Phase: Das Kind entwickelt einen persönlichen Sprachstil und schlüpft immer mehr in eine individuelle Sprecherrolle (im Alter von sechs/sieben Jahren)

Das Sprechen und die Sprache des Kindes haben sich in der Vorschulzeit und zum Schulanfang hin stetig weiterentwickelt. Das Kind hat jetzt hinsichtlich der Sprache einen persönlichen Sprachstil und einen eigenen Sprachkode erworben. Die geistige Entwicklung wird durch den Gebrauch seiner Sprache dokumentiert. Der Sprachstil orientiert sich entweder stärker an konkreten Situationen und bestimmten Personen oder äußert sich eher auf der kognitiven, intellektuellen und abstrakten Ebene. Das Kind spricht entweder reinen Dialekt, eine Dialekt gefärbte Umgangssprache oder die standardisierte und angestrebte Zielsprache.

In der Vorschulzeit gewinnt der Umgang mit der Sprache und dem Sprechen immer mehr an Konturen und Strukturen. Die Kinder orientieren sich bewusst hin zur Sprache und erarbeiten sich nach und nach einen persönlichen Sprachstil oder, genauer gesagt, einen Sprachkode. Dieser Kode ist hinsichtlich des Gebrauchs von Sprache entweder sehr differenziert, strukturiert und elaboriert oder aber eher begrenzt, reduziert und restringiert. Die Einsichten, Erkenntnisse in die Welt und das Wissen von der Welt des Kindes können nur über den Sprachstil überprüft werden. Daneben erwirbt das Kind im Laufe der familiären und vorschulischen Sozialisation eine individuelle Sprecher-Hörer-Rolle. Das Sprechen wird als Teil der sozialen Rollenübernahme erworben. Das Kind hat gelernt, beim Sprechen aufmerksam zuzuhören, Blickkontakt mit dem Zuhörer aufzunehmen, bei Verstehensproblemen Fragen zu stellen, und verwendet erste Formen der Höflichkeit. Mit sechs bis sieben Jahren ist die Entwicklung der Sprache in ihren Grundzügen abgeschlossen, wobei weitere Differenzierungen bei der Konstruktion von Sätzen und Ergänzungen hinsichtlich des Wortschatzes während der gesamten Schulzeit und des ganzen Lebens stattfinden.

Fazit

Das Kind durchläuft die wichtigsten Phasen seiner Sprachentwicklung in den ersten sechs Lebensjahren, also bis zur Einschulung. Hier sind als wichtige Phasen festzuhalten: das Lallen in den ersten Lebensmonaten, die ersten Wörter um das erste Lebensjahr herum, die ungeordneten Mehrwortsätze im zweiten und dritten Lebensjahr, das einsetzende Fragen im dritten und vierten Lebensjahr sowie die allmähliche Annäherung an unsere Standardsprache. Um den fünften Geburtstag herum sollten die Kinder alle Laute bzw. Lautverbindungen der deutschen Sprache korrekt aussprechen sowie eine kleine Geschichte in grammatikalisch korrekten Sätzen nacherzählen können.

Viele Kinder durchlaufen die dargestellten Entwicklungsphasen mühelos. Manche Kinder überspringen sogar einige Entwicklungsphasen und sind den Gleichaltrigen in der Sprache und beim Sprechen weit überlegen. Es gibt aber im Kindergartenalter nicht wenige Kinder, die Probleme beim Erwerb der Muttersprache haben und längere Zeit in einzelnen Phasen der Sprachentwicklung verharren. Wir können bei der Sprachentwicklung nicht bei allen Kindern von einer Normalverteilung ausgehen und müssen die individuell und sozial bedingte sprachliche Heterogenität erkennen und akzeptieren.

5.4 Sprachstörungen

Im Rahmen der kindlichen Entwicklung haben wir es mit unterschiedlichen Erscheinungsformen, Ursachen und Bedingungen von Sprachauffälligkeiten zu tun. Braun (1999) unterscheidet drei große Gruppen von Störungen bei der Sprache und dem Sprechen:

- zum einen Sprachstörungen, die durch Unregelmäßigkeiten und Probleme in seiner Entwicklung hervorgerufen werden,
- zum Zweiten Sprachstörungen, die durch organisch-anatomische Ursachen des Kindes verursacht sind, und
- zum Dritten Sprachstörungen, die durch Störungen der sozialen und emotionalen Beziehungen mit anderen hervorgerufen werden.

Abb. 21: Sprachstörungen im Überblick

5.4.1 Entwicklungsbedingte Sprachstörungen

Bei den entwicklungsbedingten Störungen unterscheiden wir nur formal in Störungen der Aussprache – Dyslalie oder Stammeln-, in Störungen der Satzbildung – Dysgrammatismus – und in Störungen des Wortschatzes – lexikalische Erwerbsstörungen. Im Alltag finden wir bei leichten und mittelschweren Störungen meist Überschneidungen, insbesondere eine Kombination von Dyslalie und Dysgrammatismus, bei schweren Störungen eine Kombination von Dyslalie, Dysgrammatismus und lexikalischer Erwerbsstörung.

Dyslalie

Dyslalie oder herkömmlich Stammeln ist eine Störung in der sprachlichen Entwicklung, schwerpunktmäßig in der Aussprache und bedeutet, dass

- einzelne Laute oder Lautverbindungen fehlen (»aus« statt »Haus«),
- einzelne Laute oder Lautverbindungen falsch gebildet (»Tis« statt »Tisch«),
- einzelne Laute durch andere Laute ersetzt werden (»Tinderdarten« statt »Kindergarten«).

Das Stammeln kommt im vorschulischen und schulischen Alter sehr häufig vor; dabei ist das Lispeln – also die fehlerhafte Aussprache des S-Lautes vorherrschend. Die Prognose hinsichtlich der Heilung ist sehr gut.

Dysgrammatismus

In Verbindung mit der Dyslalie kommt in einigen Fällen auch der Dysgrammatismus hinzu, der fast nie isoliert bei Kindern zu hören ist.

Einige Autoren wie Dannenbauer (1983) sprechen vom Entwicklungsdysgrammatismus. Unter Dysgrammatismus verstehen wir eine Störung im Erwerb der korrekten Satzbildung, d.h. die Bildung von Sätzen setzt verspätet ein, ist zudem verlangsamt, manchmal stockend, und nicht in allen Situationen wird konstant gesprochen. Bei den Kindern werden

- Wörter einfach weggelassen,
- Artikel falsch gebraucht,
- Endungen bei Nomen oder Verben ausgelassen,
- spezifische Formen der Pluralbildung benutzt oder
- Wörter im Satz umgestellt.

Lexikalische Erwerbsstörung

Hier handelt es sich um eine weit verbreitete Problematik im vorschulischen und schulischen Bereich, die aber nur selten systematisch überprüft wird. Wir haben es hier mit Defiziten im Wortschatz des Kindes zu tun. Der Wortschatz des Kindes kann

- eingeschränkt und vermindert sein,
- retardiert und fehlerhaft entwickelt sein,
- fehlende oder falsche Wortbedeutungen enthalten,
- nicht in jeder Situation und bei jeder Person abgerufen werden.

5.4.2 Organisch bedingte Sprachstörungen

Organische Sprachstörungen spielen quantitativ keine große Rolle, sie kommen selten vor. Hier sind meist Probleme mit der Stimme und Stimmgebung zu nennen, in ganz seltenen Fällen die kindliche Aphasie.

Stimmstörungen

Stimmstörungen werden auch als Dysphonien bezeichnet und umfassen alle Störungen des Stimmklangs. Extreme Formen dieser seltenen kindlichen Störungen sind eine tonlose Stimme, man spricht dann auch von einer geräuschvollen Flüsterstimme. Die Hauptsymptome von Stimmstörungen sind

- über Wochen anhaltende Heiserkeit und Kratzen im Hals,
- eine schwache oder permanent zu laute Stimme,
- eine zu hohe oder zu tiefe Sprechstimmlage,
- ein eingeschränkter Stimmumfang,
- ein sehr abrupter und harter Stimmeinsatz,
- eine rasche Ermüdung der Stimme beim Sprechen.

Weitere Symptome, die aber ausschließlich die Leistung der Stimme des Kindes betreffen:

- Übergang zum ständigen Flüstern,
- Unterbrechungen und Abbrechen der Stimme,
- eine stark nasal gefärbte Aussprache sowie
- ein verlangsamtes oder überhastetes Sprechtempo.

Kindliche Aphasie

Aphasien als Formen des Sprachverlusts nach bereits abgeschlossenem Spracherwerb kommen in sehr seltenen Fällen auch bei Kindern vor. Man spricht von Aphasie bei Kindern oder von (erworbener) kindlicher Aphasie (Braun 1999, S. 193).

Eine erste Schwierigkeit liegt in der Erkennung der kindlichen Aphasie. Leischner (1979) unterscheidet daher zunächst einmal die Sprachentwicklungsbehinderung und die kindliche Aphasie. Während er die Sprachentwicklungsbehinderung – verursacht durch eine frühkindliche Hirnschädigung – vor dem vierten Lebensjahr ansetzt und einordnet, betrachtet er den Verlust der bereits erworbenen Lautsprache zwischen dem vierten und achten Lebensjahr als Aphasie. Ein erfolgreiches Lesen- und Schreibenlernen ist dann nicht mehr möglich.

5.4.3 Interaktiv bedingte Sprachstörungen

Diese Sprachstörungen zeigen sich insbesondere beim sprachlich-kommunikativen Umgang mit anderen Menschen, also in sozialen Kontexten, wobei noch psychisch-emotionale Faktoren auf die sprachliche Situation einwirken. Es kommt plötzlich zu sprachlichen Verunsicherungen und Blockierungen, die teilweise den gesamten Körper mit in die Situation hineinziehen. Fuchteln mit den Armen und Händen, Rötungen im Gesicht und schweißgebadete Hände können als Begleitsymptome auftreten.

Stottern

Stottern ist ein seit der Antike bekanntes sprachliches Phänomen, das bis heute hinsichtlich der Ätiologie und therapeutischen Möglichkeiten weitgehend unklar geblieben ist. Stottern ist eine Störung der sprachlichen Kommunikation mit häufig auftretenden Unterbrechungen des Sprechablaufs bzw. des Redeflusses. Hier werden nun zwei Unterteilungen in der Literatur vorgenommen, die aber im Alltag so kaum wieder zu finden sind.

- *Krampfartige Wiederholungen (= klonisches Stottern)*
  Diese Unterbrechungen oder Sprechblockierungen treten plötzlich und unbeabsichtigt in aktuellen Sprechsituationen auf, wobei es zu schnellrhythmischen Wiederholungen von Lauten, Silben oder Wörtern kommen kann (Beispiel: T-T-T-eddy oder Pa-Pa-Pa-Papa).
- *Krampfartige Blockierungen (= tonisches Stottern)*
  Hier haben wir es mit gepressten Stockungen beim Sprechen zu tun, wobei die krampfartige Blockierung bei einem Laut, einer Silbe oder einem Wort das flüssige und lockere Sprechen verhindert. Hier kommt es zu übermäßig lang gezogenen Dehnungen oder Verlängerungen, wobei sich das Kind körperlich sehr anstrengt (Beispiel: B-------------äcker oder P-----------udel).

Beim Stottern sind die psychosozialen Konsequenzen weitaus verheerender als bei anderen Sprachstörungen, weil die Umwelt diese Sprachstörungen sofort wahrnimmt und mit sehr unterschiedlichen Reaktionen aufwartet. Stottern stört nicht nur den Sprecher, sondern auch den Zuhörer, weil die Verständlichkeit stark betroffen ist. Stottern hat eine auffällige und vielschichtige Sekundärsymptomatik zur Folge (vgl. Braun 1999, S. 262):

- Atemauffälligkeiten,
- Veränderungen der Stimmgebung,
- auffällige Betonung und unangemessener Sprechrhythmus,
- Mitbewegen der Artikulationsorgane und des Körpers,
- Störungen des Blickkontaktes,

- Wortfindungsstörungen,
- vegetative Reaktionen wie Erröten, Zittern, Hand- und Gesichtsschwitzen,
- Störungsbewusstsein und Angst vor dem Sprechen,
- geringe Sprechfreude und Redeabbruch.

Poltern

Polternde Kinder gibt es relativ viele, doch selten wird diese Sprachauffälligkeit als Sprachstörung beobachtet und festgehalten. Dies hängt wohl damit zusammen, dass beim Poltern verschiedene Erscheinungsbilder und Ursachenbereiche in Betracht gezogen werden können. Daher ist es angebracht, beim Poltern nicht von einer Störung, sondern von einem Syndrom zu sprechen.

Beim polternden Kind sind hinsichtlich des Gesamteindrucks folgende Beobachtungen zu machen (vgl. Braun 1999, S. 274):

- hastige Redeweise,
- übereilter Sprechablauf,
- hohes Sprechtempo,
- impulsives Drauflosreden.

Hinsichtlich des Sprechens machen wir bei polternden Kindern folgende Feststellungen:

- Wiederholungen von Lauten, Silben oder Wörtern (Beispiel: Wa-wa-wa-was will denn der da?)
- Auslassungen von Lauten, Silben oder Endungen (Beispiel: Krokodil → Krodil)
- Verstümmelungen und Verschmelzungen durch verwaschene Aussprache (Beispiel: Nadel → Nael oder Telefon → Teon)

Bei Kindern wird im Rahmen der sprachlichen Entwicklung immer wieder ein solches Sprach- und Sprechverhalten registriert. Im Alter von vier bis fünf Jahren spricht man vom Entwicklungspoltern, weil es offenbar zu einer Diskrepanz zwischen dem kindlichen Denken und der aktuellen Sprechfähigkeit kommt.

Mutismus

Wir finden immer wieder einige Kinder im Kindergarten und auch in der Grundschule, die in aktuellen Sprechsituationen schweigen und nicht sprechen. Dies hängt offenbar mit der sozialen Situation zusammen, in der sie sich augenblicklich befinden, d.h. das Schweigen hat etwas zu tun mit bestimmten Personen in bestimmten Situationen. Man spricht daher von dem elektiven Mutismus, weil er sich nur auf einen bestimmten und begrenzten Personenkreis beschränkt. Diese Störung kann sich zeitlich gesehen über einen Zeitraum von wenigen Tagen bis hin zu einigen Jahren erstrecken. Mutismus ist kein freiwilliges Schweigen, sondern eher ein durch die äußeren Bedingungen erzwungenes Schweigen. Obwohl die Hör- und Sprechorgane intakt sind, wird nicht gesprochen, auch nicht geflüstert. In der Regel tritt diese Sprachstörung bei Kindern erst dann auf, wenn die Sprachentwicklung abgeschlossen ist. Während der totale Mutismus ganz selten vorkommt, finden wir Formen des elektiven Mutismus bei ein Prozent der Population.

Fazit

In den letzten Jahren gibt es hierzu eindeutige und sich immer wieder bestätigende und unterstützende empirische Befunde, die die Tendenz des Ansteigens sprachlicher Störungen bei Vorschulkindern bestätigen. Die häufigsten Sprachstörungen sind die entwicklungsbedingten Auffälligkeiten. An erster Stelle sind hier die Störungen in der Aussprache zu nennen. Weit verbreitet und bestens bekannt ist das Lispeln, d.h. die falsche Aussprache der Zischlaute, insbesondere der Konsonanten /s/ und /sch/. In der Fachsprache bezeichnet man diese Störungen als Stammeln oder Dyslalie. Werden diese Störungen im letzten Kindergartenjahr erkannt – also im fünften Lebensjahr des Kindes –, dann bestehen in der Regel gute Heilungschancen. Alle anderen Sprachstörungen kommen prozentual gesehen nur selten vor und gehören unter die Aufsicht und Kontrolle von Medizinern und Therapeuten.

5.5 Fallstudie

Fallstudie – das bedeutet zunächst das Augenmerk auf einen oder wenige ausgewählte Fälle liegen. In der Forschungspraxis ist mit dieser Einschränkung und Begrenzung der Untersuchungseinheiten häufig ein besonderes methodisches Prozedere verknüpft.

In einer Fallstudie konzentriert man sich auf einen bestimmten und ausgesuchten Fall. Bei der klassischen Fallstudie handelt es sich um eine Einzeluntersuchung, bei der die Daten als Ganzheit erhoben, verarbeitet und dargestellt werden, ohne Bezug zu nehmen auf andere, vielleicht vergleichbare und ähnliche Fälle. Hier geht es nicht um die direkte Abbildung der Realität, sondern um den Versuch, mit den mir zur Verfügung stehenden Kenntnissen, Erkenntnissen und Methoden, die soziale Wirklichkeit, in der das Kind lebt, zu rekonstruieren. Mit der Fallstudie will ich Eigenarten, Marotten, Ticks und besondere Verhaltensweisen sowie spezielle individuelle Bedürfnisse eines Kindes in täglichen Situationen im Umgang mit bestimmten Personen aufdecken und herausarbeiten.

Diese Informationen sind wichtig, weil wir uns bei der weiteren Förderung an diesen Erkenntnissen orientieren. Die Erstellung eines Förderplans muss auf diesen Erkenntnissen und Beobachtungsergebnissen aufbauen, wenn ich das Kind aus der

Zone seiner aktuellen Leistung in die Zone der nächsten Entwicklung führen und begleiten will. In der Forschungspraxis unterscheiden wir folgende vier Grundformen von Fallstudien, die sich jeweils nach dem Gegenstand der Untersuchung unterscheiden. Der untersuchte Fall ist

- eine Person (z.B. ein Kind in der Kindergartengruppe oder ein Schüler im 1. Schuljahr),
- ein Ereignis (z.B. ein Unfall auf dem Schulhof oder eine Schulfeier),
- ein Förderprogramm (z.B. die Analyse einer Fibel oder eines Förderprogramms zur Förderung der Sprache und des Sprechens),
- eine Einrichtung (z.B. der Vergleich der pädagogischen Arbeit des Kindergartens mit der der Grundschule).

5.5.1 Fallbeispiel Jessica

Persönlichkeitsmerkmale

Jessica ist fünf Jahre alt. Seit dem dritten Lebensjahr besucht sie den Kindergarten in Meisenheim. Für ihr Alter ist sie geistig und körperlich zurückgeblieben. Sie macht einen äußerst ungepflegten Eindruck und ist bei den anderen Kindern im Kindergarten nicht sehr beliebt. Durch kleine Geschenke versucht sie sich Freunde zu erkaufen. Sie ist ein sehr dankbares und anhängliches Kind, das versucht, die im Elternhaus fehlende Aufmerksamkeit im Kindergarten zu erlangen. Aufgrund ihrer großen Sprachschwierigkeiten versteht man sie kaum.

Situation im Elternhaus

Jessica lebt in erbärmlichen Umständen. Ihre Eltern haben sich getrennt, und sie lebt bei ihrer Mutter, die einen alkoholkranken Lebensgefährten hat. Der Vater hatte bisher keinen Kontakt mit dem Kindergarten. Jessicas Mutter und ihr Lebensgefährte sind beide arbeitslos und so lebt die Familie von Sozialhilfe. Jessica hat noch zwei Brüder, die beide älter sind als sie, der älteste ist 14 Jahre und der andere 8 Jahre alt. Die Familie besitzt kein Auto, deshalb müssen alle Einkäufe und sonstigen Aktivitäten mit dem Fahrrad oder zu Fuß erledigt werden. Mit dem Fahrrad wird Jessica auch in den Kindergarten gebracht.

Verhalten im Kindergarten

Im Kindergarten stört Jennifer sehr viel. Wenn z.B. im Sitzkreis etwas besprochen oder ein Buch vorgelesen wird, versucht sie durch Klamauk Aufmerksamkeit zu erlangen, um im Mittelpunkt zu stehen. Durch mangelndes Sprachverständnis und fehlende Motivation wird die Mitarbeit in der Gruppe erheblich erschwert. Deshalb hört sie nicht richtig zu. Arbeiten werden von ihr nur selten erledigt. Sie erfindet gerne Geschichten und erzählt Begebenheiten über die eigene Familie, die nicht immer der Wahrheit entsprechen. Außerdem wird sie von den Erzieherinnen als altklug beschrieben. Jennifer besucht den Kindergarten regelmäßig, aber leider nur vormittags.

Beobachtungsergebnisse und Befunde

Die Durchführung der Fitness-Probe (Günther 2003) mit den sieben Beobachtungsschwerpunkten hat folgende Erkenntnisse gebracht: Erhebliche Defizite bestehen bei Jessica im Sprachgedächtnis (Geschichte nacherzählen und Kindervers nachsprechen), Sprachverstehen (Verstehen verbaler Anweisungen und Fragen beant-worten), Aussprache einzelner Wörter (Probleme bei den Zischlauten, bei der Bildung von g, k, l, und r) und in besonderem Maße bei der phonologischen Bewusstheit.

Externe Fördermaßnahmen

Für Jessica wäre aufgrund ihrer großen Sprachprobleme eine spezielle Sprachtherapie in einer logopädischen oder sprachheilpädagogischen Praxis dringend notwendig. Doch die Einleitung dieser Fördermaßnahme scheiterte bisher am Elternwillen. Trotz mehrfacher Hinweise und Beratungsversuche seitens der Erzieherin haben Jessicas Eltern bisher keine Einsicht in die Notwendigkeit einer Förderung gezeigt.

Zusammenfassung der Ergebnisse

Jessica hat erhebliche Defizite hinsichtlich der metasprachlichen Voraussetzungen. Der Schriftspracherwerb ist erheblich gefährdet. Da notwendige Maßnahmen bisher nicht ergriffen worden sind, wird sie die Schule nicht besuchen können. Deshalb geht sie in den zuständigen Schulkindergarten, um die fehlende Schulfähigkeit zu erwerben.

5.5.2 Fallbeispiel Timo

Persönlichkeitsmerkmale

Timo ist sechs Jahre alt. Er ist für sein Alter recht groß und ein sehr lieber und hilfsbereiter Junge. Vor und nach der Förderung hilft er stets, Tische und Stühle zu holen, wenn welche gebraucht werden, und erledigt andere Aufträge gerne und zuverlässig.

Er kümmert sich um Kleinere in seiner Gruppe und benutzt kaum Schimpfwörter. Bei Spielen legt er sich sehr ins Zeug, denn Verlieren ist nicht seine Stärke. Außerdem möchte er gerne im Vordergrund stehen und übernimmt oft eine führende Rolle. Für sein Alter hat er ein gutes Allgemeinwissen und kann den anderen Kindern anschaulich Dinge erklären.

Da er sehr aktiv und »zappelig« ist, haben die Erzieherinnen anfangs eine Hyperaktivität vermutet. Dies wurde jedoch vonseiten des Kinderarztes und der Ergotherapeutin nicht bestätigt. Seine Nervosität drückt sich momentan in ständigem Mundwinkelreiben aus, zuvor in Fingernägelkauen und ständigem Blinzeln mit den Augen.

Situation im Elternhaus

Timo hat noch einen älteren Bruder, der elf Jahre alt ist. Die Familienverhältnisse sind intakt; ob den Eltern aber viel Zeit für die Kinder bleibt, ist fraglich, denn Mutter und Vater sind durch ein eigenes Geschäft ganztägig beschäftigt. Die Eltern machen einen netten Eindruck und engagieren sich im Kindergarten.

Timo guckt sich viel bei seinem Bruder ab. Nachmittags spielt er meist alleine oder mit seinem Bruder. Gleichaltrige Freunde außerhalb des Kindergartens hat er nicht, da in seiner Umgebung keine wohnen und seine Mutter nicht gerne andere Kinder einlädt. Deshalb spielt er zu Hause meist alleine mit Lego oder Konstrukter. Fernsehen schaut er eher wenig.

Verhalten im Kindergarten

Timo möchte gerne im Vordergrund stehen. Wird im Sitzkreis etwas besprochen oder werden Fragen an die Kinder gestellt, möchte er am liebsten alle alleine beantworten. Er schreit auch gerne. Daraufhin wurde das Hören bei ihm überprüft, doch das Hörvermögen ist intakt. Er ist sehr hilfsbereit und erledigt Arbeiten sorgfältig und zuverlässig. Durch seine mangelnde Konzentrationsfähigkeit muss er öfter einmal ermahnt werden, ruhig sitzen zu bleiben und nicht herumzuhampeln, bis seine Arbeit erledigt ist. Er lässt sich gerne von anderen Dingen ablenken.

Externe Fördermaßnahmen

Die Ergebnisse des von Erzieherinnen durchgeführten Frostig-Tests zeigten, dass Timo im Bereich Wahrnehmung auffällig ist. Auf Empfehlung der Erzieherinnen ging er ein Jahr lang einmal pro Woche zur Ergotherapie. Das tat Timo gut. Da noch mehrere Kinder aus dem Kindergarten zur Ergotherapie gehen, war es für ihn nichts Außergewöhnliches.

Zusammenfassung der Ergebnisse

Timo hat sich bei der zweiten Durchführung der Fitness-Probe etwas verbessert, trotzdem insgesamt die Probe erneut mit einem Minus absolviert. Er wird nach den Sommerferien dennoch die Schule besuchen.

Fazit

Eine Fallstudie bedeutet zunächst die Konzentration auf einen bestimmten und ausgesuchten Fall. Dieser Fall ist keine Abbildung der Realität, sondern der Versuch der Rekonstruktion der sozialen Wirklichkeit. Die Fallstudie ist eine Methode des biografischen Vorgehens, die dazu beiträgt, Eigenarten und spezielle individuelle Bedürfnisse von Menschen in bestimmten Problemsituationen aufzudecken. Damit wir den Kindern gezielt und intensiv helfen können, will die idiographische Methode das herausstellen, was das Kind in seiner augenblicklichen Situation an vielfältigen Hilfen braucht. Aus den Fallbeispielen sollen wir lernen, dass es wenig Sinn macht, alle Kinder mit dem gleichen Förderprogramm zu fördern. Jedes Kind braucht einen eigenen Förderplan!

5.6 Diagnostische Möglichkeiten

Bei diesen Überlegungen müssen wir uns zum einen von einem theoretisch und wissenschaftlich abgesicherten Erkenntnisstand und zum anderen von einem in der Hektik des Alltags machbaren, ökonomischen und praktikablen Prozedere leiten lassen. Dazu ist das Konzept der Förderdiagnostik bestens geeignet. Förderdiagnostik sieht nicht nur das Kind als Betrachtungseinheit, sondern auch die damit verknüpften Systeme wie Familie, Wohnareal, Kindergarten bzw. Schule und Gesellschaft. Förderdiagnostik orientiert sich bei ihrem Vorgehen nicht nur an den vorhandenen Defiziten und Mängeln, sondern an den Fähigkeiten und Kompetenzen des Kindes. Förderdiagnostik postuliert ohne Wenn und Aber die Verknüpfung von Diagnose und Förderung. Für die praktische Arbeit im Kindergarten und in der Grundschule ist daher eine »Kind-Umfeld-Diagnose« im Rahmen der Förderdiagnostik notwendig, die auf ökologischen und systemischen Erkenntnissen basiert. Eine solche Kind-Umfeld-Diagnose umfasst alle personalen, familiären, sächlichen und räumlichen Bedingungen im direkten und indirekten Umfeld des betroffenen Kindes. Der ökosystemische Ansatz sieht also nicht nur das sprechen lernende Kind im Mittelpunkt der diagnostischen Überlegungen, sondern legt großen Wert auf das Zusammenspiel von Personen und Kräften, die auf das Kind einwirken. Die Einwirkungen können sich im emotionalen, sozialen, sprachlichen, kognitiven und motivationalen Bereich niederschlagen. Je besser man das spezifische Kind-Umfeld-System kennt, umso besser und leichter kann man dem sprachauffälligen und sprechen lernenden Kind helfen. Eine so verstandene Förderdiagnostik orientiert sich am Kind und vermittelt Informationen über

- das aktuelle Lerngeschehen (Zone der aktuellen Leistung),
- die weitere Entwicklung (Zone der nächsten Entwicklung),
- das soziale Beziehungsnetz und
- die emotionale Befindlichkeit.

Förderdiagnostik in diesem Sinne hat die Aufgabe, das bisherige Verhalten und die bisherige Entwicklung zu erklären und das zukünftige Verhalten beim Erwerb der Erst- und Zweitsprache vorauszusagen. Dabei sollte die Erzieherin oder Lehrerin folgende Schritte bzw. Phasen der Diagnostik berücksichtigen:

5.6.1 Gespräche mit den Eltern

In der praktischen Arbeit mit sprachauffälligen Kindern hat sich bezüglich der Abklärung der bisherigen Entwicklung ein strukturiertes Gespräch mit den Eltern bewährt. Hierzu kann die folgende Liste als Leitfaden dienen:

- Sind bei der Geburt oder in der frühen Kindheit bereits Hör- oder Sehschäden festgestellt worden? (periphere Schädigungen)
- Liegen akute Erkrankungen der Ohren (Mittelohrentzündungen, operative Eingriffe an Polypen oder Mandeln) oder der Augen vor? (periphere Beeinträchtigungen)
- Wann hat das Kind gelallt und die ersten Wörter gesprochen? (Sprechbeginn)
- Bestanden bei dem Kind über einen längeren Zeitraum auffallende Sprach- oder Sprechschwierigkeiten? (Sprachstörungen)
- Ist das Kind logopädisch oder ergotherapeutisch behandelt worden? (bisherige Therapien)
- Kann das Kind bestimmte Wörter immer noch nicht richtig aussprechen? (Stammeln)
- Kann das Kind Verse, Reime, Gedichte und kleine Geschichten nur sehr schlecht behalten? (Gedächtnis)
- Hat das Kind Schwierigkeiten mit dem Singen, Klatschen oder Tanzen? (Rhythmus)
- Ist das Kind leicht ablenkbar? (Konzentration)
- Wie verlief bisher die Schreib- und Leseentwicklung im Kindergarten und in der Schule? (Kritzeln, Malen, Buchstaben abmalen und Namen schreiben)

5.6.2 Blick ins Vorsorgeheft

Hier lohnt sich der Blick in das Vorsorgeheft für Kinder, für die es neun kostenlose Vorsorgeuntersuchungen in den ersten fünf Lebensjahren gibt. Diese Vorsorgeuntersuchungen werden beim Hausarzt oder Kinderarzt durchgeführt, und sie sollen mögliche Auffälligkeiten, Störungen oder Krankheiten früh erkennen und notwendige Fördermaßnahmen im medizinischen, psychologischen und pädagogischen Bereich einleiten. Hier ist zu denken an die Möglichkeiten von Krankengymnastik, Physiotherapie, Ergotherapie, Logopädie oder Fördermaßnahmen im Rahmen der Frühförderung bei entwicklungsverzögerten Kindern. Bei diesen Vorsorgeuntersuchungen werden die organischen Voraussetzungen des Hörens und Sehens sowie die Sprache überprüft (vgl. Abb. 22).

Vorsorgeuntersuchung	Check
U 1 Geburt	Nach der Geburt werden Hautfarbe, Atmung, Muskeltätigkeit, Herzschlag und Reflexe überprüft.
U 2 3. bis 10. Tag	Alle Organe, die Reflexe und die Hüftgelenke werden untersucht.
U 3 4. bis 6. Woche	Reflexe, Motorik, Gewicht und Reaktionen werden untersucht. Ein erster Hörtest wird durchgeführt.
U 4 3. bis 4. Monat	Untersuchung der Hörfähigkeit, des Sehvermögens, der Hüftgelenke und des Nervensystems.
U 5 6. bis 7. Monat	Untersuchung von Hör- und Sehvermögen sowie des gesamten Bewegungsapparates.
U 6 10. bis 12. Monat	Untersuchung der geistigen Entwicklung der Sinnesorgane. Verstehen von Sprache und die Aussprache werden überprüft. Weiterhin wird untersucht, ob es krabbeln, stehen oder sitzen kann.
U 7 21. bis 24. Monat	Überprüfung der sprachlichen Entwicklung, Feinmotorik und Körperbeherrschung.
U 8 4. Lebensjahr	Alle Organe, die Bewegungsabläufe und die generelle Entwicklung werden untersucht. Organerkrankungen, Bewegungsstörungen, Seh- und Hörfehler, Sprachstörungen und Verhaltensauffälligkeiten sollen erkannt werden.
U 9 5. Lebensjahr	Alle Organe, Hör- und Sehfähigkeit, Sprachentwicklung und der gesamte Bewegungsapparat werden vor der Einschulung noch einmal untersucht.

Abb. 22: Vorsorgeuntersuchungen

Die Teilnahme an den kostenlosen Vorsorgeuntersuchungen beim Haus- oder Kinderarzt zeigt leichte Unterschiede. Während in der frühen Säuglingszeit die Untersuchungen stärker durchgeführt werden, nehmen an der U8 (3.–4. Lebensjahr) nur 81,5 Prozent und an der U9 (5. Lebensjahr) nur 79,3 Prozent teil.

In der folgenden Abbildung 23 wird die unterschiedliche Teilnahme an den Vorsorgeuntersuchungen noch einmal dokumentiert und mit aktuellen Zahlen belegt (vgl. Stadtverband Saarbrücken 2002, S. 25).

	Alle Einschulkinder		Reguläre Einschulkinder		Zurückgestellte Einschulkinder	
	Kinder	%	Kinder	%	Kinder	%
U1	3.064	98,7%	2.836	98,6%	228	99,6%
U2	3.055	98,4%	2.827	98,3%	228	99,6%
U3	2.995	96,5%	2.777	96,6%	218	95,2%
U4	2.971	95,7%	2.758	95,9%	213	93,0%
U5	2.890	93,1%	2.688	93,5%	202	88,2%
U6	2.849	91,8%	2.657	92,4%	192	83,8%
U7	2.768	89,2%	2.584	89,9%	184	80,3%
U8	2.531	81,5%	2.365	82,3%	166	72,5%
U9	2.461	79,3%	2.303	80,1%	158	69,0%
Kompletter Vorsorgestatus	2.032	65,5%	1.915	66,6%	117	51,1%
U8 und U9 durchgeführt	2.221	71,6%	2.088	72,6%	133	58,1%
U8 oder U9 durchgeführt	550	17,7%	492	17,1%	58	25,3%
Keine U8 und U9	333	10,7%	295	10,3%	38	16,6%

Abb. 23: Teilnahme an den einzelnen Vorsorgeuntersuchungen

5.6.3 Hörprüfung beim HNO-Arzt

In diesen Untersuchungen werden vom Facharzt (HNO-Arzt oder Phoniater) Sprachstörungen ausgeschlossen, die organische Ursachen wie Gehörlosigkeit oder Schwerhörigkeit haben. Bei diesen ärztlichen Untersuchungen werden die Hörweitenbestimmung durch eine so genannte Sprechabstandsprüfung und die audiometrische Bestimmung der Hörverlustwerte – gemessen in Dezibel (dB) – durchgeführt.

Die Sprechabstandsprüfung erfolgt mit Umgangs- und Flüstersprache und zeigt an, ob möglicherweise Hinweise vorliegen in Richtung reduzierte Hörfähigkeit oder gar Schwerhörigkeit. Gut bewährt haben sich in der Praxis die bekannte Flüsterprobe und der »Heidelberger Hörprüf-Bild-Test (HHBT)«. Diese Verfahren eignen sich insbesondere, um vor der Einschulung das Hören zu überprüfen und weitere notwendige audiologische Untersuchungen durchführen zu können.

Nach Braun (1999, S. 296) werden die audiometrischen Methoden bei Kindern folgendermaßen eingeteilt:

- Neugeborenenaudiometrie – ab der 1./2. Lebenswoche bis zum 3. Lebensmonat – wird in der Regel in einer Fachabteilung durchgeführt.
- Kleinstkinderaudiometrie – ab dem 3. Monat bis zum 2. Lebensjahr – bekannt unter dem Namen Reflex-, Verhaltens-, Orientierungsreaktionsaudiometrie und ERA.
- Kleinkinderaudiometrie – vom 3. bis 7. Lebensjahr – ist auch unter dem Begriff der Spiel- und Kinderaudiometrie bekannt.
- Schulkinderaudiometrie ist bekannt unter dem Namen Schwellenaudiometrie und Sprachaudiometrie.

5.6.4 Phoniatrische Untersuchung der Stimme

Wenn die Kinder Probleme mit der Stimme haben, ist eine phoniatrische Untersuchung des Kehlkopfes, des Rachens, der Sprech- und Singstimme notwendig, bei der die Funktionsfähigkeit von Atmung und Stimme untersucht wird.

Bei der Sprechatmung werden die Atmungsart (Bauch- oder Brustatmung), die Atemführung, die Ausatmungsdauer, mögliche Atemgeräusche sowie die Mund- und Nasenatmung überprüft.

Kriterien für die Beobachtung des auditiven Stimm-Status sind:

- der Klang der Stimme (heiser, behaucht oder rau),
- der Einsatz der Stimme (weich, hart, gepresst),
- der Umfang der Stimme (normal sind 1,5 bis 3 Oktaven),
- die Sprechstimmlage (bei Kindern und Frauen 200–250 Hz, bei Männern 100–150 Hz),
- der Stimmschallpegel (normale Umgangssprache 60–70 dB, leises Sprechen 40–50 dB und lautes Sprechen liegt bei etwa 70–80 dB),
- die Tonhaltedauer (normal etwa 15 Sekunden),
- die Stimmdynamik (zwischen leisestem und lautestem Ton der Stimme liegen normal 45 dB Unterschied) und
- die Konstanz der Stimmbelastung.

Weiterhin werden auch die musikalischen Fähigkeiten überprüft mit Aufgabenstellungen wie

- das Nachsummen von Tönen,
- das Nachsingen von Melodien,
- das Nachklatschen von Rhythmen und
- das Unterscheiden von Tönen und Klängen.

5.6.5 Beobachtung in der Gruppe oder in der Klasse

Die Beobachtung von Kindern zu Hause durch die Eltern, im Kindergarten durch die Erzieherin oder im Unterricht durch die Lehrerin ist die natürlichste und wohl am meisten verbreitete Methode überhaupt. Sie wird häufig unbewusst und ohne spezielle Ziel- oder Fragestellung eingesetzt, um Menschen zu bewerten und zu beurteilen. Die Beobachtung ist eine Methode der empirischen Forschung, die auf der Fähigkeit des Menschen zur visuellen Wahrnehmung und der kognitiven Interpretation des Wahrgenommenen basiert. Bei der Verhaltensbeobachtung unterscheiden wir drei Phasen:

1. Wahrnehmung des Verhaltens durch den Beobachter,
2. Beschreibung des beobachteten Verhaltens und
3. Beurteilung und Bewertung des Verhaltens.

Doch gerade bei diesen Wahrnehmungsprozessen unterliegen wir Menschen vielen Fehlern, denn unsere Wahrnehmung ist subjektiv und selektiv (vgl. Eberwein 1994, S. 9). Wenn zwei Erzieherinnen unabhängig voneinander sprachauffällige Kinder in ihrer Gruppe am Vormittag beim Spielen und Sprechen beobachten, kommen sie meist zu unterschiedlichen Beobachtungsergebnissen und Interpretationen. Zahlreiche situative Einflüsse wie Perspektive, Stimmungslage, Interesse an dem Problem und momentane Aufmerksamkeit können die Beobachtung erheblich verzerren. Je oberflächlicher, zufälliger und naiver eine Beobachtung ist, desto mehr Fehler schleichen sich bei der Datengewinnung und Auswertung ein. Daher sollte die Erzieherin ihre eigene Wahrnehmung kennen lernen, sich ihrer Bewertungsnormen bewusst sein und ihre Beobachtungsresultate immer wieder überprüfen. Die Beobachtung dient der Steuerung von Erziehungsprozessen, Lehr-Lern-Prozessen und bildet gleichzeitig die Grundlage für die Beurteilung der Kinder. Alle Daten und Fakten zur Beantwortung einer bestimmten Fragestellung beim Kind werden durch systematische, planvolle und zielgerichtete Beobachtung gewonnen. Zur Feststellung von Schwierigkeiten beim Sprechenlernen sollte die Beobachtung bestimmter Verhaltensweisen gezielt erfolgen und systematisiert werden. So gibt es im Bereich der Wahrnehmung beispielsweise eine Checkliste zum Hören, die zur Beobachtung von Kindern dient, die mit der Sprache und dem Sprechen Probleme haben.

Checkliste Hören
- Das Ausbleiben einer erwarteten Antwort oder auch die veränderte Reaktion auf bestimmte Geräusche oder sprachliche Aufforderungen.
- Eine äußerst angespannte und verkrampfte Aufmerksamkeitshaltung.
- Die so genannte Horchhaltung, d.h. seitliche Neigung des Kopfes mit zeitweise leicht geöffnetem Mund und möglicherweise hinter das Ohr gehaltener Hand.
- Ein umherirrender Blick des Kindes bei der Suche nach der Erwachsenenstimme.
- Schwierigkeiten bei der Differenzierung von Lauten und beim Aussprechen ähnlicher Laute oder Lautverbindungen wie /m/ und /n/ oder /g/ und /k/.
- Probleme beim rhythmisierten Sprechen von Kinderreimen und Quatschversen.
- Unpassend lautes und unmelodisches Sprechen beim Vortragen von Gedichten und anderen Texten.
- Unmusikalisches und falsches Singen einfacher Kinderlieder.
- Permanent anhaltende Unaufmerksamkeit und Interesselosigkeit auch bei interessanten Themen und Inhalten.
- Schwierigkeiten, einer Geräuschquelle zu folgen.
- Probleme, unterschiedliche Klänge und Geräusche bestimmten Signalen und Zeichen zuzuordnen.
- Bei einer lauten Geräuschkulisse halten sich die Kinder die Ohren zu oder reagieren aggressiv und gereizt.

(nach Leyendecker 1988)

Die Erzieherin oder Lehrerin kann bei sprachauffälligen Kindern weiterhin im Sinne einer grob orientierenden Überprüfung gezielt beobachten:

- die Artikulationsorgane wie Lippen, Kiefer, Gebiss, Zunge, Gaumen und Nase,
- die Zungen-, Lippen- und Kieferbeweglichkeit,
- die nasale Aussprache,
- die Koordination von Sprechatmung, Stimmgebung und Lautbildung,
- die prosodischen Anteile der Rede wie Klangfarbe, Melodie und Rhythmus und
- die Aussprache der Laute in freien Gesprächs- und Spielsituationen.

Abschließend müssen wir uns jedoch immer wieder vor Augen halten, dass eine objektive Beobachtung der Wirklichkeit nicht möglich ist. Zwei Probleme stehen bei jeder Beobachtung vor uns: Zum einen können wir immer nur kleine Wirklichkeitsausschnitte wahrnehmen, daher ist die Wahrnehmung selektiv. Zum anderen sehen wir die Wirklichkeit immer mit unseren Augen, daher ist die Wahrnehmung auch immer sehr subjektiv. Es handelt sich bei der Beobachtung immer um subjektive Erfahrungen und selektive Eindrücke. Wir müssen uns daher hüten, einzelne Beobachtungen zu verallgemeinern oder gar Persönlichkeitsmerkmale von diesen Beobachtungen abzuleiten. Die Verhaltensbeobachtung ist die wichtigste Form der pädagogischen Diagnostik, man sollte jedoch wissen, dass jede Beobachtung mit Fehlern behaftet ist. Die Qualität der Beobachtungsdaten hängt in erster Linie von der Exaktheit ab, mit der die beobachtende Erzieherin oder Lehrerin arbeitet. Beobachtungs- und Beurteilungsfehler stellen immer eine große Gefahr der subjektiven Verzerrung dar. Das Verhalten und die Leistung des sprachauffälligen Kindes hängen davon ab, welche Erwartungen Eltern, Erzieher/innen und Lehrer/innen in das Kind setzen. Wir können diese Fehler ein wenig reduzieren, wenn wir folgende Aspekte berücksichtigen:

- Die Beobachtung muss gut vorbereitet sein.
- Die Zielsetzung der Beobachtung muss exakt definiert werden.
- Exaktes und gründliches Beobachten ist wichtig.
- Details und Nebensächlichkeiten dürfen den Beobachter nicht ablenken.
- Das aktuell beobachtete Verhalten und mögliche Ursachen sind zu trennen.
- Die beobachteten Daten sind schriftlich in einem Protokoll festzuhalten.
- Es müssen bei der verbalen Beschreibung des Verhaltens eindeutige Begriffe benutzt werden, um später Missverständnisse zu vermeiden.
- Zwei Beobachter sollten unabhängig voneinander beobachten und beurteilen.

Grundsätzlich sollte die Verhaltensbeobachtung in offenen Spiel-, Gesprächs- oder Lernsituationen erfolgen, weil wir in diesen Situationen eher erfahren, wie Kinder miteinander umgehen, was ihnen wichtig erscheint, wie sie miteinander kommunizieren, wie sie Lernprobleme angehen und wie sie soziale Konflikte untereinander lösen.

5.6.6 Proben

Der aus dem englischen Sprachgebrauch stammende Begriff Test bedeutet so viel wie Probe. Damit können wir die Proben im weiteren Sprachgebrauch auch zu den Tests rechnen. Bei den bisher genannten Methoden der Diagnostik haben wir uns weitgehend auf natürliche Situationen gestützt. Proben werden eher in künstlich hergestellten Beobachtungssituationen eingesetzt, um bestimmte Funktionen und Fähigkeiten bei sprachauffälligen Kindern zu überprüfen und gezielt zu beobachten. Durch diese Proben werden die Praktiker in die Lage versetzt, Einsichten, Erkenntnisse und zusätzliche Informationen über das zu fördernde Kind einzuholen. Die Proben haben den Vorteil, dass sie praktikabel, leicht durchführbar und ökonomisch sind. Meist können diese Proben den Kindern in Form von Rätseln oder Spielen angeboten werden. Damit entsteht kein Testcharakter, und somit entfallen auch Angstzustände, Prüfungssituationen und Stressgefühle. In der Praxis mit sprachauffälligen Kindern haben sich folgende Proben bewährt:

1. Flüster-Probe

Die Flüster-Hörprobe ist ein grob orientierendes Verfahren zur Abklärung des peripheren Hörens. In dieser Probe geht es um die Erfassung der Reaktion des Kindes auf sprachliche Anforderungen bei verdecktem oder abgewendetem Gesichtsfeld.

Eine exakte Messung des peripheren Hörens ist nicht möglich; Hier geht es lediglich um die Ermittlung von Kindern, bei denen ein Verdacht auf eine Hörminderung besteht. Sollte ein auch noch so geringer Verdacht hörauffälligen Verhaltens bestehen, so muss das Kind unverzüglich einem HNO-Arzt oder gar einem Phoniater vorgestellt werden.

Verfahren:
Das Kind steht mit dem Rücken zum Prüfer. Das nicht zu prüfende Ohr wird jeweils zugehalten. Die Zusprache der Wörter erfolgt aus ca. 6 m Entfernung in Flüstersprache (Flüstersprache = Sprechen nach Ausatmung bei Erreichen der eigenen Hörschwelle). Die Prüfung besteht aus zwei Teilen.

Sprechhörprüfung I
Prüfer: Ich stehe hinter dir. Ich sage die Wörter vor, du sollst sie nachsprechen!
  Moos – Hut – Baum – Rad – Arm – Stiel – Hemd – Tier

Wenn die Hälfte der Wörter nicht verstanden wird und nicht nachgesprochen werden kann, besteht der Verdacht auf eine verminderte Hörfähigkeit. Ergibt sich jedoch eine gewisse Unsicherheit, so ist zusätzlich die Sprechhörprüfung II durchzuführen.

Sprechhörprüfung II
Prüfer: Ich stehe hinter dir. Ich spreche dir einige Wörter leise vor. Du sollst mir zeigen, was
  ich gesagt habe!
  Bein – Beil – Seil – Baum – Haus – Zaun

Wenn die Hälfte der Bilder nicht richtig gezeigt werden kann, besteht Verdacht auf Schwerhörigkeit.

2. Differenzierungsprobe

Die Differenzierungsprobe von Helmut Breuer und Maria Weuffen ist seit 1980 im Einsatz und wurde in dem Buch »Gut vorbereitet auf das Lesen- und Schreibenlernen« 1980 und 1993 in dem Buch »Lernschwierigkeiten am Schulanfang« veröffentlicht.

Einsatzbereich:
Kinder im letzten Kindergartenjahr und Schüler der 1. Klasse.

Verfahren:
Diese Probe versucht, sensomotorische bzw. wahrnehmungsbezogene Leistungen des Lesens und Schreibens bzw. metasprachliche Voraussetzungen für den Schrift-

spracherwerb in Form eines Screening-Verfahrens zu überprüfen und damit die förderbedürftigen Kinder noch vor Schuleintritt zu erfassen. Die DP besteht aus fünf kurzen Aufgaben zur Überprüfung der optischen, phonematischen, kinästhetischen, melodischen und rhythmischen Differenzierung. Sie wird als Einzeluntersuchung zu zwei unterschiedlichen Zeitpunkten im letzten Kindergartenjahr durchgeführt; Es gibt eine Erkundungs- und Kontrolluntersuchung. Diese Probe ist nicht normiert, da es sich um ein Screening-Verfahren handelt. Auswertungskriterien finden sich in der Handanweisung.

Bearbeitungsdauer:
Ca. 25 bis 30 Minuten als Einzeluntersuchung.

3. Diskriminationsprobe

Die Diskriminationsprobe der Schweizer Logopädin Grete Mottier ist seit 1974 im Einsatz.

Verfahren:
Als Diskriminationsprobe hat sich der Mottier-Test als Screening-Instrument in der alltäglichen Praxis bestens bewährt. Er untersucht schwerpunktmäßig die Fähigkeiten der auditiven Diskrimination und des auditiven Kurzzeitgedächtnisses. Der Test ist als Untertest im »Zürcher Lesetest« von Maria Linder und Hans Grissemann enthalten. Das Verfahren besteht aus einer Reihe von 30 Unsinnsilben aus je zwei bis sechs Silben in aufsteigender Reihenfolge. Die einzelnen Silben werden dem Kind bei gleichmäßiger Betonung mit verdecktem Mund einzeln vorgesprochen und sollen nachgesprochen werden. Für den Eingangsbereich der Grundschule liegen keine Normwerte sondern nur Erfahrungswerte vor. Ein Testergebnis von 12 Rohpunkten und weniger bei Kindern der ersten Klasse muss als unterdurchschnittlich betrachtet werden. Die Normwerte für das zweite bis fünfte Schuljahr sind im Zürcher Lesetest enthalten. Bei einem unterdurchschnittlichen Testergebnis kann entweder die auditive Lautdifferenzierung und/oder die auditive Merkfähigkeit beeinträchtigt sein.

Bearbeitungsdauer:
Ca. 10 Minuten.

4. Fitness-Probe

Die Fitness-Probe von Herbert Günther ist seit 2003 im Einsatz und kann im letzten Kindergartenjahr sowie in der ersten Grundschulklasse eingesetzt werden.

Verfahren:

Als Beobachtungsverfahren im letzten Kindergartenjahr, am Schulanfang und in der ersten Klasse hat sich dieses Verfahren in der praktischen Arbeit bewährt. Es dient zur Beobachtung und Einschätzung von Sprachgedächtnis, auditiver Wahrnehmung, Sprachverstehen, Malen/Schreiben, Aussprache einzelner Wörter, Konstruieren von Sätzen und phonologischer Bewusstheit. Diese Beobachtungsaspekte werden durch achtzehn Items abgedeckt. Das Verfahren wird als Einzeluntersuchung zu verschiedenen Zeitpunkten eingesetzt, um die eingeleiteten Fördermaßnahmen einschätzen zu können. Die Dokumentation mit dem Beobachtungsbogen soll bei der Einschulung des Kindes in die Grundschule eine Hilfe für die weiteren pädagogischen Planungen der Lehrerin sein.

Bearbeitungsdauer:
Ca. 30 Minuten.

Fazit
Diagnose und Förderung sind als untrennbare Einheit zu betrachten. Als wichtigste diagnostische Instrumente dienen dem Pädagogen die Anamnese (Gespräche mit den Eltern, der Erzieherin oder Lehrerin), die Exploration (wenn möglich auch Gespräche mit dem Kind über seine eigene Situation) und die Beobachtung mit entsprechender schriftlicher Fixierung und Dokumentation. Für den Schulanfang eignet sich die Fitness-Probe zur Beobachtung und Einschätzung von lautsprachlichen Fähigkeiten und schriftsprachlichen Erfahrungen des Kindes.

5.7 Fördermöglichkeiten

Da wir künftig die sprachpädagogische Förderung im Sinne des Paradigmenwechsels hin zum Subjektivismus, zur Eigenaktivität und zum Konstruktivismus verändern wollen, müssen wir auch neue Wege gehen bei der inhaltlich-konzeptionellen und organisatorischen Ausgestaltung unserer pädagogischen Arbeit im Alltag.

5.7.1 Sprachförderkonzepte

Für die weitere Arbeit hinsichtlich der Beobachtung eines Kindes, der differenzierten Analyse seines aktuellen Sprachentwicklungsstandes und den daraus abzuleitenden Konsequenzen für die zukünftige Förderung seiner Sprache und seines Sprechens brauchen wir eine breite und solide theoretische Grundlage. Wenn wir die letzten Jahrzehnte hinsichtlich der Förderpraxis kritisch betrachten, dann können wir folgende Sprachhandlungskonzepte in der praktischen Arbeit finden:

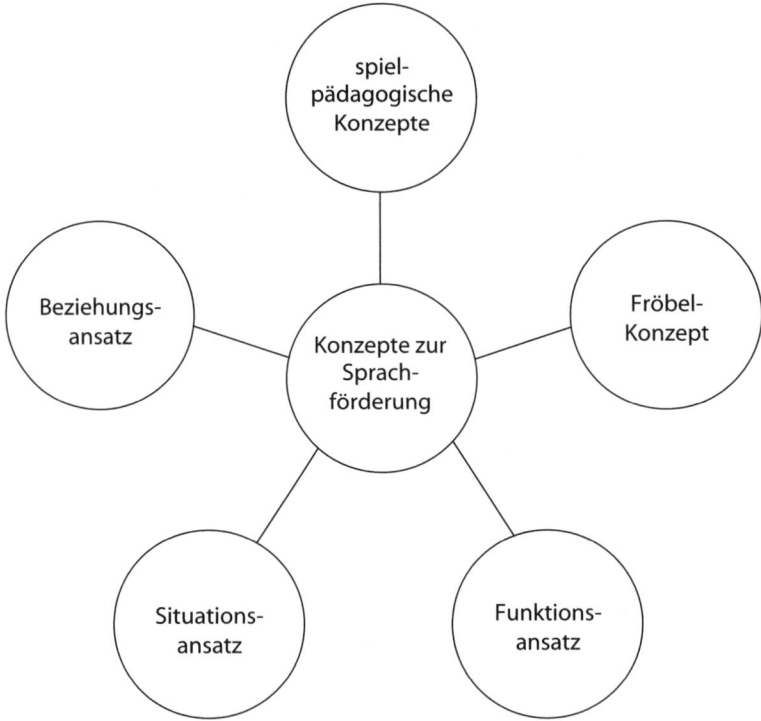

Abb. 24: Sprachförderkonzepte

1. Historischer Ansatz

Viele vorschulische und schulische Einrichtungen arbeiten nach dem historischen Ansatz von Fröbel (1782–1852), der in einer umfassenden Erziehungslehre wirksame Impulse für die Förderung der Sprache und des Sprechens geliefert hat. Viele Gedanken von Fröbel wie z.B. um das Spiel sind in unserem Alltag heute selbstverständlich, ohne dass es uns bewusst ist. So legt der Vater des deutschen Kindergartens großen Wert darauf, die Kinder durch »nachgehende« und »vorschreibende« Spiel- und Spracherziehung zu befähigen, »alles recht und richtig anzusehen« und »recht und richtig, bestimmt und rein zu bezeichnen« (Hoffmann 1961, 35). Die Kinder sollen durch die Eltern und Erzieherinnen in direkten »Anschau-Sprechübungen« sowie durch indirekte »Spielpflege« ermutigt werden, alles mit »seinem richtigen Namen, und jedes Wort in sich klar und rein nach seinen Bestandteilen: Ton, Laut und Schluss« zu benennen (Blochmann 1965, S. 31). Hier wird der heute noch moderne Gedanke geboren, keine isolierte und künstliche Sprachförderung, sondern eine ganzheitlich ausgerichtete Förderung zu betreiben, die alle Sinne mit einbezieht. Fröbel weist immer wieder auf die Anregungen durch entsprechendes Anschauungsmaterial hin, wie z.B. die Gegenstände und Dinge in der Natur, seine berühmten Spielgaben wie Kugel, Würfel, Walze in der Form von einem Ball, Bauklötzen und Säulen und Märchen- und Bilderbücher. Weiterhin hält er im Rahmen der Sprachförderung die Beschäftigung mit Reimen, Versen, Liedern, Finger- und Kreisspielen für unerlässlich. Durch diese Art der Sprachförderung sollen die Kinder über die Sprachfestigkeit und Sprachsicherheit hin zum Sprachbewusstsein und schließlich zur vollendeten Sprachkompetenz und Sprachklarheit geführt werden (Richter 1926, S. 91ff). All diese Anregungen und Hinweise beziehen sich auf die gesprochene Sprache – die Sprechsprache –, denn in der Schriftsprache sah Fröbel einen »gefährlichen Sprach-Abstraktor«, der den Blick für das Wesentliche verstellen kann (Richter, 1926, S. 91).

2. Reduktions-Konzept

In den 50er- und 60er-Jahren dominierte der Ansatz der sprachlichen Vereinfachung und Reduktion der Anforderungen. Die Sprache sollte vereinfacht den Kindern nahe gebracht werden. Komplizierte Sachverhalte wurden vereinfacht, ja manchmal sogar verniedlicht und dadurch entsachlicht, und sprachlich in einfache Sätze gebracht. Neben der Tendenz zur sprachlichen Vereinfachung kam das ständige Wiederholenlassen von Wörtern und Sätzen. »Sprich das Wort noch einmal laut und deutlich!« oder »Sprich bitte in einem ganzen Satz!« Über die Vereinfachung und Wiederholung sollte das Kind die Sprache und das Sprechen modifizieren und neu lernen. Darüber hinaus wurden diese und ähnliche Vorstellungen weiterentwickelt zu einer regelrechten Sprach-Spiel-Pädagogik, die man auch als »Einheits-Konzept« charakterisieren kann (Fried 2003, 52). Es handelte sich dabei im Wesentlichen um eine

Sammlung von tradierten Sprachförderritualen, wie z.B. um Singspiele, Bewegungsspiele oder Kinderreime, die mit allen Kindern gespielt, gesprochen und gesungen wurden. Geachtet wurde in dieser Konzeption auf die personalen, psychischen, emotionalen und motivationalen Faktoren, wobei die Sprachförderung stets eingebettet werden sollte in die pädagogische Gesamtsituation des Alltags. Diese Art der Sprachspielpädagogik hat sich im Wesentlichen bis in unsere Zeit hinein gehalten, denn auch heute noch zeigen die Beobachtungsstudien von Barres (1972), und Tietze (1998), dass die Sprachspiele aus der damaligen Zeit den Kern der Sprachförderaktivitäten heute noch ausmachen (vgl. Fried 2003, S. 52).

3. Funktionsansatz

In den 60er- und noch mehr in den 70er-Jahren geriet die gesamte Kindergartenpädagogik und damit auch die vorschulische Sprachförderung in die Kritik, weil die kindlichen Entwicklungspotenziale im Sinne von Maria Montessori nicht angemessen gereizt und entwickelt wurden. So erlebten wir in der praktischen Arbeit eine Wende hin zu den behavioristischen Lerntheorien und den soziolinguistischen Sprachtheorien im Sinne von Basil Bernstein und Ulrich Oevermann. Dabei wandte man sich verstärkt den sprachlich-kognitiven Aspekten der Sprachförderung zu (vgl. Schmalohr 1975). Diese funktionale Sprachförderung stützte sich auf verschiedene Spezial-Konzepte, die wiederum auf die unterschiedlichsten Funktionen abzielten. Es wurden regelrechte Curricula entwickelt und darauf aufbauend spezielle Trainingsprogramme herausgegeben, die meist auf eng umschriebene Aspekte von gesprochener und geschriebener Sprache zielten. In den vorschulischen Einrichtungen wurden regelrechte Kurse eingerichtet zur Förderung der Intelligenz, des frühen Lesens, der Wortschatzerweiterung und des frühen Fremdspracherwerbs (vgl. Fried et al. 1992). Um spezielle Funktionen gezielt fördern und trainieren zu können, wurden nach genauen didaktischen Vorgaben unter Einsatz ganz speziell entwickelter Bilder visuelle Differenzierungsübungen, Lautbildungsübungen, Wortschatztrainingsbausteine und Syntaxübungen durchgeführt. Im Blickpunkt dieser funktional ausgerichteten Sprachförderung standen die linguistischen Kategorien von Sprache. Die kommunikative und emotionale Seite der Sprache wurde allerdings stark vernachlässigt. Doch letztendlich haben sich diese funktionalen Ansätze in der Praxis nie ganz durchgesetzt. Dennoch erleben wir zurzeit eine Renaissance dieser verstärkt funktionsbezogenen Konzepte (vgl. Wode 1995; Huppertz 1999). Insbesondere auf den Schriftspracherwerbsprozess bezogen, gibt es eine Reihe von längsschnittlichen Wirksamkeitsstudien, die nach der Durchführung dieser Trainings längerfristige Erfolge erzielen. Ein aktuelles Beispiel für die Renaissance des Funktionsansatzes ist das Würzburger Trainingsprogramm zur Förderung sprachlicher Bewusstheit von Kindergartenkindern (vgl. Küspert/Schneider 2000).

4. Situationsansatz

Ende der 70er- und Anfang der 80er-Jahre dominierte die Konzeption des Situationsansatzes, der sich in der allgemeinen Kindergartenpädagogik durchgesetzt und speziell im Rahmen der Integration behinderter Kinder und Jugendlicher gute Erfolge erzielt hat. Dieses Handlungs-Konzept hat sich allmählich aus der Erprobungs- und Schonraumphase heraus entwickelt und ist zu einem dominanten Konzept herangereift, das sich allseits größter Beliebtheit erfreut (vgl. Fried et al. 1992). In diesem Konzept spielt das soziale Lernen eine herausragende Rolle, alle anderen Lernaspekte und Entwicklungsbereiche werden nachrangig behandelt (vgl. Fried 2003, 54). In Sprachförderkonzepten dieser Zeit spielt die linguistische Perspektive – also die spezielle Beschäftigung mit den Lauten, der Artikulation, dem Wortschatz und der Formen- und Satzbildung keine große Rolle. Im Mittelpunkt steht die gesprochene Sprache, die Kommunikationsfähigkeit des Kindes. Hier liegt der Schwerpunkt auf dem Spracherwerb, und zwar einerseits bei Kindern, die mit Entwicklungsauffälligkeiten in ihrer Muttersprache (Erstsprache) zu kämpfen haben und andererseits bei Kindern, die Probleme mit dem Erwerb der deutschen Sprache als Zweitsprache haben. Allerdings finden wir in all diesen Sprachförderansätzen, die sich am Situationsansatz orientieren, eine didaktische und methodische Weite vor, die in der Praxis zu einer sehr uneinheitlichen Sprachförderung mit sehr unterschiedlichen Schwerpunkten führt. Diese Ansätze zeichnen sich durch einen Leitliniencharakter aus, der zu einer pädagogischen Ohnmacht und Hilflosigkeit führt, weil sie vieles offen lassen und der persönlichen Ausgestaltung des Einzelnen überlassen. In diesem Konzept finden wir keine schlüssigen Ansätze zu einer Sprachförderung, die zum einen die kommunikative und präventive Seite betont und andererseits die linguistische Perspektive verstärkt in ihren Förderansatz aufnimmt. So ist es nicht verwunderlich, dass die Erzieherinnen nach mehr Informationen und Fortbildungsangeboten trachten (vgl. Sturzbecher 1998). Vielleicht ist es auch notwendig, die im Vorschulbereich tätigen Praktiker stärker für die sprachliche Förderung der Muttersprache, für die metasprachlichen Voraussetzungen hinsichtlich des bevorstehenden Schriftspracherwerbs und für die Förderung von Deutsch als Zweitsprache zu interessieren und zu sensibilisieren. Grundsätzlich betrachtet der Situationsansatz die sprachliche Vielfalt nicht als sprachliches und kulturelles Problem, sondern sieht darin eine Chance, Kinder in ihrer Heterogenität leben zu lassen und sie für alle Kinder positiv zu nutzen.

5. Beziehungsansatz

Mitte der 80er- und verstärkt in den 90er-Jahren erleben wir eine Wende hin zur kommunikativen Funktion der Sprache und eine Betonung der natürlichen Förderung der Sprache und des Sprechens, wobei emotionale und motivationale Aspekte sehr stark berücksichtigt werden. Ausgangspunkt ist die alltägliche Lebenspraxis des Kindes, in der sich seine Sprache und sein Sprechen bewähren müssen. Es sollen daher realistische Sprechanlässe geschaffen und Sprachräume im Alltag bereitgestellt werden, damit die Kinder erleben, dass sie ihre Sprache und ihr Sprechen zur Gestaltung des eigenen Lebens einsetzen können. Die kommunikative Kompetenz ist die Grundlage zur Sprachfähigkeit. Insbesondere im Dialog und im Gespräch untereinander erfolgen zwischen Kindern und Erwachsenen geistige Abstimmungen. Das Kind wird auf die Rolle des Hörers und des Sprechers vorbereitet. Es ist wichtig zu erkennen, dass geistige Absichten auch para- und nonverbal übermittelt werden, und zwar über Augenkontakt, Gesten, Gesichtsausdruck und Handlungen. Die interaktionistische Sichtweise betont die Beziehungsebene zwischen den Gesprächspartnern. Daher soll die beziehungsorientierte Sprachförderung nicht isoliert, sondern nur in einem bekannten Interaktionsrahmen erfolgen. Diese Konzeption favorisiert daher eine Team-Gruppen-orientierte Sprachförderung, wo gleichzeitig mehrere Erwachsene und mehrere Kinder sprachlich interagieren. Das Modell der Sprachganzheit nach Bindel und Günther bietet eine Vielzahl von Anregungen, die in der Sprachförderung angegangen und umgesetzt werden können. So finden wir im Rahmen

- der personalen Kompetenz Hinweise auf die Berücksichtigung des Interesses an der Sprache, an den Emotionen und Aktivitäten des Kindes beim Sprechen,
- der sozialen Kompetenz Anregungen zum Rollenverhalten, zum Dialog und der Kooperation,
- der kognitiven Kompetenz Hinweise zum Sprachverstehen, zur kognitiven Aktivierung und zur Fantasie,
- der kommunikativen Kompetenz Hinweise zum Erklären, Erzählen und zu den Sprechakten und
- der linguistischen Merkmale wichtige Anregungen zu den bekannten linguistischen Kategorien wie Grammatik, Lexikon und Syntax, aber auch zu den Aspekten Prosodie und Verstehbarkeit (Bindel/Günther 2002).

Sprachförderung erfolgt nach diesem Konzept nicht nur durch eine Output-Aktivierung in dem Sinne, dass die Kinder viel sprechen sollen, sondern basiert weitgehend auf einer Input-Intensivierung, d.h. die Kinder sollen Sprache und Sprechen persönlich und direkt erleben.

Ausgangspunkt der heutigen Förderpraxis ist die alltägliche Lebenswelt des Kindes, in der sich nun der Sprachgebrauch und das Sprachhandeln zu bewähren haben. Dennoch erleben wir sowohl bei der Diagnose als auch bei der Förderung eine unbegründete und traditionelle Vernachlässigung der rezeptiven Anteile der Sprache. Insbesondere das Verstehen von Sprache und Texten wird kaum gefördert, obwohl neuere Untersuchungen (Beitchman 1996) aufzeigen, dass das Sprachverstehen im Sinne der sprachlich-kognitiven Verarbeitung von Bilderbüchern von besonderer Bedeutung für den Schulerfolg ist. Die bisherige Konzentration der Förderung auf den sprachlichen Ausdruck, d.h. das Kind soll möglichst viel sprechen, muss unbedingt ergänzt werden durch die Intensivierung des Eindrucks von Sprache. Das Kind muss viel Sprache erleben und komplexe sprachliche Strukturen im Lebensalltag erfahren. Sprachliche Anregung sowie personale und zeitlich intensive Zuwendung, verbunden mit einem niveauvollen Aufforderungscharakter, fördern die sprachliche Tiefe und das Verstehen von gesprochener Sprache. Fördern bedeutet mehr als das bloße »Herumdoktern« an den sichtbaren und hörbaren Symptomen des Kindes. Die Betrachtungseinheit ist das Kind, das wiederum in vielfältige Lebensbezüge seiner Welt eingebettet ist. Das allzu enge, eingleisige und zu sehr spezialisierte Trimmen von Einzelfertigkeiten (vgl. Sandfuchs/Frotscher 2002, S. 30) greift zu kurz und verkennt die Komplexität des Gegenstandes. Der funktionsorientierte Zugriff auf das Kind ist durch eine themenorientierte und lebensbedeutsame Förderung zu ersetzen, weil hier vielfältige und neue Zugänge zu Personen und Dingen geschaffen werden. Hier gilt es nun, das gesamte Spektrum der Entwicklungsdimensionen, angefangen von Konzentration, Aufmerksamkeit und Ausdauer, über Sensomotorik, Körperkoordination, Gedächtnis, visuelle und auditive Wahrnehmung bis hin zur Unterstützung von Sprache, Sprechen und metasprachlichen Fähigkeiten in den Blick der Förderung zu nehmen.

5.7.2 Prinzipien der Förderung

Bei jeder Fördermaßnahme stellt sich der Pädagoge die Frage, wie die Maßnahme eigentlich organisatorisch ablaufen und inhaltlich gestaltet werden kann. Dabei sollte man auf gewisse Förderweisheiten zurückgreifen.

Kinder lernen leichter in der Gruppe
Die Einzelförderung reduziert die menschliche Kommunikation auf bestimmte soziale Ausschnitte und ist zudem eine eher künstlich strukturierte Situation, weil sie in dieser Konstellation im Alltag der Kinder keine große Rolle spielt und selten vorkommt. Die Förderung in einer Gruppe von Kindern und wenn möglich mit mehreren Erwachsenen – Erzieherinnen und Lehrerinnen – spiegelt dagegen eher die reale Wirklichkeit wider und muss daher Vorrang vor der Einzelförderung haben. Als sehr günstig hat sich die individualisierte Gruppenförderung erwiesen, d.h. die Kinder werden als Gruppe sozial, emotional und rhythmisch-musikalisch gefördert, wobei einzelne Kinder innerhalb der Gruppe wiederum individuell betreut werden.

Kinder brauchen Freiräume zum Probieren
Die sprachpädagogische Förderung muss die natürliche Lebenswelt der Kinder aufgreifen und alltägliche Sprach- und Sprechsituationen bereitstellen. Die Kinder brauchen Freiräume, um ihre sprachlichen Möglichkeiten ohne Zeitdruck, vorgegebene Strukturen und sofortige Korrektur ausprobieren, erleben und erfahren zu können. Fehler beim Sprechen müssen erlaubt sein, weil sie zur sprachlichen Entwicklung beitragen, sofern die Erzieherin oder Lehrerin fähig ist, die notwendigen

Konsequenzen für die didaktische und methodische Arbeit zu ziehen. Kopierte Arbeitsblätter zur Förderung der Kinder im Bereich Sprache und Sprechen als dem höchsten Bildungsgut des Menschen überhaupt sind daher keine Alternative und können nur in Ausnahme- und Einzelfällen akzeptiert werden.

Kinder im Nachdenken über Sprache fördern

In der sprachpädagogischen Arbeit wird zu sehr an der Oberfläche gearbeitet, d.h. an den hörbaren Elementen der Sprache. Das Denken in und mit der Sprache sowie das Nachdenken über die Sprache kommen einfach zu kurz. Daher ist es notwendig, die Ebene des gegenseitigen Verstehens und Zuhörens stärker in die praktische Arbeit einzubeziehen. Die kognitiven Prozesse beim Sprechen und die subtilen Vorgänge im Rahmen der geistigen Abstimmung der Gesprächspartner untereinander müssen stärker gesehen und noch stärker gefördert werden.

Kognitives Merkmal sprachauffälliger oder sprachschwacher Kinder ist eine passive und inaktive Haltung in der zwischenmenschlichen Kommunikation. Es fehlt an der inneren Bereitschaft, Fragen zu stellen, sprachliche Neugierde zu zeigen, Vermutungen zu äußern und Zusammenhänge zu erkennen und mitzuteilen. Wir müssen uns stärker als bisher damit beschäftigen, dass die menschliche Sprache eine geistige Tätigkeit der Repräsentation darstellt, mit der kognitive Zusammenhänge präsentiert werden sollen. Die Kinder sollen lernen zu denken, um sich danach anderen mitzuteilen. Die Formel heißt hier: »thinking for speaking«.

Kinder mit Alltagssituationen konfrontieren

Alle Kinder erschließen sich ihre unmittelbare Umwelt durch Handeln, Tun, Erproben und Experimentieren. Die Kinder sind immer dann besonders aktiv und engagiert, wenn sie aus einem persönlichen Antrieb und Bedürfnis heraus handeln. Daher macht es wenig Sinn, die Kinder aus ihren Lebens- und Spielzusammenhängen herauszureißen und sie mit didaktischen Materialien zu konfrontieren, die in der augenblicklichen Erfahrungswelt des Kindes keine Rolle spielen. Arbeitsblätter, Übungsprogramme und spezifische Fördermaterialien isolieren das kindliche Denken, seine Wahrnehmungen und vor allem die sozialen und emotionalen Hintergründe. Wenn wir die Sprache der Kinder nachhaltig nutzen wollen, dann dürfen wir ihnen keine Extraaufgaben stellen, sondern müssen die Alltagssituationen engagiert und leidenschaftlich aufgreifen. Die Pädagogen müssen sensibler werden in der Fragestellung, wann welche Kinder in ihrer Sprachentwicklung gefördert oder gehemmt werden. Aus der Sicht der Spracherwerbsforschung ist die Erkenntnis interessant, dass das Kind solche sprachlichen Äußerungen übernimmt, die es häufig hört und die für seine Wünsche und Bedürfnisse von Bedeutung sind.

Kinder systematischer und gezielter beobachten

Diagnostik wird leider immer noch als ein Vorgang verstanden, der zum einen nur von Spezialisten und Therapeuten wie Logopäden, Sprachtherapeuten, Sonderpädagogen und Psychologen und zum anderen zu Beginn einer Fördermaßnahme durchgeführt werden muss. Dieses Verständnis von Diagnostik wird hier nicht zu Grunde gelegt. Diagnostik muss durch den Begriff Förder-Diagnostik ersetzt werden, weil damit zum Ausdruck gebracht wird, dass Diagnostik kein einmaliger, sondern ein immer wiederkehrender Vorgang ist. Diagnostik und Förderung gehören zusammen und sind als untrennbare Einheit zu verstehen. Diagnostik steuert und verändert möglicherweise die durchzuführenden Förderprozesse beim Kind. Die Erzieherin kann im Rahmen der Diagnostik wichtige Aufgaben übernehmen. Sie kann und muss im Rahmen der Anamnese Gespräche führen über die bisherige, die aktuelle und die künftige Entwicklung des heranwachsenden Kindes, und zwar mit den Erziehungsberechtigten, weiteren Bezugspersonen und den Kolleginnen im Kindergarten und in der Schule. Darüber hinaus muss sie Situationen des Alltags bewusst und systematisch beobachten und in einem kurzen Protokoll – dies geschieht am einfachsten in tabellarischer Form – schriftlich festhalten. Hier wird der Name des Kindes, Tag und Uhrzeit sowie die Dauer der beobachteten Situationen dokumentiert. Die systematische Beobachtung bestimmter sprachlicher Äußerungen ist die wichtigste Datenquelle überhaupt.

Wir betreten mit diesem vernetzten Förderansatz die »praktische Spielwiese« der Pädagogen, der es ermöglicht, entsprechend den vorliegenden Förderbedürfnissen individuelle Förderangebote für die Kinder bereitzustellen. Wir müssen begreifen, dass wir mit den Kindern keine Übungsprogramme und fertigen Therapiekonzepte durcharbeiten sollen, sondern für das jeweilige Kind oder die jeweilige Gruppe geeignete Materialien und Anregungen aus dem Kinderalltag didaktisch und methodisch geschickt zusammenstellen. Eine rein funktionsorientierte Förderung im Sinne des dahinter stehenden Teilleistungskonzeptes wird hier nicht angestrebt. Die praktischen Erfahrungen der Kinder sind der »Motor« bzw. »Katalysator« ihrer persönlichen Entwicklung. Diese Erfahrungen können durch nichts ersetzt werden. Bereits im 19. Jahrhundert hat Pestalozzi das bekannteste Modell einer ganzheitlichen Erziehung und Bildung formuliert und postuliert. Lernen geschieht durch konkrete Anschauung, auf lebendiger Erfahrung und nicht auf leeren Worthülsen, künstlichen Begriffen und dem »Maulbrauchen«. Wir dürfen keine Übungsprogramme zur Sprachförderung nach dem Gießkannenprinzip über die Kinder stülpen in der Hoffnung, dass irgendetwas Gutes für die Kinder dabei ist. Wir müssen stärker als bisher differenzieren sowohl in der Kindergartengruppe als auch in der Schulklasse. Wir bieten dem Kind bzw. den Kindern je nach Förderbedarf ein eigens komponiertes oder arrangiertes »Menü« zur sprachpädagogischen Förderung an. Um jedoch eine individuelle und gezielte Förderung durchführen zu können, ist eine differenzierte Diagnose erforderlich. Dabei geht es nicht nur um spezielle Ebenen der Sprache wie Aussprache, Wortschatz und Grammatik, sondern insgesamt um die sprachlich-kommunikativen Fähigkeiten, die persönlichen Lernvoraussetzungen und familiären Sozialisationsbedingungen. Dabei sind wir

- *erstens* auf die bekannte Erfahrung angewiesen, dass Kinder auch von anderen Kindern lernen, wie z.B. kleinere Geschwister in der Familie von den größeren,

- *zweitens* auf die kollegiale Unterstützung in der jeweiligen Einrichtung, wie z.B. die Pädagogin als Sprachvorbild, und
- *drittens* auf die persönliche und fachliche Zusammenarbeit mit den Eltern, wie z.B. die Sensibilisierung und Kompetenzerhöhung der Erziehungsberechtigten auf Elternabenden für dieses so wichtige Thema angewiesen.

Eine isolierte Förderung nimmt Umwege in Kauf und führt nicht zum gewünschten Erfolg.

5.7.3 Beispiel einer Förderkonzeption

Die natürliche Sprachförderung im Kindergarten und in der Grundschule muss entwicklungsumfassend, beziehungsorientiert und fächerübergreifend praktiziert werden. Die Sprachförderung soll die derzeitigen sprachlichen Möglichkeiten der Kinder ausloten, die sprachlichen Potenziale anregen und weiterentwickeln. Sprachförderung ist gleichzusetzen mit sprachlichem Handeln oder »Sprach-Handeln« als Ausgangspunkt für das tägliche Umgehen miteinander in sprachlichen Situationen, wobei der Beziehungsebene eine herausragende Stellung und Rolle zugedacht wird.

An der Nahtstelle zwischen Kindergarten und Grundschule stehen wir einer besonderen Herausforderung gegenüber. Die Kinder sollen im Kindergarten – insbesondere im letzten Kindergartenjahr – fit gemacht werden für die Schule. Die Kinder sollen in allen wichtigen Entwicklungsbereichen wie

- in der sensomotorischen Basis, dazu gehören die Motorik (Grob-, Fein-, Sprechmotorik) sowie die Wahrnehmung (Hören, Sehen, Fühlen, Riechen, Schmecken, Gleichgewicht),
- in der geistigen Entwicklung, dazu gehören die Förderung des Denkens, der Kreativität und Fantasie sowie die Ausbildung der intellektuellen Fähigkeiten im nonverbal-handlungsorientierten und verbal-sprachlichen Bereich, aber auch die metasprachlichen Fähigkeiten wie das Nachdenken über die gesprochene Sprache,
- in der sprachlichen Entwicklung, dazu gehören die Sprechfreude, das Verstehen von Sprache, die Ausweitung des kindlichen Wortschatzes, die deutliche Aussprache und die korrekte Bildung von Sätzen, und
- in der psychosozialen Entwicklung, dazu gehören die innere Ausgeglichenheit, das psychische Wohlbefinden, eine tolerante Haltung, das voneinander Lernen und die Fähigkeit, Konflikte verbal auszutragen,

so weit gefördert sein, dass sie die notwendige Schulreife – oder wie man heute sagt Schulfähigkeit – mitbringen, um den Anforderungen der Grundschule vom ersten Tage an gerecht zu werden. Doch es gibt eine Reihe von Kindern, die diesen Ansprüchen nicht genügen. Sie zeigen erhebliche Probleme in den oben genannten Entwicklungsbereichen, insbesondere im Bereich der Kommunikation, dem Sprachverstehen, der Symbolfähigkeit, der Sprache und dem Sprechen sowie der phonologischen Bewusstheit als einer wichtigen Vorläuferfertigkeit für das Lesen und Schreiben.

Die epidemiologischen Ergebnisse aus den jugendärztlichen Untersuchungen des Gesundheitsamtes des Stadtverbandes Saarbrücken zeigen, dass 25 Prozent der Schulanfänger Probleme mit dem Verstehen der gesprochenen Sprache und dem eigentlichen Sprechen haben (vgl. Stadtverband Saarbrücken 2002, S. 35). Insbesondere die Sprachbewusstheit, das bewusste Nachdenken und Reflektieren über die linguistischen und sprecherischen Einheiten wie Satz, Wort und Silbe sowie die phonologische Bewusstheit, also das bewusste und intensive Nachdenken über die Position (Anlaute, Inlaute, Auslaute), die Anzahl und Reihenfolge der Laute in einem Wortkontinuum bereiten einigen Vorschulkindern noch erhebliche Probleme. Gerade aber das Sprachbewusstsein (Text, Satz, Wort und Silbe) und die phonologische Bewusstheit (Position, Anzahl und Reihenfolge der Laute) müssen bei einigen Kindern nachgebessert und intensiv im letzten Kindergartenjahr gefördert werden.

Wenn ein Kind mit sechs Jahren den Kindergarten verlässt und in die erste Klasse der Grundschule eingeschult wird, dann wird erwartet, dass es gut spricht. Das Lesen- und Schreibenlernen beginnt. Die Grundlage dafür ist die gesprochene Sprache des Kindes. Das leuchtet ein, denn ein Kind kann nur die Buchstaben und Wörter richtig lesen, die es auch deutlich aussprechen kann. Es kann das sinnvolle und verstehende Lesen nur lernen, wenn es die Wörter und ihre Bedeutung kennt. Es kann das Gelesene nur verstehen, wenn es auch die gesprochene Sprache gut und schnell versteht. Dies gilt in gleichem Maße für das Schreiben, denn Schreiben bedeutet mehr als nur Buchstabenformen abzumalen und aneinander zu reihen. Das Geschriebene muss verstanden werden, sonst macht es wenig Sinn. Auch das spätere Aufsatzschreiben gelingt nur, wenn ein Kind die Sätze richtig konstruieren kann, wenn es den Zusammenhang begreift und eine logische Reihenfolge herstellen kann. All diese sprachlichen Fähigkeiten lernt ein Kind im Elternhaus und im Kindergarten. Das Rüstzeug für die geschriebene Sprache ist das Sprechen. Daher ist die beste Vorbereitung auf das Lesen- und Schreibenlernen der Umgang mit den Wörtern und das Gespräch im Elternhaus oder im Kindergarten. Zahlreiche internationale und nationale Untersuchungen zeigen, dass gute Leser meistens aus Familien kommen, in denen das Gespräch gepflegt und in denen das Lesen und der Umgang mit Büchern von den Eltern gepflegt werden. In jüngster Zeit hat die Veröffentlichung der PISA-Studie ebenfalls auf diese Aspekte aufmerksam gemacht. Im Rahmen der frühen Lesesozialisation werden vor allem das Wissen über die Funktion des Lesens und Schreibens sowie metasprachliche Kompetenzen vermittelt. Von besonderer Bedeutung ist dabei die Form der Kommunikation zwischen Eltern und Kindern. Sie ist besonders wertvoll, wenn Gedanken ausgetauscht werden, d.h. das Denken wird angeregt und gefördert. Das Kind lernt Sprache als Instrument des Denkens zu benutzen (Wygotski 1969). Besondere Aufmerksamkeit gilt dabei der Interaktion zwischen Eltern und Kind in der Vorlesesituation bzw. dem gemeinsamen Betrachten eines Bilderbuchs. Keine Alltagssituation ist für den Spracherwerb so ergiebig und wertvoll wie die Vorlesesituation und das gemeinsame Betrachten eines Bilderbuchs.

Die Sprache der Eltern beim gemeinsamen Betrachten eines Bilderbuchs ist viel elaborierter und differenzierter als in sonstigen Spiel- und Gesprächssituationen mit dem Kind (vgl. Deutsches PISA-Konsortium 2001, S. 74). Wichtig scheint mir allgemein auch der Hinweis, dass das Kinderbuch als eine Brücke zu betrachten ist zwischen der gesprochenen und geschriebenen Sprache. Hurrelmann (1994) spricht vom Schaukelstuhl zwischen Mündlichkeit und Schriftlichkeit. Insgesamt kommt dem Umgang mit dem Buch höchste Bedeutsamkeit im Rahmen der frühkindlichen Lesesozialisation zu. Kinderliteratur funktioniert dabei wie ein interaktives Medium, bei dem die Eltern und Kinder im Rahmen eines Dialogs die Bedeutung des Textes gemeinsam »aushandeln«. So gesehen schließt sich dieser Vorgang des Aushandelns an die natürliche Sprache innerhalb der Familie an. Bei diesem Aushandeln orientiert sich das Kind zunächst an den kompetenten Eltern und macht dabei die Erfahrung, dass man sich beim Verstehen von Texten in Märchen und Bilderbüchern auf unterschiedliche Vorstellungen einlassen kann. Die gesprochene Sprache übernimmt dabei die Funktion des Herauslösens aus einem primär an Handlungen und unmittelbar sichtbare Tätigkeiten gebundenen Kontext. In den Prozess des behutsamen Wegbringens von realen Situationen – man bezeichnet diesen Vorgang als »Dekontextualisierung« – werden in der Eltern-Kind-Interaktion zunächst immer wieder inhaltliche Bezüge und sachliche Querverbindungen zur Erfahrungswelt des Kindes hergestellt. Über die Thematisierung anderer realer Situationen wird dann nach und nach eine allmähliche Herauslösung aus dem Kontext erzielt. Durch das Herauslösen von Wörtern aus konkreten Handlungen bilden sich dabei allmählich für das Kind neue Konzepte und Schemata heraus (vgl. Christmann/Groeben 1999; Oerter 1999).

Die praktische Arbeit in den vorschulischen und schulischen Einrichtungen konnte mit diesen rasch wechselnden theoretischen Einsichten und neueren Erkenntnissen nicht folgen. Die Dominanz einer vereinfachenden, reduktionistischen und normorientierten Förderung im Bereich der Sprache und des Sprechens ist bis heute dominant geblieben. Die kommunikativen Aspekte, das Verstehen und Verarbeiten von Sprache, das Hörverstehen im Bereich der Zweitsprache, eine kindlich aktive und konstruierende Förderung in den Kindertagesstätten und Grundschulen werden kaum bedacht. Immer noch ist die Korrektur zum richtigen Satz hin wegweisend, die Erweiterung des Wortschatzes soll langsam voranschreiten, Inhalte sollen reduziert, die Lehrersprache vereinfacht und einfache Satzmuster bei den Kindern gefördert werden. Die richtige sprachliche Endform als das anzustrebende Ziel ist und bleibt in den Köpfen der Pädagogen. Lernschritte werden geplant, strukturiert und überprüft. Die linguistische Analyse, die arbeitsblattorientierten Übungen und ein kaum zu übertreffender Perfektionsanspruch beherrschen die Förderung. Die neue beziehungsorientierte und systemische Zielrichtung ist nicht die »keimfreie«, normangepasste und formopportune Sprache, sondern die persönliche, schulische und berufliche Kommunikationsfähigkeit. Die Kinder sollen fähig sein, im Sinne einer Wohlfühlsprache ein Erlebnis wiederzugeben, eigene Gefühle, Wünsche und Interessen zu formulieren, eine Konversation zu führen, ein Bilderbuch zu besprechen und ein Märchen zu erzählen.

Mit dieser Sprachförderkonzeption werden drei zentrale Botschaften vermittelt:

1. Sprache und Sprechen sollen im Alltag und nicht in besonders bereitgestellten künstlichen Situationen und eigens präparierten Räumen gefördert werden.
2. Sprache und Sprechen sollen verstärkt die kindliche Kreativität anregen und das Nachdenken über die Sprache fördern.
3. Sprache und Sprechen können nur kindorientiert und unter Einbeziehung aller direkten und indirekten Bezugspersonen gefördert werden (vgl. Günther 2003).

Das soziale Netz der Beziehungen und Interaktionen, das verbale und nonverbale Kommunikationsverhalten, der kognitive Sprachgebrauch und die Sprechfertigkeiten sind die Eckpfeiler dieser Förderkonzeption. Als Konsequenz aus dem bisher Gesagten möchten wir folgende Ebenen in ein *vernetztes Sprachmodell* aufnehmen.

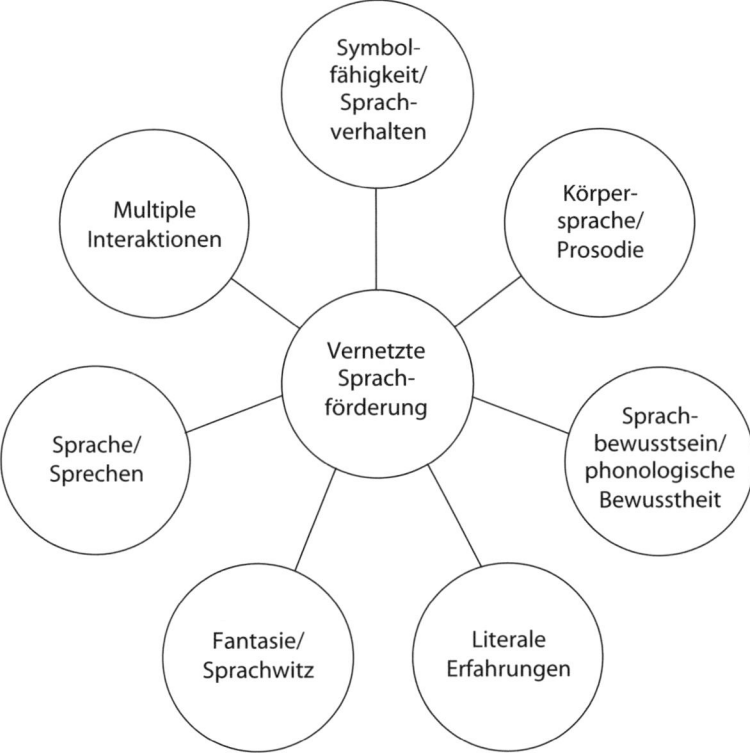

Abb. 25: Vernetzte Sprachförderung

1. Ebene: Lebendige und multiple Interaktionen

Hier geht es darum, lebendige und multiple Interaktionen verstärkt anzubieten, d.h. das Netz der sozialen Beziehungen behutsam zu erweitern. Das Kind braucht Informationen und Wissen von seinem Gegenüber; es muss ein Modell des Partners erwerben. Das Kind lernt seinen Partner einzuordnen, einzuschätzen, seine Absichten zu erkennen und auch die Erfahrung zu machen, wie es mit seinen sozialen Partnern auskommt. Empathie, Kooperation, intensive Beziehung zu anderen und ein kindgemäßes Rollenverhalten sind wichtige Grundlagen für den weiteren Spracherwerbsprozess.

2. Ebene: Symbolfähigkeit und Sprachverstehen

Das Kind erwirbt sehr schnell über die Körpersprache und Prosodie die Fähigkeit, die Sprache und das Sprechen seiner Mutter und anderer enger Bezugspersonen zu verstehen. Kinder müssen zunächst Symbole erkennen, Signale interpretieren und Zeichen verstehen. Das Sprachverstehen spielt die entscheidende Rolle bei den ersten kindlichen Dialogerfahrungen mit seiner Mutter und ist die Basis für den weiteren Verlauf des Spracherwerbs. Sprache als geistige Strukturierung wird vor allem über das Sprachverstehen erworben.

3. Ebene: Körpersprache und Prosodie

Die Sprache und das Sprechen sind bereits sehr differenzierte Formen der menschlichen Kommunikation. Als Vorläufer und Urform der menschlichen Sprache müssen wir die Körpersprache betrachten, die im weiteren Verlauf des Spracherwerbs zu einem ständigen Begleiter wird. Gerade bei sprachschwachen, sprechscheuen oder zugewanderten Kindern ist die Körpersprache in Verbindung mit Klanggestalt und Sprechmelodie in vielen Situationen die einzige Chance, mit diesen Kindern in Kommunikation zu treten.

4. Ebene: Sprache und Sprechen

Wichtig ist die Unterscheidung in Sprache und Sprechen, weil sich das Sprechen als sprechmotorische Fertigkeit vor dem Gebrauch des Systems Sprache entwickelt. Während es beim Sprechen um die Bildung von Lauten und Wörtern geht, konzentriert sich der Sprachgebrauch auf geistige Abläufe und bewusste Lernprozesse bei der Ausformung von Gedanken, Formulierung von Erlebnissen und in der Wahl der Worte.

5. Ebene: Fantasie und Sprachwitz

Die geistige Entwicklung und Ausdifferenzierung erfährt ihren Niederschlag in der Sprache. Das Denken des Kindes als innere geistige Aktivität kommt vor der äußeren und hörbaren Sprache. Das Kind macht seine Sprache zum Medium seines Denkens. Die Ausbildung des Denkens, die Förderung von Kreativität, die Anregung der sprachlich-geistigen Fantasie sowie von Sprachwitz gehören daher zu einer wichtigen Weiterführung der sprachlichen Entwicklung. Gleichzeitig werden durch den fantasievollen und witzigen Umgang mit Sprache wie Humor, Klamauk, Unsinn, Witzen und Lügengeschichten wichtige Voraussetzungen hinsichtlich der Entwicklung der metasprachlichen Fähigkeit gelegt.

6. Ebene: Literale Erfahrungen

Mit dem Begriff der literalen Erfahrungen oder der Literarisierung sind die vielfältigen und teilweise sehr unterschiedlichen präliteralen Erfahrungen der Klein- und Vorschulkinder gemeint. Die Vorbereitung auf das Lesen und Schreiben beginnt im Elternhaus und wird im Kindergarten weitergeführt. Die literalen Erfahrungen des Schriftgebrauchs führen die Kinder unbewusst in die Welt der Schrift. Wenn Klein- und Vorschulkinder zusehen, wie die Eltern und Geschwister mit Zeitungen, Büchern und Briefen umgehen, übernehmen sie diese literalen Praktiken. Daher ist das Vorlesen aus Büchern sowie das Betrachten von Bilderbüchern der Beginn der literarischen Sozialisation. Literarisierung meint das Umgehen mit Märchen, Erzählungen und Bilderbüchern.

7. Ebene: Sprachbewusstsein und phonologische Bewusstheit

Im Rahmen des kindlichen Spracherwerbs und der früh einsetzenden Hinführung in die Schriftkultur wird das Kind mehr und mehr mit den linguistischen Strukturen vertraut. Das Kind erwirbt jetzt die Fähigkeit, zwischen dem Inhalt des Gesagten und der äußeren und hörbaren sprachlichen Form zu unterscheiden. Das Kind entwickelt ein Konzept für das sprachliche Bewusstsein. Eine Weiterführung und Ausdifferenzierung des Konzeptes Sprachbewusstsein ist die phonologische Bewusstheit, die sich schwerpunktmäßig mit der linguistischen Einheit beschäftigt. Sowohl das Sprachbewusstsein als auch die phonologische Bewusstheit im Speziellen und übergreifende metasprachliche Fähigkeiten werden als wichtige Vorläufer für das Lesen und Schreiben betrachtet.

5.7.4 Thesen zur Förderung

Die Fallbeispiele haben uns noch einmal die Augen geöffnet, vor welchen Herausforderungen wir stehen. Diese Beispiele verdeutlichen die große intra- und interpersonelle Heterogenität. Zum einen haben wir es meist mit sehr komplizierten, oft nicht durchschaubaren Fällen zu tun, d.h. die Verflechtung der ausgereiften und defizitären Entwicklungsbereiche lässt uns oft nicht zu einem einheitlichen, logischen und Erfolg versprechenden Förderansatz kommen. Zum anderen ist kein Fall auch nur annähernd mit dem anderen vergleichbar, weil die Individualität – gemeint ist die Einzigartigkeit und Unteilbarkeit des Menschen – dies nicht zulässt. Von daher muss uns jede spezielle Förderung, die sich nur einen Teilaspekt herausgreift, stutzig machen. Wir müssen uns immer öfter die Frage stellen, ob diese Spezifizierungstendenz und Therapiesucht den kindlichen Problemen angemessen ist. Jeder Mensch lernt sprechen, genauso wie er laufen, klettern und Rad fahren lernt. Der Mensch ist existenziell auf seine Sprache angewiesen. So lernt das Kind mit Deutsch als Muttersprache sprechen, auch wenn es im Zuge seiner Entwicklung sprachliche Auffälligkeiten, Störungen oder gar Behinderungen aufweist. Ebenso lernt das türkische Kind mit Deutsch als Zweitsprache im Rahmen seiner Möglichkeiten die deutsche Sprache. Wie der Mensch nun seine Sprache – ganz gleich ob Muttersprache oder eine Zweitsprache – erwirbt, wird durch seinen Lebenslauf und seine Sozialisation in einer Weise und Intensität bestimmt, über die sich die meisten gar nicht im Klaren sind. Ob die Kinder in einer Sprachgemeinschaft aufwachsen, die für ihre Sprachentwicklung günstig ist, ob sie ein entsprechendes sprachliches Angebot vorfinden, ob die Kinder die notwendigen Antworten auf ihre kindlichen Fragen erhalten, das können die Kinder sich nicht aussuchen. Welche Sprache, welche Varietäten einer Sprache, welche verschiedenen Sprachen sie auf diese Weise lernen, das können sie nicht selbst bestimmen.

These 1: Sprache ist ein permanenter Lern- und Entwicklungsprozess
Der Erwerb der Erstsprache und der Zweitsprache Deutsch ist ein Lernprozess, wobei wir Lernen verstehen als einen selbst gesteuerten Vorgang. Die Mutter, die Erzieherin und die Lehrerin sollen die Kinder zum Sprechenlernen anregen, hinführen und anleiten. Dabei müssen wir mehr als bisher die Zwischenstufen dieser Entwicklung kennen, das Fehlermachendürfen zugestehen und die Lebensbedeutsamkeit von Sprache und Sprechen herausstellen.

These 2: Sprache ist existenziell notwendig
Förderung von Sprache und Sprechen ist eine existenzielle Notwendigkeit und die erste, wichtigste und zentrale Aufgabe von Elternhaus, Kindergarten und Schule. Die Betonung liegt auf allen drei Sozialisationsinstanzen. Wenn eine oder gar zwei dieser Einrichtungen ausfallen und versagen, kann die sprachliche Entwicklung nicht in geordneten Bahnen ablaufen, und es kommt notgedrungen zu Sprachschwierigkeiten auf den unterschiedlichsten Ebenen wie Wortschatz (Lexik/Semantik), Aussprache (Artikulation), Grammatik (Syntax/Morphologie) und Pragmatik (Kommunikationsfähigkeit).

These 3: Sprache braucht keine künstliche Motivation
Die Motivation zum Erwerb der menschlichen Sprache muss beim Kind nicht künstlich erzeugt werden durch methodische Tricks, pädagogische Kniffs oder therapeutische Showeinlagen. Wir brauchen beim Spracherwerbsprozess weder Artefakte noch eine Schonraumatmosphäre mit Treibhauseffekten, wie wir sie teilweise in speziellen Therapieformen vorfinden. Die Motivation ist als gegeben und natürlich vorauszusetzen, es sei denn, Mitmenschen haben diese Motivation zerstört.

These 4: Das Fragen ist der Motor des kindlichen Spracherwerbs
Der Motor des kindlichen Spracherwerbs ist die Neugier und das Fragen des Kindes. Aufgabe der Pädagogen und Eltern ist es nicht nur, die gestellten Fragen anzuneh-

men, aufzugreifen, ernst zu nehmen und altersgemäß zu beantworten, sondern auch die Kinder zum weiteren Fragen zu ermuntern und ihre Einstellung und Haltung zum Fragenstellen zu stärken.

These 5: Sprache ist das Produkt der eigenen Lebensbiografie

Ausgangspunkt jeder Förderung von Sprache und Sprechen ist die sprachliche Biografie der einzelnen Kinder. Das bedeutet, dass wir die emotionalen und sozialen Rahmenbedingungen, die sprachlichen Vorbilder und Korrekturmechanismen beobachten, kontrollieren, überprüfen und entsprechend korrigieren müssen. Wir müssen die Kinder sprachlich dort abholen, wo wir sie in unsere Hände bekommen, und dort hinbringen, wo ihre Möglichkeiten und Fähigkeiten liegen.

These 6: Sprache braucht Erwachsene, aber noch mehr die Kinder

Die Förderung der Sprache und des Sprechens geschieht nicht nur durch die Erwachsenen (Eltern, Erzieherinnen und Lehrerinnen), sondern in gleichem Maße – in manchen Fällen sogar in noch größerem Umfang – durch die anderen Gruppenmitglieder oder Mitschülerinnen. Die Sprachgemeinschaft der Kindergartengruppe und die heterogene Sprechergruppe der Klasse bieten vielfältige und durch nichts zu ersetzende Anregungen.

These 7: Sprache ist immer und überall möglich

Sprachförderung geschieht im alltäglichen, natürlichen und für die Kinder lebensbedeutsamen Tagesgeschäft in Elternhaus, Kindergarten und Schule, also im Umgang mit Sachen und Personen, und zwar in der sprachlichen Verarbeitung von Erfahrungen, Erlebnissen, Emotionen und Erkenntnissen. Die enge Anbindung an spezielle Fördermaßnahmen und Übungsprogramme ist nicht notwendig. Sprachförderung ist überall möglich und in jeder Hinsicht unabhängig von speziellen Materialien oder Förderprogrammen. Die das Kind umgebende Umwelt und der natürliche Lebensraum bieten ausreichende Anreize, Anregungen und Fördermöglichkeiten für die Sprache und das Sprechen.

These 8: Sprache braucht sprachliche Vielfalt

Sprachförderung darf sich nicht auf die Vermittlung der Standardsprache, der Hochsprache, der Schulsprache beschränken, sie berücksichtigt auch andere Varietäten wie den Dialekt, die regional gefärbte Umgangssprache oder die Fachsprache. Die Leistungen und Fähigkeiten dieser Sprachvariationen sind in spezifischen Situationen bzw. in Rollenspielen deutlich und erlebbar zu machen. Es ist keine Schande, wenn die Kinder in ihrer Freizeit Dialekt, in der Schule und in öffentlichen Situationen wie auf Behörden Standarddeutsch sprechen.

These 9: Von der Sprache zur Grammatik

Die grammatikalisch korrekte Sprache wird von den Kindern nicht dadurch erworben, dass Eltern und Pädagogen die Kinder immer wieder zum richtigen und schönen Nachsprechen anhalten. Wenn wir auf den Zusammenhang und das Verhältnis von Sprache und Grammatik bzw. Grammatik und Sprache eingehen, dann führt der Weg zu einer korrekten Sprache nicht von der Grammatik zur Sprache, sondern von der gesprochenen Sprache in den unterschiedlichsten Situationen zur grammatikalisch korrekten Ausdrucksweise. Daher ist die Aufforderung der erwachsenen Vorbilder »Sprich in einem ganzen Satz!« oder »Sag den Satz noch einmal!« nicht zum Nachahmen und Weiterempfehlen geeignet.

These 10: Sprache braucht den natürlichen Umgang
Die Förderung der Kinder anderer Herkunftssprachen, die die deutsche Sprache als Zweitsprache erwerben, lernen die Sprache meist in einem ungesteuerten und nicht systematisch angelegten und lernzielorientierten Vorgang. Die bisherigen Förderkonzepte und schulischen Bemühungen haben nicht zu dem gewünschten Erfolg geführt. Hier müssen wir neue unkonventionelle und natürliche Wege gehen. Wir brauchen keine isolierte Einzelförderung oder gettoisierte Gruppenförderung ausschließlich mit Kindern, die die deutsche Sprache als Zielsprache lernen. Wir müssen nicht nur die Pädagogen, sondern auch die Mitschüler in die Sprachförderung einbeziehen, weil meistens die Kinder von Kindern besser und leichter die Sprache lernen.

These 11: Sprache ist ein kreativer Vorgang
Der Spracherwerb ist keine passive Übernahme einer vorgegebenen oder vorgesetzten Sprache, sondern ein äußerst aktiver und kreativer Vorgang, der Freiräume braucht. Freiräume, um Fehler machen zu dürfen, um mit der Sprache zu spielen, mit der Sprache zu experimentieren, die Spannung zwischen der sprachlichen Norm und der kindlichen Kreativität zu erleben. Die Kinder nähern sich der Standardsprache an., wenn die sprachlichen Themen und entsprechenden Inhalte lebensbedeutsam sind,

These 12: Sprachförderung ist ein ständiger Diagnose- und Förderprozess
Die Förderung der Sprache, des Sprechens sowie der genannten metasprachlichen Fähigkeiten kann nur dann sinnvoll erfolgen, wenn der Pädagoge sich Klarheit verschafft über den momentanen Leistungsstand und die Art der vorliegenden Schwierigkeiten. Hierbei ist das Spektrum der diagnostischen Möglichkeiten voll auszuschöpfen, wobei die Analyse sprachlicher Äußerungen, möglicherweise die Analyse schriftsprachlicher Produkte, Gespräche mit Kollegen, Eltern und Kindern sowie systematische und wissenschaftliche Beobachtungen besonders geeignet sind.

6. Zweitsprache

Seit den 40er-Jahren des 20. Jahrhunderts können wir den Beginn der neueren Zweitspracherwerbsforschung in der Wissenschaft und Literatur beobachten. Die drei »großen« Hypothesen – die Identitätshypothese, die Transfer-Hypothese (auch Kontrastiv-Hypothese) und die »Interlanguage«-Hypothese – haben bis zum heutigen Tage der Diskussion Stand gehalten und bilden den Bezugsrahmen für alle bisher aufgestellten theoretischen Ansätze und empirischen Arbeiten. Die Erforschung der Phänomene der Zweisprachigkeit setzte Ende der 60er- und Anfang der 70er-Jahre verstärkt ein und hatte drei wesentliche Inspirationsquellen: den Fremdsprachenunterricht, die Erstspracherwerbsforschung sowie die Soziolinguistik als Teilbereich der Sprachwissenschaft.

Wir bemühen uns im Folgenden, plausible Erklärungen zu finden für den Erwerb der Zweitsprache. Prinzipiell bieten sich zwei forschungsmethodisch zu unterscheidende Zugriffsmöglichkeiten an, um den komplexen Gegenstandsbereich Zweitspracherwerb zu erklären (vgl. Bausch/Kasper 1979, S. 3ff.).

- *Erste Zugriffsstelle: Vermittlungsperspektive (teaching perspective)*
  Der erste Zugang konzentriert sich auf die Vermittlung einer Sprache auf der Basis von Analysen, die sich auf die Steuerung der Fremdsprachenlernprozesse durch spezifische Lehrverfahren und Vermittlungsmethoden beziehen.
- *Zweite Zugriffsstelle: Erwerbsperspektive (learning perspective)*
  Der zweite Zugang untersucht die Bedingungen und Voraussetzungen, die das lernende Kind – künftig Lerner genannt – in seinen Lernprozess einbringt. Darunter werden subsumiert die vielfältigen Interaktionen sowie die Wechselwirkungen der einzelnen Kräfte innerhalb dieser Interaktionen, die auf den Erwerbsvorgang einwirken.

Im weiteren Verlauf der Darstellung wird die folgende Definition zugrunde gelegt:

- *Zweitspracherwerb*
  Zweitspracherwerb wird als Sammelbegriff für jeden Spracherwerb verstanden, der sich gleichzeitig mit (= simultan) oder als Folge (= konsekutiv) zum Grundspracherwerb (Erstspracherwerb) vollzieht.

Wir müssen zwei verschiedene Erwerbstypen auseinander halten: den ungesteuerten Zweitspracherwerb und den unterrichtsgesteuerten Fremdspracherwerb. Beim organisierten Erwerb handelt es sich um das Erlernen einer Fremdsprache wie Englisch oder Französisch im Unterricht. Der ungesteuerte Zweitspracherwerb meint den Erwerb einer Zweitsprache im Rahmen der kindlichen Sozialisation, wie z.B. der Erwerb der deutschen Sprache bei einem türkischen Kind. Hier sprechen wir von einer Migrations- oder Sozialisationssprache.

Klein (1984) spricht beim Zweitspracherwerb vom gesteuerten und ungesteuerten Zweitspracherwerb.

- *Ungesteuerter Zweitspracherwerb*
  Der Zweitspracherwerb wird dann als ungesteuert bezeichnet, wenn sich der Erwerb naturwüchsig, in der alltäglichen Kommunikation und ohne systematische intentionale Versuche, diesen Prozess zu steuern, vollzieht. Beim natürlichen Zweitspracherwerb – man spricht hier auch vom Zweitspracherwerb im sozialen Kontext – orientiert sich das lernende Kind am kommunikativen Erfolg und nicht an der formalen Richtigkeit seiner sprachlichen Äußerungen.
- *Gesteuerter Zweitspracherwerb*
  Im Bereich des gesteuerten Zweisprachenerwerbs grenzt Klein (1984) die Begriffe Fremdsprache und Zweitsprache voneinander ab. Unter Zweitsprache wird eine Sprache verstanden, die nach oder neben der Erstsprache als zweites Mittel der Kommunikation dient und gewöhnlich in einer sozialen Umgebung erworben wird, in der man sie tatsächlich spricht. Eine Fremdsprache ist eine Sprache, die außerhalb ihres normalen Verwendungsbereichs – gewöhnlich im Unterricht – gelernt und dann nicht neben der Erstsprache zur alltäglichen Kommunikation verwendet wird.

In diesem Zusammenhang werden häufig die beiden Begriffe »lernen« und »erwerben« einander gegenübergestellt. Gelernt wird beim Fremdsprachenlernen und erworben wird im natürlichen Zweitspracherwerb. Beim Erlernen einer Fremdsprache im Unterricht dominieren eher zielgerichtete und systematisierte Lernvorgänge und Übungen. Beim Erwerb einer Zweitsprache im Rahmen der natürlichen Integration in die Gesellschaft spricht man dagegen eher von einer nicht detailliert geplanten Aneignung. Die Fremdsprache liegt in der Regel außerhalb des normalen Verwendungsbereiches und wird im Unterricht systematisch erworben. Die gelernte Fremdsprache wird nicht zur alltäglichen Kommunikation verwendet. Der Erwerb der Zweitsprache, wie z.B. Deutsch, wird von den Kindern neben ihrer Erstsprache, wie z.B. Türkisch, als zweites sprachliches Medium der Kommunikation Tag für Tag genutzt. Die Zweitsprache wird gewöhnlich in einer bekannten sozialen Umgebung erworben, in der man diese Sprache tatsächlich spricht. In der fehlenden Koordination der verschiedenen Einrichtungen wie Kindergarten, Schule und Arbeitswelt liegt ein erstes ungelöstes Problem des Erwerbs der Zweitsprache Deutsch.

6.1 Was bedeutet »zweite Generation«?

Ein gebräuchlicher und plausibler Weg, sich dem Problem zu nähern, ist der soziali-
sationstheoretische Zugang. Wir fragen nach der Generation, der die Kinder zugeordnet werden können. Ausländische Schulanfänger werden meist global der »zweiten Generation« zugeordnet (vgl. Apeltauer u.a. 1983). Zur Klärung der Generationenfrage nun drei Fallbeispiele:

Fallbeispiel I
Herr Mustafa aus der Türkei und Frau Iraka aus Griechenland reisen unabhängig
voneinander und ohne Kenntnis persönlicher Daten in die Bundesrepublik Deutschland ein, um als Arbeitnehmer eine Arbeitsstelle zu finden. Beide lernen sich in der
BRD kennen, heiraten und bekommen Kinder.

Fallbeispiel II
Her Kuballa reist als Arbeitnehmer aus Kuba in die Bundesrepublik Deutschland ein.
Einige Jahre später holt er seine Frau, seine zehnjährige Tochter und seinen sieben-
jährigen Sohn zu sich nach Deutschland. Ein Jahr später bekommt die Familie ihr
drittes Kind.

Fallbeispiel III
Frau Palitsch reist aus Tschechien in die Bundesrepublik Deutschland ein. Einige
Monate später reist ihr Mann ebenfalls zu ihr nach Deutschland. Nach zwei weiteren
Jahren holen sie ihre 12 und 16 Jahre alten Söhne nach. Ihre 20-jährige Tochter reist
ebenfalls nach einem weiteren Jahr in die Bundesrepublik Deutschland. Die ältere
Tochter heiratet und bekommt zwei Kinder. Eltern, Kinder und Enkelkinder leben
im gleichen Haus, wenn auch in getrennten Wohnungen.

Nun können wir die Generationenfrage klären: Die »erste Generation« sind die Eltern, die »zweite Generation« deren Kinder, unabhängig davon, wo sie nun geboren,
sind und die »dritte Generation« im Fallbeispiel III die beiden Kinder der ältesten
Tochter. Bei dieser Einteilung und den drei Fallbeispielen wird jedoch rasch klar, wie
unterschiedlich die sozialen Hintergründe, die einzelnen Lebensläufe und bisherigen
gesellschaftlichen und kulturellen Erfahrungen derjenigen sind, die der »zweiten
Generation« zugeordnet werden.

6.2 Gruppen zugewanderter Kinder

Schrader u.a. (1979) schlagen aus sozialisationstheoretischen Überlegungen eine Unterteilung vor, die sich an den vorherrschenden Sozialisationsinstanzen orientiert:

- *Erste Gruppe: Schulkinder*
  Damit sind die Kinder gemeint, die erst im Schulalter nach Deutschland kommen. Diese Kinder kommen nach Deutschland und bringen eine eigene und stabile mono-kulturelle Basispersönlichkeit mit. Diese Kinder haben die Werte und Normen ihres Heimatlandes übernommen und identifizieren sich mit ihrem Heimatland. Sie bleiben in Deutschland meistens Ausländer.
- *Zweite Gruppe: Vorschulkinder*
  Darunter werden die Kinder verstanden, die während des Vorschulalters – also zwischen dem 2. und 6. Lebensjahr – in die Bundesrepublik einreisen. Diese Kinder erfahren durch die Einreise in die Bundesrepublik Deutschland eine Unterbrechung ihres in der Heimat bereits begonnenen Enkulturationsprozesses. Enkulturation meint die Übernahme kultureller Normen und gesellschaftlicher Werte. Diese Kinder bringen weder ein abgeschlossenes und stabiles Norm- und Wertsystem der Heimatkultur mit, noch können sie die fremde Kultur aufnehmen und verinnerlichen. Diese Kinder bleiben Fremde.
- *Dritte Gruppe: Kleinstkinder*
  Hierunter werden solche Kinder verstanden, die entweder hier geboren sind oder im ersten Lebensjahr nach Deutschland gekommen sind. Sie wachsen unter dem Einfluss zweier Kulturen auf. Man spricht hier von mischkultureller Enkulturation. Sie identifizieren sich weitgehend mit deutschen Normen und Werten, dennoch ist die Beeinflussung durch die Eltern und Familie hinsichtlich der Übernahme bestimmter Rituale, gesellschaftlicher Werte und kultureller Normen ihres Abstammungslandes erkennbar.

Diese bisherigen Einteilungsversuche übersehen jedoch nach Apeltauer u.a. (1983) die relativ große Gruppe der so genannten »Pendelkinder«. Damit werden jene Kinder bezeichnet, die in der Regel mehrmals – mindestens jedoch einmal in ihrem Leben – zwischen dem Herkunftsland und dem momentanen Aufnahmeland hin- und herpendeln. In einer Untersuchung in Rheinland-Pfalz wurde festgestellt, dass 28 Prozent der befragten griechischen, italienischen und türkischen Hauptschüler »Pendelkinder« waren, wobei immerhin 41 Prozent der in Deutschland und 19 Prozent der im Herkunftsland geborenen Kinder dieser Gruppe der Pendelkinder angehörten.

Apeltauer u.a. (1983) nehmen folgende Unterscheidung ausländischer Kinder in der Bundesrepublik Deutschland vor:

- *Erste Gruppe: Kleinstkinder*
  Diese Kinder sind in Deutschland geboren oder aber im ersten, spätestens jedoch im zweiten Lebensjahr nach Deutschland eingereist.
- *Zweite Gruppe: Vorschulkinder*
  Darunter versteht man Kinder, die im Vorschulalter zwischen dem dritten und sechsten Lebensjahr nach Deutschland eingereist sind.
- *Dritte Gruppe: Pendelkinder*
  Diese Kinder pendeln einmal oder mehrfach zwischen dem Geburts- und Herkunftsland sowie dem Aufnahmeland, in diesem Falle ist es die Bundesrepublik Deutschland.

Wir leben in einer multikulturellen Gesellschaft, die zugleich eine mehrsprachige Gesellschaft darstellt. Viele zugewanderte Kinder leben zurzeit in der Bundesrepublik Deutschland in einem unterschiedlichen Rechtsstatus. Ausländer- und Asylrecht sowie die Rechtsgrundlagen zur Einreise deutschstämmiger Menschen aus den GUS-Staaten regeln die gesetzlichen Richtlinien. Daraus ergeben sich zwangsläufig recht unterschiedliche juristische Situationen. Manche Kinder wohnen hier mit einem deutschen oder ausländischen Pass, haben möglicherweise die doppelte Staatsbürgerschaft, besitzen einen ausländischen Pass und sind hier geboren oder sind mit deutschem Pass in die Bundesrepublik Deutschland eingereist. Manche Kinder haben ein dauerhaftes Bleiberecht, sind zusammen mit ihren Familien zeitlich nur begrenzt hier oder sogar täglich von der Ausweisung und Rückführung in ihr Heimatland bedroht. Daneben gibt es eine Gruppe von Kindern, die hier geboren sind und hier leben mit deutschen oder ausländischen Eltern oder Elternteilen. Diese Kinder wachsen zusammen mit ihren bi-nationalen Eltern auf. Sie haben auch Großeltern mit jahrelanger und einschlägiger Erfahrung im Aufwachsen unter den Bedingungen der Mehrsprachigkeit. Nach Boos-Nünning (1998, S. 2) lebten im Jahre 1996 ca. 30 Prozent aller zugewanderten Kinder in diesen genannten Konstellationen. Hier liegt das zweite große Problem in der schulischen Förderung dieser Kinder.

Wenn die ausländischen Mitbürgerinnen und Mitbürger gesellschaftlich handlungsfähig sein wollen im Sinne der Selbstbestimmung, müssen sie ihr Leben und das ihrer Kinder in der Bundesrepublik Deutschland zweisprachig organisieren und gestalten. Kinder ausländischer Eltern sind auf Grund ihrer spezifischen Situation darauf angewiesen, neben ihrer Heimat- und Muttersprache im Sinne einer Erstsprache auch die deutsche Sprache als Zweitsprache zu erlernen. Hier stellt sich nun zunächst die Frage, welche theoretischen Vorstellungen und wissenschaftlichen Erkenntnisse gibt es beim Erwerb einer Zweitsprache?

6.3 Theorien zum Erwerb der Zweitsprache

Die Vielseitigkeit, Komplexität und zunehmende Heterogenität der Gesamtproblematik beim Erwerb der Zweitsprache erfordert die Untergliederung in eher theoretische und stärker praktisch orientierte Überlegungen. Beim Zweitspracherwerb müssen wir uns immer wieder vor Augen halten, dass wir es grundsätzlich mit zwei recht unterschiedlichen Vorgängen zu tun haben. Zum einen haben wir es mit dem ungesteuerten Spracherwerbsvorgang zu tun, der sich in der alltäglichen Kommunikation vollzieht. Hier unterliegt das Kind dem natürlichen soziokulturellen Kontext und der Erwerb vollzieht sich ohne systematische und intentionale Steuerung von außen. Zum anderen müssen wir uns mit dem von außen gesteuerten und an das Kind herangetragenen Zweitspracherwerbsvorgang in vorschulischen (Kindergarten), schulischen (Grundschule) und außerschulischen (Volkshochschulkurse) Einrichtungen beschäftigen. Dabei werden zurzeit drei »große« Hypothesen diskutiert:

6.3.1 Die Identitäts-Hypothese: Erst- und Zweitspracherwerb verlaufen identisch

In der Literatur spricht man auch von der »L1 = L2-Hypothese« (Dulay/Burt 1974) oder »Identitätshypothese« (Wode 1981). Im Gegensatz zur Transfer-Hypothese gehen die Vertreter dieses Ansatzes davon aus, dass der grundsprachliche Transfer von der Erstsprache auf eine zweite Sprache keine wesentliche Rolle spielt. Vielmehr wird angenommen, dass der Zweitspracherwerb nach universalen kognitiven Prinzipien abläuft, die das lernende Kind mit der neuen Sprache vertraut machen. Der Erwerb einer Sprache L_2 als Zweitsprache verläuft prinzipiell isomorph, d.h. nach den gleichen sprachlichen Strukturen zum Erwerb der Sprache L_1 als Erst- oder Grundsprache. In beiden Fällen aktiviert der Lerner angeborene Potenziale und kognitive Prozesse, die bewirken, dass die Regeln und Elemente der Zweitsprache in der gleichen Abfolge erworben werden wie die der Erstsprache.

Grundlage dieser Annahme ist Chomskys These von der Angeborenheit eines Spracherwerbsmechanismus (LAD = Language Acquisition Device). Nach dieser Annahme hängen die sprachlichen Fähigkeiten, die in der Zweitsprache erworben werden, von den Fähigkeiten in der Erstsprache zum Zeitpunkt des Beginns des Zweitspracherwerbs ab. In einer Reihe von weiteren Untersuchungen wird in verschiedenen Staaten immer wieder beobachtet, dass Kinder, die im Aufnahmeland eingeschult werden, mehr Schwierigkeiten im Gebrauch der Sprache und des Sprechens zeigten als Kinder, die während der Schulzeit migrieren und danach einige Jahre im Aufnahmeland in die Schule gehen (vgl. Knapp 1997).

6.3.2 Die Transfer-Hypothese: Die Erstsprache beeinflusst den Erwerb der Zweitsprache

Diese Hypothese geht zurück auf Analysen von Fries (1945), Weinreich (1953) und Lado (1957). In der Fachliteratur wird auch von Kontrastiv- oder Kontrastivitätshypothese gesprochen. Bei dieser Hypothese werden die beiden Sprachsysteme vergleichend gegenübergestellt. Die Erstsprache des Lerners beeinflusst seinen Erwerb einer Zeitsprache in der Weise, dass in der Erstsprache und in der Zweitsprache identische Strukturen und Regeln leicht zu erlernen sind. Dagegen führen unterschiedliche Elemente und Regeln zu Fehlern und bereiten erhebliche Lernschwierigkeiten. Diese Hypothese geht auf den Vergleich ähnlicher Sprachmuster zurück.

Positiver Transfer
So hat man z.B. die Stellung von Nomen und Adjektiv sowie von Subjekt, Prädikat und Ortsadverbiale im Englischen und Deutschen verglichen. Die Wortstellung ist in beiden Sprachen identisch. Beispiele: »the mean dog – der böse Hund« oder »Sie wohnt in Köln. – She lives in Cologne.« Hier spricht man daher von positivem Transfer. Es wird davon ausgegangen, dass die Erstsprache den Erwerb der Zweitsprache beeinflusst. Ähnlichkeiten zwischen der Erstsprache und der Zweitsprache führen zu einem positiven Transfer, d.h. dass ähnliche Strukturen nach dieser Hypothese leichter übernommen werden.

Negativer Transfer
Die Gegensätze bzw. Kontraste zwischen beiden Sprachsystemen führen dagegen zu einem negativen Transfer, und es kommt zu den bekannten Interferenzen. Beispiel: »Sie wohnt seit 1970 in Köln. – She lives in Cologne since 1970.« Gegensätzliche sprachliche Strukturen hemmen die Übernahme in den Sprachgebrauch. Interferenzen sind störende Einwirkungen einer bereits erlernten Sprache auf eine zu erlernende, d.h. dass beim Zweitspracherwerb die Normen eines Sprachsystems durch die eines anderen Sprachsystems beeinflusst bzw. verletzt werden. Interferenzen können auf der Ebene der Aussprache, der Grammatik, des Wortschatzes und des Sprachgebrauchs auftreten (Lewandowski 1990). Sie führen beim lernenden Kind zu Lernblockaden. In manchen Fällen werden jedoch sprachliche Abweichungen von der Erstsprache leichter gelernt als ähnliche sprachliche Muster.

6.3.3 Die Interlanguage-Hypothese: Der Weg zur Zweitsprache erfolgt über »Zwischensprachen« bzw. Interimssprachen

Der Begriff »Interlanguage« wurde von Reinecke (1935) mit Bezug auf das hawaiianische Pidgin geprägt und später von Selinker (1969) in die Zweitspracherwerbsforschung eingeführt. Beim Erwerb einer zweiten Sprache bildet der Lerner ein spezifisches Sprachsystem (Interlanguage) heraus. Dieses Sprachsystem beinhaltet Merkmale der Erstsprache, Merkmale der Zweitsprache sowie eigenständige Züge, die unabhängig sind von der Erst- und Zweitsprache. Das Zusammenwirken verschiedener lernerspezifischer Prozesse beim Erlernen einer Zweitsprache bestimmt die Dynamik der »Interlanguage«. Die jeweilige Interlanguage ist ein variables und systematisches System zugleich. Selinker bezeichnet diese Zwischensprache als individuelles Sprachsystem (= individual language system). All diese Begriffe drücken aus, dass die Mittel des Lernens, so unvollkommen sie auch sein mögen, sein jeweiliges Ausdruckssystem bzw. sein zielorientiertes Übergangssystem bilden. Diese Spekulation wird auch Theorie der Lerner-Varietäten, der »interim systems« oder der »approximative systems« genannt.

Im Verlauf des Erwerbs der Zweitsprache durchläuft das Kind verschiedene Entwicklungsstufen; jede dieser Zwischenstufen wird als eigene Sprache mit innerer Systematik betrachtet. Das Kind schreitet so von einer Zwischenstufe zu einer nächsthöheren Stufe. Dabei wird die Zielsprache nicht immer als Sprachnorm angesehen; Abweichungen von der Zielsprache werden toleriert. Jede Lerner-Varietät besitzt eine eigenständige sprachliche Struktur und Norm und wird trotz sprachlicher Abweichungen als vollständige und fehlerfreie Sprache betrachtet. Lewandowski (1990) definiert Interimssprache als Zwischensprache, die eine Lernersprache bzw. eine Lernphase im Fremd- oder Zweitspracherwerb darstellt. Sie enthält Elemente der Mutter- oder Erstsprache, erlernte Elemente der Zweitsprache und noch nicht beherrschte Komponenten der Zweitsprache (z.B. Übergeneralisierungen). Der Zweitspracherwerb stellt einen Prozess aufeinander folgender Lernphasen dar, in dem eine Interimssprache das jeweils erreichte Niveau repräsentiert.

Zusätzlich werden in der Literatur zwei weitere Teiltheorien diskutiert.

6.3.4 Die Monitor-Hypothese: Die Zweitsprache wird über einen Bildschirm erworben

Die Zweitsprache wird natürlich erworben im Rahmen sozialer Situationen und sprachlichem Handeln. Das Kind lernt in diesem Prozess systematisch und zielorientiert bestimmte Regeln. Das gelernte Regelsystem überwacht nun fortan die sprachlichen Äußerungen des Kindes. Dieses System bildet somit den Monitor. Jedes Kind trägt in sich eine Kontrollinstanz (= Monitor), um erworbenes sprachliches Wissen zu überprüfen. Diese Hypothese geht auf Krashen zurück (1981). Krashens zentrale These lautet, dass Lernen immer nur durch einen Monitor möglich ist. Der Monitor ist die Fähigkeit des lernenden Kindes, seine eigene Sprachproduktion und sein Verstehen bewusst zu überwachen. Sprache wird duch vielfältige und verständliche sprachliche Anregungen (Input) erworben.

6.3.5 Die Pidgin-Hypothese: Die Zweitsprache wird als Handelssprache erworben

Pidgin wird definiert als eine Mischsprache, die zu Handelszwecken erworben wird und sich aus Elementen und Strukturen der Erst- und Zielsprache zusammensetzt. Ein besonderes Kennzeichen von »Pidgin-Sprachen« ist die stark reduzierte Grammatik, insbesondere im Bereich der Morphologie. Pidgins sind Zweitsprachen, die, sich bilden, wenn Sprecher einer politisch, sozial oder kulturell unterlegenen Sprache sich zu bestimmten Zwecken (z.B. für den Handel, die Wirtschaft und die Industrie) Kenntnisse einer dominanten Sprache aneignen. Wenn Türken z.B. in die Bundesrepublik Deutschland kommen, um Kebabbuden oder Gemüsegeschäfte einzurichten, dann sind sie gezwungen, die deutsche Sprache als Zweitsprache für ihre kommerziellen Interessen zu instrumentalisieren. Dies wird zwar eine geringe Minderheit der eingewanderten Türken betreffen, hat aber dennoch regionale und individuelle Bedeutsamkeit. Diese Zweitsprache dient eingeschränkten kommunikativen Zwecken und überbrückt oftmals eine extreme Distanz, d.h. die kulturellen, gesellschaftlichen und sprachlichen Unterschiede können so besser bewältigt werden. Ihre Struktur weist Züge der beiden beteiligten Sprachen auf und Eigenschaften, die in keiner der beiden Sprachen vorkommen. Diese zweckbestimmten Handelskontaktsprachen (Lewandowski 1990) sind gekennzeichnet durch einen beschränkten Wortschatz, das Fehlen von Genusunterscheidung und das Vorherrschen nebenordnender statt unterordnender Satzverbindungen.

Fazit
Zweitspracherwerb verstehen wir als eine Sammelbezeichnung für jeden Spracherwerb, der sich gleichzeitig oder als Folge zum Erwerb der Erstsprache einstellt und vollzieht. Dabei müssen wir sehr streng unterscheiden zwischen dem ungesteuerten Erwerb der Zweitsprache und dem zielorientierten und unterrichtlich gesteuerten Erwerb der Fremdsprache. Dabei spielen die geistigen Operationen »Lernen« und »Erwerben« eine zentrale Rolle. Die Zweitsprache wird erworben und die Fremdsprache wird gelernt. Was die Spekulationen zur Erklärung des Erwerbs der Zweitsprache angeht, so werden fünf Hypothesen genannt: die Identitäts-Hypothese (der Erwerbsprozess der Erstsprache und der Zweitsprache verlaufen nahezu identisch), die Transfer-Hypothese (die Erstsprache beeinflusst den Erwerb der Zweitsprache), die Interlanguage-Hypothese (der Weg zur Zweitsprache führt über Zwischensprachen), die Monitor-Hypothese (die Zweitsprache wird über einen Bildschirm erworben) und die Pidgin-Hypothese (die Zweitsprache wird aus ökonomischen Gründen als Sprache des Handels und des Verkehrs erworben).

6.4 Bedingungen des Zweitspracherwerbs

Lange herrschte die Meinung vor, dass sich Sprachprobleme bei zugewanderten Kindern mit Deutsch als Zweitsprache und Kindern aus sprachlichen Minderheiten im Zuge der Personalisation und Sozialisation in Familie, Kindergarten und Schule von selbst erledigen, insbesondere dann, wenn es sich um Kinder der zweiten oder gar dritten Generation handelt. Doch ganz so einfach ist es nicht, denn die Erfahrung lehrt uns das Gegenteil. Die Zahl der zugewanderten Kinder mit Sprach- und Sprechschwierigkeiten nimmt regional gesehen dramatisch zu und die bisherigen Erfahrungen zeigen, dass Kinder aus Sprachminderheiten weniger erfolgreich sind als deutsche Kinder (vgl. Knapp 1998, S. 18). Am Schulanfang haben diese Kinder gleich die ersten Probleme, weil der einsetzende Schriftspracherwerb auf der gesprochenen Sprache aufbaut und immer wieder auf die Lautsprache zurückgreift. Bei ausländischen Kindern fällt es natürlich sofort auf, dass die lautsprachlichen Deutschkenntnisse für die Anforderungen im Rahmen des Schriftspracherwerbs nicht ausreichen. Hinzu kommen noch die verdeckten, nicht erkannten und nicht hörbaren Probleme in der deutschen Sprache, die gerade im Anfangsunterricht der Grundschule nicht diagnostiziert werden.

Zugeandte Kinder müssen im Rahmen ihrer sprachlichen Möglichkeiten die Ausdrucksmittel der deutschen Sprache erwerben. Viele ausländische Kinder haben bei Schuleintritt deutsche Sprachkenntnisse, die hinter denen ihrer deutschen Mitschüler zurückbleiben. Diese Kinder sind in ihrem Sprachgebrauch, ihrer mündlichen Kommunikation und beim Erwerb der deutschen Sprache als Zweitsprache durch ihre Erstsprache sehr stark geprägt und emotional gebunden. Die Dominanz der Herkunftssprache wirkt sehr nachhaltig in den Erwerb von Deutsch als Zweitsprache hinein. Das Lernen von Deutsch als Zweitsprache spielt sich bei diesen Kindern in einer deutschsprachigen Umgebung ab mit vielen deutschsprachigen Vorbildern. Insbesondere der Anfangsunterricht und die Grundschule insgesamt müssen sich mit diesen Bedingungen stärker inhaltlich auseinander setzen (vgl. Apeltauer u.a. 1983).

Wir finden eine Sprachlernsituation vor, in der

- zum einen Methoden und Verfahren aus der Fremdsprachendidaktik und
- zum anderen didaktisch-methodische Überlegungen aus der Vermittlung der Erstsprachendidaktik ineinander greifen.

Hier gibt es natürlich viele Probleme. Ein großes und vielfach unterschätztes Problem ist die Tatsache, dass bei der Übertragung von Methoden und Verfahren aus der Fremdsprachdidaktik die ausländischen Kinder hinsichtlich ihrer emotionalen und sozialen Lage nicht den deutschen Schülern im Fremdsprachenunterricht entsprechen. Beide Gruppen unterscheiden sich auch hinsichtlich der Motivation, die Sprache und das Sprechen einer anderen Sprachgemeinschaft zu erwerben oder zu erlernen.

6.4.1 Allgemeine Entwicklung des Kindes

Wir müssen stärker als bisher den Erwerb der Zweitsprache auf dem Hintergrund der allgemeinen Entwicklung des Kindes sehen. Auch bei den ausländischen Kindern gibt es Kinder mit Entwicklungsauffälligkeiten, Verhaltensschwierigkeiten, Sprachproblemen in der Erstsprache, Krankheiten und spezifischen Entwicklungsproblemen, die eine psychologische und pädagogische Herausforderung darstellen. Hier haben wir es mit einer sehr komplexen, diffizilen, heterogenen und sensiblen Lernsituation zu tun. Die Kinder befinden sich sozusagen in einer Aufbruchstimmung in eine neue Kultur und neue Sprachgemeinschaft hinein und gleichzeitig auch in einem Umbruchstadium ihrer geistigen Entwicklung. Diese geistige Entwicklung wirkt nachhaltig und intensiv auf die weitere sprachliche Entwicklung ein. Dennoch erfahren wir durch die sprachpsychologischen Überlegungen eine erste Orientierung im Hinblick auf die Förderung. Das Erlernen einer Zweitsprache – in unserem Falle handelt es sich um die deutsche Sprache – sollte möglichst eingebettet sein in die allgemeine geistige Entwicklung, d.h. in motorische, kommunikative und kognitive Zusammenhänge. Interessant für die sprachliche Entwicklung sind die positiven und negativen Konsequenzen aus den Wechselbeziehungen und den Kräften, die aufeinander wirken. Das Sprachlernen wird erfolgreich sein, wenn

- die Fördermaßnahme in einem für das Kind bekannten Rahmen abläuft,
- die Deutsch sprechenden Kinder mit einbezogen werden,
- das Thema, der Lernstoff oder die Lerninhalte für das Kind wichtig und lebensbedeutsam sind,
- es in bekannten Handlungsformen und beherrschten Tätigkeiten stattfindet,
- es rhythmisierend und flexibel gestaltet wird und
- das Konzept »Lernen mit allen Sinnen« berücksichtigt und didaktisch-methodisch umgesetzt wird.

Ein türkisches Kind, das regelmäßig mit seiner Mutter zu Aldi einkaufen geht, wird große Probleme bekommen, wenn das Thema »Beim Metzger« behandelt wird. Zunächst wird es nicht wissen und begreifen, wie es sich z.B. in einem Rollenspiel sprachlich und sozial verhalten soll. Es kann keine gut geformten und grammatikalisch korrekten Sätze bilden, weil ihm der Zusammenhang und die Situation nicht bekannt sind. Neben dem notwendigen Wissen über den Metzger fehlen ihm auch spezielle Erfahrungen beim Einkauf. Daher würde die Situation »Im Aldi« für sein Sprachlernen eine viel bessere Basis darstellen als die unbekannte Situation »Beim Metzger«.

6.4.2 Bisherige Erfahrungen mit Kindergarten und Schule

Zugewanderte Kinder, die noch in ihren Heimatländern den Kindergarten und die Grundschule bzw. Volksschule besucht haben und in der deutschen Schule im Sekundarbereich I oder II als so genannte Quer- oder Seiteneinsteiger eingeschult und betreut werden, bringen oft Lernerfahrungen mit, die sich nicht immer mit denen der deutschen Schüler decken. Das betrifft z.B. die Art und Weise, wie man sich als Schüler im Unterricht verhält, wie man dem Lehrer in der Schule begegnet und wie der Lernstoff im Unterricht vermittelt wird. In manchen Ländern sind konservative und tradierte Methoden wie Auswendiglernen, Chorsprechen und lautes Nachsprechen die Regel. Die Art und Weise, wie die Themen und Lerninhalte in den Lehrbüchern aufbereitet werden, entspricht nicht unseren Vorstellungen von moderner

Schule. Der unterrichtliche Ton, das Klima im Unterricht, der Umgang mit dem Lehrer sowie der Umgang der Schüler untereinander haben Auswirkungen auf den weiteren Verlauf der schulischen Entwicklung. In deutschen Grundschulen begegnen die ausländischen Kinder bisher nicht bekannten Sozialformen, reformpädagogisch orientierten Unterrichtsmethoden, Unterrichtsformen wie Einzelarbeit, Partnerarbeit und Gruppenarbeit und neuen Unterrichtsmedien wie Overheadprojektor, PC, Bilder und Filme. All dies kann dazu führen, dass die ausländischen Kinder sich nicht heimisch und wohl fühlen oder aber auch teilweise verunsichert sind. Aufkommende Ängste führen zu einer Abwehrhaltung, die sich im Rückzug oder aber in Aggression niederschlagen kann. Hinzu kommen die emotionalen und sozialen Spannungen zwischen den deutschen und ausländischen Kindern, die insbesondere in den voreiligen und pauschalierenden Vorurteilen gegenüber den Ausländern einen guten Nährboden finden. In der Kindergartengruppe und in der Klasse kommt es häufig zu Abspaltungen, Isolation und Abkapselung, die zu einer extremen Gruppenbildung und Spaltung der Gruppe bzw. Klasse führen können. Diese Phänomene sind uns ja bestens bekannt. Türkische Kinder sprechen untereinander nur in türkischer Sprache, um sich von den anderen abzugrenzen und die eigene Identität und Herkunft zu unterstreichen. Die deutschen Kinder betrachten das oft als Provokation, was wiederum nicht zur Verständigung und Integration beiträgt. Im schlimmsten Fall kapseln sich die ausländischen Schüler gegen alles ab, was »deutsch« ist: gegen Schüler, Lehrer, Lerninhalte, Fächer, die Schule insgesamt. Sie verweigern die Mitarbeit im Unterricht, stören permanent oder bleiben dem Unterricht fern.

6.4.3 Zur Gleichwertigkeit von Erst- und Zweitsprache

Im Kindergarten- und Vorschulalter haben die zugewanderten Kinder zum ersten Mal Kontakt mit einer deutschen Einrichtung und müssen auf der Basis einer noch nicht sicher beherrschten Erstsprache Deutsch als Zweitsprache erwerben. Die Kinder sind im Sprachsystem ihrer Erstsprache noch unsicher, haben einen sehr heterogenen biografischen Hintergrund, der den Erzieherinnen oft verborgen bleibt. Die Kinder sollen jetzt verstärkt die deutsche Sprache als zweite Sprache in kurzer Zeit erwerben. Die bevorstehende Einschulung führt in vielen Fällen dazu, dass Eltern und Erzieherinnen die Kinder zu einem verstärkten Gebrauch ihrer Zweitsprache drängen. Dabei entsteht der Eindruck, dass die gesprochene Erstsprache als Mutter- und Kultursprache des Kindes nicht mehr ernst genommen wird und oft als Hindernis beim Erlernen der Zweitsprache Deutsch angesehen wird. Dieses Vorgehen der Erzieherinnen, die Erstsprache zu verdrängen, ist als kaum förderlich zu betrachten oder gar als Hindernis anzusehen und ist für den weiteren Verlauf der Personalisation und Sozialisation problematisch. Dabei werden nämlich die vielfältigen Funktionen der Erstsprache übersehen (Beauftragte der Bundesregierung für Ausländerfragen 2000,

S. 14f.). Die Erstsprache als Mutter-, Familien- und Kultursprache ist Teil der kindlichen Identität geworden und eine Verdrängung, Ablehnung oder Leugnung seiner Erstsprache kann zu Störungen beim Selbstwertgefühl führen und den Weg zu einem positiven Selbstkonzept verbauen. Ein positives Selbstkonzept ist aber ein unabdingbarer Bestandteil für das Interesse und die Neugier an der Zweitsprache Deutsch sowie für die Dinge und Menschen seiner Umwelt, d.h. für die bevorstehenden Lernprozesse im Rahmen der weiteren kindlichen Entwicklung. Außerdem fördert die Erstsprache die vielfältigen Interaktionen und die Kommunikation zwischen den Kindern und ihren direkten und indirekten Bezugspersonen. Die Kinder müssen die unterschiedlichen sozialen »Spinnennetze« kennen lernen und in der Familie über die fremdartigen Normen, Werte, Rollen und Positionen der neuen Gesellschaft und Kultur berichten. Die Kinder leben in zwei unterschiedlichen Kulturwelten: zum einen in ihrer türkischen Familie und zum anderen in einem deutschen Kindergarten oder in einer deutschen Schule. Wird nun aber der Erstspracherwerb eingeschränkt oder gar ein Sprechverbot für die Erstsprache im Kindergarten und in der Schule erteilt, dann wird das Kind in seinen persönlichen Entwicklungsmöglichkeiten beeinträchtigt, und seine Chancen auf eine selbst bestimmte, selbst organisierte Gestaltung und Teilnahme am Leben seiner ethnischen Gruppe werden eingeschränkt.

Ein solches Vorgehen im Kindergarten oder in der Grundschule führt zu schweren emotionalen, sozialen, sprachlichen und kognitiven Beeinträchtigungen und kann zum schulischen Versagen führen. Kinder, die ihre Erstsprache sicher beherrschen, haben weniger Schwierigkeiten beim Erwerb der Zweitsprache, weil sie ja bereits in der Erstsprache grundlegende sprachliche, kommunikative, soziale, emotionale und kognitive Fähigkeiten erworben haben, die das Erlernen einer zweiten Sprache erheblich unterstützen und fördern. Es ist daher nicht günstig, im Kindergarten- oder Vorschulalter die Erstsprache zu vernachlässigen und sich ausschließlich mit der Zweitsprache zu beschäftigen.

Im Übrigen wird das Recht des Kindes auf seine eigene Sprache im Artikel 30 der UN-Kinderkonvention betont:

»In Staaten, in denen es ethnische, religiöse und sprachliche Minderheiten oder Ureinwohner gibt, darf einem Kind, das einer solchen Minderheit angehört oder Ureinwohner ist, nicht das Recht vorenthalten werden, in Gemeinschaft mit anderen Angehörigen seiner Gruppe seine eigene Kultur zu pflegen, sich zu seiner eigenen Religion zu bekennen und sie auszuüben oder seine eigene Sprache zu verwenden.«

6.4.4 Eigenarten der deutschen Sprache

In unserer Sprache gibt es einige Hindernisse und Schwierigkeiten, mit denen fast alle »Deutschlerner« – ganz gleich, welche Muttersprache sie sprechen – größte Probleme haben. Hier geht es also um die Frage von sprach- bzw.- systemimmanenten Besonderheiten, mit denen sich das Kind herumschlagen muss, welches Deutsch als Zweitsprache erwirbt. Daher werden im Folgenden einige Eigenheiten des deutschen Sprachsystems besprochen (vgl. Neuner u.a. 1983, S. 12ff.).

1. Aussprache

- *Vokale*
  Länge und Kürze der Vokale sind bedeutungstragend: Guten Abend statt »Gutten Abbend« – Wiedersehen statt »Widdersen« – Schal statt »Schall« – Riese statt »Risse« usw. Einige Vokale gibt es in anderen Sprachen nicht, und man hört keine Unterschiede heraus: ü und ö sind für die Griechen und Italie-ner sowie ü, ie, ö, e für die Polen sehr schwierig.
- *Konsonanten*
  Insbesondere bereitet das ch 1 und ch 2 Schwierigkeiten wie ich und ach.
  Die Unterscheidung von sch und ss fällt insbesondere den Griechen schwer wie Tasse und Tasche.
  Insgesamt fällt den Kindern mit Deutsch als Zweitsprache die Bildung der Zischlaute schwer, wie z.B. das Wort Streichholzschachtel oder den Satz »Mach dich doch nicht schmutzig!«.
  Die korrekte Bildung der einzelnen Laute ist nicht nur von großer Bedeutung für die mündliche Kommunikation, sondern auch für die Rechtschreibung.

2. Grammatik

Im Deutschen haben wir teilweise einen verwirrenden Formenreichtum, der sich durch eine Vielzahl von Regeln und Ausnahmen auszeichnet:
- *Artikel*
  Hier haben wir Artikel, bestimmter und unbestimmter Artikel und die Deklination des Artikels: der – des – dem – den – die usw. Zugewanderte weichen diesem Problem aus, indem sie »de« benutzen, wobei dies Unterschiedliches bedeuten kann.
- *Personalpronomen/Possessivpronomen*
  Hier finden wir häufig eine mehrfache Verwendung lautgleicher Formen vor, wie z.B. sie (Singular), sie (Plural) und Sie (Höflichkeitsformen).
- *Satzbau*
  Die unterschiedliche Stellung des Verbs im Haupt- und Nebensatz bereitet Probleme. Wichtiges und Betontes steht am Satzanfang bzw. am Satzende, und der oft sehr lange Spannungsbogen im deutschen Satz erschwert zunehmend das Verstehen.

3. Wortschatz

Hier geht es um das Lexikon der deutschen Sprache, also um den Wortbestand und die Wortbildung. Zugewanderte Kinder haben Probleme mit den zahl-reichen Wortbildungsmöglichkeiten im Deutschen.

- *Komposita*
  - Nomen/Nomen: Schultasche
  - Verb/Nomen: Turnschuhe
  - Adjektiv/Nomen: Buntstifte
- *Verben*
  Verben können im Deutschen durch Vorsilben erweitert bzw. vermehrt werden und dadurch neue Bedeutung erlangen, wie z.B. angeben und aufgeben. Sie sind in ihrer Bedeutung mehrdeutig. Bleiben wir doch bei dem viel benutzten Verb ziehen: Je nach Vorsilbe haben wir es mit unterschiedlichen Bedeutungen zu tun z.B. durch-, um-, an-, auf-, ein-, zu-, ab-, vor-, aus-, nachziehen!
- *Substantivierung*
  Die Substantivierung von Verben und von Adjektiven ist schwer erkennbar: das Sprechen, das Gute ...
- *Füllwörter*
  Diese kleinen, häufig vorkommenden Wörter bereiten erhebliche Probleme: »Komm *doch* bitte *mal* her! Wo bleibst du *denn*? Was hat er *nur*?« Die Füllwörter wie z.B. »doch«, »mal« und »ja« haben keine Eigenbedeutung, d.h. sie können auch nicht übersetzt werden. Sie sind aber im Deutschen für die Intonation eines Satzes sowie für die mitschwingende Bedeutungsvariation im emotionalen Bereich ganz entscheidend für das Verstehen eines Satzes oder einer gesamten Situation.

4. Gesprochene – geschriebene Sprache

Der teilweise recht große Unterschied zwischen der gesprochenen und geschriebenen Sprache bereitet ebenfalls größte Schwierigkeiten.

- Die *gesprochene Sprache* ist schneller, authentischer, aktueller, anschaulicher, einfacher im Satzbau; die prosodischen Merkmale können wie die Füllwörter benutzt werden und tragen entscheidend zum Verstehen bei.
- Die *geschriebene Sprache* bewegt sich auf einer anderen Modalitätsstufe, sie ist viel abstrakter, norm- und formorientiert. Vieles, was in anderen Kulturen und Sprachen noch offen und mündlich durchaus verhandelbar ist, ist im Deutschen definiert und geregelt.

5. Textsorten

Schwierigkeiten bereiten auch die vielen Textsorten, denen wir im täglichen Leben begegnen und mit denen wir uns bewusst oder auch unbewusst auseinandersetzen müssen. So kennen wir die Kleinanzeige wie Geburtstagsgrüße, Hochzeitsankündigungen, Todesanzeigen, die Werbeanzeigen auf Plakaten und die Präsentationen im Fernsehen, Gedichte, Kinderreime, Geschichten, Rätsel, Kinderlieder und Dialogstücke.

6.4.5 Fehlerschwerpunkte zugewanderter Kinder

Beim schriftlichen Sprachgebrauch z.B. türkischer Schülerinnen beobachten wir die Fehlerschwerpunkte Konjunktionen, Präpositionen, Pronomen sowie die Artikelverwendung (vgl. Steinmüller 1987, S. 231f.). Bei diesen grammatischen Formen machen die türkischen Kinder deutlich mehr Fehler als die deutschen. Dagegen treten bei türkischen und deutschen Schülerinnen und Schülern hinsichtlich Satzbau, Verbflexion, d.h. die Bildung verschiedener Zeitformen und die Verwendung der entsprechenden Personalendungen, sowie der Substantiv-Deklination gleich viele Fehler auf. In der mündlichen und schriftlichen Sprachproduktion bereiten insbesondere die kurzen Wörter und Endungen Probleme, denen die Kinder anscheinend zu wenig Beachtung und Aufmerksamkeit schenken. Der Grund liegt wohl in der Art und Weise, wie die Zweitsprache erworben wird. Dies geschieht weitgehend in natürlichen und alltäglichen Kommunikationssituationen, d.h. im ungesteuerten Spracherwerb, in denen sprachliche Anregungen und kommunikative Inputs didaktisch nicht geplant, strukturiert und oft reduziert werden (vgl. Knapp 1998, S. 118). Daher unterscheidet Klein (1984, S. 28ff.) beim ungesteuerten Zweitspracherwerb auch zwischen der Kommunikationsaufgabe und der eigentlichen Lernaufgabe, die in ganz konkreten Kommunikationssituationen bewältigt werden muss. In den natürlichen Situationen konzentrieren sich die Kinder verstärkt auf den Inhalt und die Botschaft der Kommunikation. Die sprachlich-grammatikalischen Formen, mit denen der Inhalt übermittelt wird, werden kaum bzw. überhaupt nicht bewusst registriert. Die Lernaufgabe kommt eher in Unterrichtssituationen zum Tragen Das Nichtbeachten der morphologischen Formen unserer Sprache wird durch die Merkmale der gesprochenen Sprache verstärkt, die oft durch Zusammenziehungen von Präpositionen und Artikel sowie den Reduktionen von Endungen gekennzeichnet ist. So werden die Wortendungen prosodisch meist nicht markiert, d.h. die Betonung liegt primär auf den inhaltstragenden Morphemen. Ähnliche Probleme stellen wir auch bei deutschen Kindern fest, deren Sprachentwicklung beeinträchtigt ist. Daher können wir weiter annehmen, dass die oftmals vermuteten typischen Fehler sprachentwicklungsgestörter deutscher Kinder gar nicht so »typisch sprachgestört« sind, wie vielfach angenommen und behauptet wird. Viele deutsche Kinder haben auch Schwierigkeiten bei der Realisierung von Funktionswörtern und Endungen. Hier kommt oftmals erschwerend der stark dialektgefärbte Sprachgebrauch hinzu. Daher können wir mit Steinmüller (1987, S. 215) folgern, dass die genannten sprachlichen Auffälligkeiten zwar in erster Linie auf die Kinder aus Sprachminderheiten zutreffen, durchaus aber auch bei einer Reihe von deutschen Kinder vorkommen.

Narrative Strukturen in der Sprache

Ein häufig vorkommendes und typisches Merkmal von Erzählungen ausländischer Kinder ist die Verwendung von narrativen Elementen, die sich von der üblichen Ereignisfolge, die erzählt wird, unterscheiden. In der Erzählforschung unterscheidet man die typischen narrativen Muster wie die Komplikation, die Auflösung und die Evaluation. Unter Komplikation versteht man das besondere Ereignis, das den Höhepunkt der Erzählung bildet und das wiederum in die Auflösung einfließt. Mit der Evaluation wird die Bewertung und Einschätzung dieses besonderen Ereignisses verstanden. Interessant sind die Untersuchungen von Knapp (1997), die aufzeigen, dass Kinder aus Sprachminderheiten, welche die gesamte Schulzeit in Deutschland verbrachten, nur über eine relativ gering ausgebildete Erzählkompetenz verfügen. Knapp folgert weiter, dass die Textkompetenz bei Kindern aus Sprachminderheiten, die in Deutschland aufgewachsen sind, verhältnismäßig gering ausgeprägt ist. Dem Unterricht in der Schule gelingt es also offenbar nicht, die sprachlichen Defizite der Kinder aus Migrantenfamilien aufzuarbeiten und auszugleichen. Die geringsten Schwierigkeiten mit der deutschen Sprache und mit dem Erzählen haben die Kinder, welche sich am kürzesten in Deutschland aufhielten und am wenigsten lang Deutsch lernten.

Ähnliche Beobachtungen hat Skutnabb-Kangas (1981) bei finnischen Migrantenkindern gemacht, die in Schweden die Schule besuchten. Sie kommen zu dem Ergebnis, dass Kinder, die im Alter von ca. zehn Jahren nach Schweden kamen, nach einigen Jahren besser Schwedisch konnten als die finnischen Kinder, die bereits mit sechs oder sieben Jahren immigrierten oder gar in Schweden geboren wurden.

6.5 Fallstudie

Fallbeispiel Kathrin

Persönlichkeitsmerkmale
Kathrin ist sechs Jahre alt und besucht zurzeit die erste Klasse der Grundschule. Sie ist für ihr Alter sehr groß und hat eine sehr erwachsene Ausstrahlung. Ihr Auftreten ist sehr selbstbewusst, und sie redet laut, klar und deutlich. Der russische Akzent ist nur bei der Aussprache des R-Lautes zu hören. Kathrin ist eine quirlige Person, die kaum still sitzen kann und in der Pause und in der Freizeit am liebsten mit Mitschülern und Freunden draußen herumtobt. Im sozialen Umgang mit anderen Kindern und Erwachsenen ist sie offen, kooperationsbereit und zeigt keinerlei Hemmungen.

Situation im Elternhaus
Kathrin wurde in Deutschland geboren, ihre Familie stammt jedoch aus Russland. Ihre Mutter starb, als sie drei Jahre alt war, und somit wurde sie von ihrer 16 Jahre

älteren Schwester betreut und erzogen. Sie ist neben Kathrin die Einzige in der Familie, die die deutsche Sprache einigermaßen beherrscht. In der häuslichen Umgebung wird jedoch ausschließlich russisch gesprochen. Aufgrund ihrer beruflichen Ausbildung hat sie wenig Zeit für ihre kleinere Schwester. Der Vater hat ebenfalls keine Zeit für die intensive Erziehung seiner Tochter. Die finanziellen Mittel sind in der Familie äußerst eng bemessen, sodass nicht jeder Wunsch erfüllt werden kann und Kathrin oft hinter den anderen Mädchen ihrer Klasse zurückstecken muss. Das Mädchen wohnt in einem neu erschlossenen Ortsteil, in dem viele russlanddeutsche Familien in speziell für sie errichteten Mehrfamilienhäusern wohnen.

Verhalten im Unterricht

Im Unterricht ist Kathrin laut und auffällig, lässt sich sehr leicht ablenken und sitzt deshalb allein am Tisch. Sie muss von der Lehrerin immer wieder aufgefordert werden, ihre Aufgaben zu machen, leise zu sein und die anderen Mitschüler nicht abzulenken. In Kathrins Schublade herrscht immer Unordnung, die Arbeitsblätter liegen einzeln verknickt und teilweise zerrissen darin, obwohl sie immer sofort abgeheftet oder eingeklebt werden sollen. Genauso unordentlich sieht es auch in ihrem Ranzen aus. Im Umgang mit den Mitschülern ist Kathrin sehr bestimmend und hat ein großes Geltungsbedürfnis.

Befunde

Bei der Durchführung der Fitness-Probe von Günther (2003) zeigen sich Probleme in der auditiven Wahrnehmung, z.B. beim Nachsprechen der Unsinnsilben und der Minimalpaare. Hier fällt auf, dass sie besondere Probleme mit den Lauten /l/ und /r/ sowie /b/ und /k/ hat. Weiterhin hat sie erhebliche Schwierigkeiten beim Konstruieren von Sätzen. Sie spricht in auffällig kurzen Sätzen und vergisst immer wieder einzelne Wörter. Beim Sprachbewusstsein bzw. der phonologischen Bewusstheit bereitet ihr das Erkennen von Reimen und das Silbenklatschen erhebliche Probleme. Beim Malen und Schreiben fällt auf, dass sie auffallend oft dunkle Farben benutzt. Sie malt mit der rechten Hand und hat eine stark verkrampfte Stifthaltung.

Schulinterne Förderung

Kathrin erhält seit der ersten Klasse zusammen mit zwei anderen sprachschwachen Kindern einmal pro Woche einen speziellen Förderunterricht von einer Sonderschullehrerin, die bei Kathrin besonderen Wert auf die Förderung des Lesens und Schreibens legt. Kathrins Klassenlehrer setzt sich durch binnendifferenzierende Maßnahmen stark für die Förderung aller Schüler ein.

Außerschulische Förderung
Kathrin nimmt an keiner außerschulischen Förderung teil.

Zusammenfassung der Ergebnisse
Kathrin hat große Probleme, flüssig zu lesen und dabei den Inhalt der Texte zu verstehen. Bei Diktaten vergisst sie Wörter oder Buchstaben innerhalb eines Wortes. Auffallend sind ihre Unordnung und das unsaubere Arbeiten. Wenn sie aufgeregt ist, ist sie nicht in der Lage, vollständige Sätze zu formulieren. Im Unterricht ist sie unkonzentriert und lenkt ihre Mitschüler ab. Ihr Verhalten gegenüber Erwachsenen zeigt, dass sie eine Bezugsperson sucht, die für sie da ist und der sie ihre Probleme schildern kann.

6.6 Diagnostische Möglichkeiten

Die Kenntnis und Analyse der Voraussetzungen der ausländischen Kinder ist eine wichtige Bedingung für die Erstellung von Förderplänen zur Verbesserung der sprachlichen und kommunikativen Kompetenz. Immer wieder wird die Forderung nach einem Erhebungsinstrument laut – nach einem Testverfahren des deutschen Sprachstandes. Eine Sprachstandsanalyse im Sinne der Analyse des erreichten sprachlichen Entwicklungsstandes als Grundlage für eine gezielte und individuell angepasste Sprachförderung ist sinnvoll, jedoch im Sinne eines Testverfahrens kann dies nicht erreicht werden. Die Entwicklung solcher Testverfahren ist neben den testtheoretischen Problemen allein schon deshalb fast unmöglich, weil wir es mit einer schier unendlichen Weite des Migrationshintergrundes und der aktuellen Vorbildsituation im Elternhaus zu tun haben. Hinzu kommen die unterschiedlichen Wirkungen kultureller Werte, religiöser Einstellungen und gesellschaftlicher Haltungen gegenüber dem Verhalten und der Sprache. Die Heterogenität der Sozialisationsbedingungen und der primäre Spracherwerb der Erstsprache machen deutlich, dass es nicht allein ausreicht den Grad der Beherrschung der deutschen Sprache als Zweitsprache allein und punktuell zu erfassen. Es geht nicht nur um das sprachliche Verhalten in einer künstlich arrangierten und einmaligen Situation. Für die Entwicklung der ausländischen Kinder, die die deutsche Sprache als Zweitsprache erwerben, gibt es nicht nur die Frage der Sprachstandsanalyse, sondern eine Reihe von weiteren Fragen:

- Wie weit ist ihre Sprach- und Begriffsentwicklung gediehen?
- Wie setzen sie ihre sprachlichen Fertigkeiten in der täglichen Kommunikation ein?
- Wie kommen sie mit den Arbeitsanforderungen zurecht (Verstehen der Sprache)?
- Welche sozialen und körperlichen Fähigkeiten haben sie entwickelt?
- Sind die Kinder in sprachlichen Situationen gehemmt oder »tauen« sie nach einer Weile auf?
- Nehmen sie neue sprachliche Elemente rasch auf?

- Verhalten sich die Kinder in freien Situationen, in Spielsituationen wesentlich anders als in beobachteten Situationen im Kindergarten oder in der Schule?
- Gibt es Unterschiede im sprachlichen Verhalten hinsichtlich der Kommunikation mit Gesprächspartnern der eigenen Muttersprache und der Zweitsprache?

All diese Fragen können eher in gemeinsamer Arbeit und insbesondere durch unmittelbare und gezielte Beobachtung und Anamnesegespräche als durch Tests beantwortet werden. Zu Beobachtungen eignen sich das freie Spiel, das Verhalten im Morgenkreis oder in Erzählstunden, die Hospitation beim Kollegen, das Kennenlernen der Freizeitwelt und der Familien der Kinder. Bei Schulanfängern hat man folgende Verfahren entwickelt und erprobt:

Aufnahmebogen

Bei der Erstaufnahme eines ausländischen Kindes mit Deutsch als Zweitsprache in den Kindergarten kann der Aufnahmenbogen hilfreich sein, die sprachliche Situation des Kindes und der betroffenen Familie zu erfassen (vgl. Schlösser 2001, S. 189). Voraussetzung für den Einsatz dieses Aufnahmebogens ist die Bereitschaft der Eltern, sich mit diesem Bogen zu beschäftigen. Daher muss den Eltern deutlich gemacht werden, was mit den Angaben geschieht und welchen pädagogischen Wert die Erkenntnisse für die tägliche Arbeit besitzen. Folgende Bereiche werden in diesem Aufnahmebogen behandelt:

- der individuelle Migrationshintergrund,
- die Gesundheit des Kindes,
- der sprachliche Entwicklungsstand in der Muttersprache und
- Fragen zu externen Therapeuten und Hilfsdiensten.

Sprachstandsbogen

Neben dem Aufnahmebogen empfiehlt Schlösser (2001, S. 197) den Einsatz eines Sprachstandsbogens für deutsche und zugewanderte Kinder zur sprachlichen Entwicklung. Hier werden folgende Aspekte abgefragt:

- persönliche Daten des Kindes,
- Sprache bzw. Sprachen,
- Vorlieben des Kindes im Spiel,
- Aufträge zum Sprachverständnis,
- Aufträge zum Farbverständnis,
- Gefühle benennen,
- Entwicklung eines Förderplans sowie
- Erörterung und Absprache mit den Eltern.

Gespräch mit den Eltern bzw. Erziehungsberechtigten

Eltern können als wichtige Erziehungspartner in Gesprächen als Experten für ihre Kinder wichtige Informationen für die weitere Förderung liefern. In einem vertrauensvollen Gespräch mit den Eltern können wichtige Entwicklungsphasen, Auffälligkeiten und Chancen der sprachlichen Förderung eruiert werden. Dabei ist es bedeutsam, die Eltern für dieses Gespräch zu gewinnen, sie zu motivieren und die Voraussetzungen zu schaffen, dass alle beteiligten Personen an diesem Gespräch sprachlich teilnehmen können. Möglicherweise können Familienmitglieder oder auch Dolmetscher eingesetzt werden, um den Grad der Verstehbarkeit auf das notwendige Minimum zu bringen. In diesem Experten-Rating können die Eltern Auskunft geben über

- den Entwicklungsstand der sprachlichen Kompetenz in der Muttersprache (Erstsprache),
- das Verstehen der Persönlichkeit des zu unterrichtenden Kindes, seine Vorlieben, Talente, Probleme und Marotten,
- die anzustrebenden Erziehungsziele und möglicherweise einen Austausch über die Erziehungsmethoden,
- die Unterstützung der Familiensprache für die Zweitsprache insbesondere was Wertschätzung und Identität angeht,
- die Migrationsgeschichte, ihre Herkunft, Traditionen, Religionen und Sprachgewohnheiten.

Gespräch mit Kolleginnen und Kollegen

In einem kollegialen Gespräch aller pädagogischen Lehrkräfte, die das Kind erziehen und unterrichten, hat Kornmann (1988) einen Fragenkatalog entwickelt. Dieser Fragenkatalog kann als Leitfaden für diese Gespräche dienen, um die sprachlichen Schwierigkeiten von ausländischen Kindern und die damit zusammenhängenden Lernprobleme besser verstehen und diagnostisch genauer in den Blick zu bekommen. Diese Fragen können einzelne Erzieherinnen und Lehrkräfte an sich selbst und ihre Förderung stellen. Sie können diese Fragen aber auch zusammen mit anderen Kolleginnen und Kollegen klären und gemeinsam beantworten. Dadurch können sich die Pädagogen eine erste Orientierung darüber verschaffen, in welchen Bereichen eine sprachliche Förderung ansetzen sollte und an welche methodischen Möglichkeiten dabei zu denken ist.

Alle Fragen sind nicht für eine Gruppe von Kindern, sondern jeweils nur für ein bestimmtes Kind zu beantworten. Die vorliegende Zusammenstellung ist deshalb so umfangreich, weil die sprachlichen Probleme ausländischer Kinder so vielfältig sind. Es handelt sich dabei um folgende Fragenkomplexe:

- Verstehen mündlicher Anweisungen,
- Verstehen längerer mündlicher Ausführungen,
- mündliche Beiträge im Kindergarten oder im Unterricht/Verbalsprache,
- Berücksichtigung der Lebenswelt und bisherigen Erfahrungen der ausländischen Kinder bei der Auswahl der Inhalte und Förderziele.

Schließlich sollen die Pädagogen selbst entscheiden, welche Fragen sie klären wollen und müssen. Möglicherweise sind ja nicht in jedem Einzelfall alle Fragen wichtig; natürlich können auch Fragen gestellt und geklärt werden, die hier nicht aufgeführt sind (vgl. Kornmann 1988, S. 121).

Die Beobachtungswoche vor Schulbeginn

Dieses Verfahren wurde in den »Regionalen Arbeitsstellen zur Förderung ausländischer Kinder und Jugendlicher (RAA)« in Nordrhein-Westfalen entwickelt und erprobt. Die ausländischen Schulanfänger werden in den Monaten April bis Juli vor Schulbeginn zur einer Schulwoche eingeladen, wo ihnen verschiedene Aktivitäten angeboten werden. Verschiedene Kreisspiele zum Kennenlernen, Bewegungsspiele, Sprachspiele, Gesprächsstunden, freies Spiel einzeln und in der Gruppe. Die Kinder werden durch die Pädagogen beobachtet, und die Ergebnisse werden in einem Beobachtungsbogen dokumentiert. Diese Beobachtung erlaubt eine erste vage Einschätzung des Entwicklungsstandes. Die Lehrer haben eine hohe Übereinstimmung zwischen der Beobachtung und Einschätzung während der Beobachtungswoche und dem späteren Lernverhalten im Unterricht festgestellt.

Beobachtung in Spielsituationen

Dieses Verfahren ist von Apeltauer (Apeltauer u.a. 1983) an der Erziehungswissenschaftlichen Hochschule Rheinland-Pfalz entwickelt und erprobt worden. Im Anschluss an die amtsärztliche Untersuchung der Schulanfänger werden die einzuschulenden Kinder zu Kleingruppen zusammengefasst. In einem Raum der aufnehmenden Schule ist eine Spielecke aufgebaut. Dort finden drei Kinder jeweils einen Tisch vor, einige Spiele, Handpuppen, Legosteine, Bauklötze, Bilderbücher, einen Puppenwagen und ein altes Schnur-Telefon. Die ablaufenden Interaktionen am Spieltisch werden durch eine versteckte Videokamera aufgezeichnet. Die ausländischen Kinder spielen gemeinsam mit einer Schülerin der vierten Grundschulklasse, die gute Deutschkenntnisse besitzt, und einem Aufnahmeleiter, der die Situation überwacht, korrigiert und Notizen macht. Die Auswertung der Video-Aufzeichnung erfolgt anschließend durch den Aufnahmeleiter und einen zweiten Pädagogen. Auch hier wird ein Beobachtungsbogen eingesetzt.

6.7 Förderung aus der Retrospektive

Im Folgenden zeigen drei Erfahrungsberichte, wie sich zugewanderte Mitbürger in Deutschland eine sinnvolle und erfolgreiche Sprachförderung für Deutsch als Zweitsprache vorstellen.

1. Beni

Beni stammt aus der Türkei und ist heute eine erwachsene junge Frau, die Pädagogik studiert und sich als angehende Lehrerin mit Fragen des Zweitspracherwerbs beschäftigt.

»Eine sinnvolle Sprachförderung muss in meinen Augen das jeweilige Kind als eigenständiges Individuum vor Augen haben.

Spricht ein Kind kein oder nur sehr wenig Deutsch, ist es immer schwierig einzuschätzen, welche Bedürfnisse es hat. Die Förderung sollte nicht nur in ein oder zwei Stunden pro Woche erfolgen, sondern kontinuierlich in den Tagesablauf eingebettet sein. Es hilft dem betroffenen Kind viel mehr, wenn alle Personen in seinem neuen, fremden Umfeld versuchen, sich auf die Situation des Kindes einzustellen, als wenn eine sonst nicht anwesende Person dem Kind etwas in einer künstlich geschaffenen Situation anbietet. Die vertrauten Personen sind dazu aufgerufen, alle Handlungen sprachlich zu begleiten. Eine externe Förderung halte ich für sinnvoll, wenn sie in Zusammenarbeit mit allen anderen Beteiligten abläuft. Die in der Förderung erlernten sprachlichen Ausdrucksformen sollten unbedingt in immer neuen Situationen geübt und wiederholt werden. Es ist auch darauf zu achten, dass das Kind nicht nur Sätze auswendig lernt, ohne die Bedeutung der einzelnen Satzbestandteile zu kennen. Um dies zu verhindern bzw. dem entgegenzuwirken, sollten neu gelernte Vokabeln und grammatikalische Strukturen in immer neue Kontexte eingebettet sein. Des Weiteren ist es meines Erachtens sehr wichtig, auf alle kommunikativen Signale des Kindes einzugehen. Viele Kinder werden erst versuchen sich nonverbal zu verständigen, da sie sich im Gebrauch der fremden Sprache noch unsicher sind. Ist dies der Fall, muss dem Kind das Gefühl vermittelt werden, dennoch angenommen zu sein. Die Kinder sollten nicht zu sprachlichen Äußerungen gezwungen werden. Ein sanftes Heranführen an die neue Sprache hilft, Sicherheit zu schaffen. Man muss dem Kind signalisieren »Ja, ich habe dich verstanden, auch wenn du nicht alles richtig gesagt hast, und ich freue mich über deine Bemühungen«.

Ein letzter wichtiger Punkt ist für mich die Akzeptanz der Zweisprachigkeit. Das Kind sollte als Person respektiert werden, auch wenn es eine andere Sprache spricht. Man sollte darauf achten, dem Kind nicht zu vermitteln (auch nicht unbewusst), dass nur die deutsche Sprache zählt. Äußerungen wie »Wir sind in Deutschland, also sprich deutsch« sind sehr problematisch. Die Kinder könnten in Gewissenskonflikte zu ihrer Sprache und damit auch zu ihrer Identität geraten.

Abschließend möchte ich betonen wie wichtig es ist, Zweisprachigkeit als Gewinn zu sehen. Sie bietet in der globalen Welt von heute zusätzliche Qualifikationen und

Möglichkeiten. Die positive Sichtweise der Zweisprachigkeit schafft Selbstvertrauen und hilft über anfängliche Schwierigkeiten mit der deutschen Sprache hinweg.«

2. Ragib

Ragib ist 22 Jahre alt und stammt aus Tunesien. Sie spricht Deutsch als Zweitsprache und studiert für das Lehramt an Grund- und Hauptschule.

»Meine Eltern kommen ursprünglich aus Tunesien, ich bin jedoch in Deutschland geboren. Im Folgenden sollen einige Etappen meiner Kindheit näher beleuchtet werden mit dem Ziel, meinen Spracherwerb zu analysieren. Es soll veranschaulicht werden, wie ich die deutsche Sprache erlernt habe und welche Mittel und Möglichkeiten diesen Lernprozess unterstützt haben. Ferner sollen Empfehlungen angesprochen werden, wie ausländische Familien ihren Kindern helfen können, die Sprache zu erlernen. Ich werde dies stichwortartig skizzieren:

- Nach Aussagen meiner Mutter hat sie damals lediglich arabisch mit mir gesprochen, mein Vater dagegen nur deutsch (so gut es ging).
- Des Weiteren hatte ich zahlreiche deutsche Freunde in meinem Freundeskreis, und ich war sehr oft bei unserer Nachbarin, die mit mir viel unternahm; sie las mir auch sehr viele Geschichten vor, wozu meine Eltern keine Zeit hatten. Im Alter von vier Jahren wurde ich zu meiner Oma nach Tunesien geschickt; ich verbrachte knapp drei Jahre in Tunesien.
- Als ich wieder nach Deutschland zurückkam, konnte ich zwar die Menschen um mich herum verstehen, aber ich konnte mich nicht verständigen.
- Laut Aussagen meiner Mutter habe ich die Sprache nach kurzer Zeit (ca. ein Monat) nahezu perfekt gesprochen.
- Obwohl mein Lebensumfeld keine besonderen Anregungen zum Lesen bot (literale Erfahrungen) und mein Vater auch keine Zeit hatte, sonderlich viele Bücher zu lesen, wurde ich dennoch früh zum Lesen animiert.
- Man wurde immer belohnt, wenn man ein Buch gelesen hatte (mit Belohnung meine ich keine materiellen Güter, sondern die persönliche Anerkennung, die man erhielt).
- Mein Vater meldete mich sehr früh in der Stadtbibliothek an, und er ist an seinen freien Nachmittagen mit mir dahin gegangen.
- Nicht dass er selbst sich gut mit Büchern auskannte, aber er hatte den Ehrgeiz, mir die beste Bildung zu ermöglichen.
- Er hat auf Bildung sehr viel Wert gelegt; er erinnerte uns immer wieder an die schlechten tunesischen Verhältnisse, um uns zu verdeutlichen, was für eine Chance wir hier haben.
- Meine Mutter übernahm den anderen Part, und zwar versuchte sie uns die arabische Sprache zu vermitteln.
- Wir mussten jeden Sonntag in die arabische Schule gehen, die von 8 Uhr morgens bis 14 Uhr ging.

Meiner Meinung nach ist die sprachliche Entwicklung eines Kindes, welches zweisprachig aufwächst, eng an die Ziele und Vorstellungen der Eltern gebunden. Wenn die Eltern ein ernsthaftes Interesse daran haben, dass ihre Kinder die deutsche Sprache korrekt erlernen, dann werden sie die notwendigen Anregungen und Anreize anbieten und schaffen, unabhängig von ihren finanziellen Möglichkeiten. Wenn man mit einem Kind zu Hause arabisch spricht (strikt auch keine andere Sprache duldet), nur arabische Freundschaften pflegt, die deutsche Sprache eher in den Hintergrund drängt, sie gar als fremd oder bedrohlich empfindet, dann darf man sich nicht wundern, dass diese Kinder erhebliche sprachliche Probleme haben.

Ferner ist es wichtig, welche Leistungsansprüche Eltern an ihre Schützlinge stellen. Mein Vater forderte viel von uns und unterstütze uns, wo er nur konnte.

Meines Erachtens müssten sich viele Familien mehr öffnen und die deutsche Kultur näher kennen lernen und sich mit ihr ernsthaft auseinander setzen.

Hier ist auch das Verantwortungsbewusstsein der Lehrer gefragt, die ernsthaft versuchen müssen ausländische Familien, die in manchen Fällen selbst mit der ganzen Situation überfordert sind, Hilfestellung anzubieten. Konkret bedeutet dies, dass man den Eltern praktische und vor allem verständliche Tipps gibt, damit sie ihren Kindern sinnvoll helfen können.«

3. Julia

Julia ist 24 Jahre alt, stammt aus Kasachstan und spricht Deutsch als Zweitsprache. Sie ist seit zwölf Jahren in Deutschland und studiert Geographie und Theologie für das Lehramt an Realschulen.

»Als ich vor zwölf Jahren nach Deutschland gekommen bin, habe ich sehr viel Unterstützung erhalten. Da ich bereits 1½ Jahre in Kasachstan zur Schule gegangen bin und meine Leistungen sehr gut waren, wurde ich direkt nach dem Einzug in ein Wohnheim in die zweite Klasse eingeschult. Zu diesem Zeitpunkt konnte ich kaum ein Wort Deutsch und hatte somit große Probleme während des Unterrichts.

Zum Glück wurden wir Aussiedlerkinder täglich für eine Stunde aus der Klasse genommen, um Deutsch zu lernen. Dieser Deutsch-Förderunterricht war jeweils speziell für 1./2. Klassen und 3./4. Klassen, Es war gut, dass alle Kinder im Förderunterricht aus unserem Wohnheim kamen, so hatten wir voreinander keine Scheu. Im Förderunterricht wurden allgemein Vokabeln geübt mit Hilfe von Bildern sowie Nachsprechen und Nachschreiben. Es wurde jedoch auch Grammatik gemacht, z.B. richtige Possessivpronomen oder Konjugation von Verben. Die deutschen Kinder waren anfangs zurückweisend, doch irgendwann knüpfte ich Kontakte mit deutschen Mädchen und spielte gern mit ihnen. Im Halbjahreszeugnis der dritten Klasse hatte ich eine 4 im Sachunterricht und eine 3 in Deutsch, mündlicher Sprachgebrauch und schriftlicher Sprachgebrauch. Die Grundschule beendete ich in Neustadt. Dort bekamen die Aussiedlerkinder wiederum Deutsch-Förderunterricht, diesmal jedoch nach der Schule. Ich erinnere mich nicht genau, aber ich glaube, es waren einmal die Woche zwei Stunden. Die Lehrerin war sehr interessiert an unserer

Kultur und hat sogar ein Paar Wörter auf Russisch gekonnt. Wir haben uns gegenseitig die Sprache beigebracht. Mit der Lehrerin haben wir uns alle gut verstanden, sodass die Lernatmosphäre total gut war. Wir machten gemeinsam Hausaufgaben, übten Diktate, lernten Grammatik, beschrieben Bilder und spielten viel. Als Spiele fallen mir die LÜK-Kästen ein, mit denen man deutsche Vokabeln, Grammatik und andere Wissensbereiche (z.B. Sachunterricht, Mathe) üben konnte. Dann spielte ich sehr gerne »Buchstabenfix«, bei dem man auf Kästchen stehende Begriffe mit einem bestimmten Anfangsbuchstaben finden sollte. Meiner Ansicht nach haben mir die 1½ Jahre in Neustadt am meisten gebracht. Da ich zu dieser Zeit bereits Deutsch sprechen konnte, hatte ich sehr viel Kontakt zu deutschen Kindern. Im Grunde habe ich da fast ausschließlich mit deutschen Kindern gespielt. Bei der Integration in der Klasse hat mir mein Lehrer sehr geholfen. Er hat uns Kinder aus dem Ausland, egal ob aus der Türkei oder aus Kasachstan/Russland, gleichberechtigt behandelt, oft aber auch hervorgehoben. Das hat mir auf jeden Fall viel Mut und Selbstvertrauen gegeben. In dieser ganzen Zeit von der 2. bis zur 4. Klasse konnten mir meine Eltern nicht wirklich helfen, weil sie selbst Schwierigkeiten beim Erwerb der neuen Sprache hatten. Sie standen jedoch voll hinter mir und trösteten mich, wenn ich zu scheitern drohte.

Ich glaube, dass das Umfeld beim Spracherwerb sehr entscheidend ist. Die Tatsache, dass ich viele deutsche Freunde hatte und nur wenige russisch sprechende, hat mir geholfen. Dann ist für mich sehr entscheidend, wie die eigene Einstellung ist, ob man ehrgeizig oder faul ist. Man muss es wollen, eine neue Sprache zu erlernen. Lehrer sollten versuchen, ausländischen Schülern die Integration in der Klasse zu erleichtern und Deutsch-Förderunterricht zu gewähren. Immigrantenschüler sollten in den Unterricht einbezogen und genauso wie deutschsprachige Kinder behandelt werden. Die Andersartigkeit darf nicht hervorgehoben werden, sodass sich die deutschen Schüler abwenden, sondern Freundschaften schließen. Durch den Umgang mit deutschen Muttersprachlern lernt man am Besten.«

Aus diesen Beispielen können wir folgende Punkte für die Förderung festhalten:

- Bei der Unterrichtung bzw. Förderung der Zweitsprache Deutsch sollte jeglicher Druck durch Bezugspersonen, Lehrkräften und der jeweiligen Einrichtung vermieden werden.
- Die natürliche Lernsituation im alltäglichen Kontext sollte künstlich arrangierten Fördersituationen vorgezogen werden.
- Der Erwerb der Zweitsprache Deutsch wird durch den direkten Umgang mit Deutsch sprechenden Kindern, Jugendlichen und Erwachsenen beschleunigt.
- Die sprachliche und kulturelle Andersartigkeit müssen wir annehmen und das Kind als Person respektieren.
- Das Interesse und die Aufgeschlossenheit der Eltern bzw. der Erziehungsberechtigten gegenüber der deutschen Sprache, Kultur und Gesellschaft spielen eine wichtige Rolle für das Gelingen der gesamten Förderung.

6.8 Förderkonzepte

Sprachförderung mit ausländischen Kindern ist im Rahmen der alltäglichen pädagogischen Arbeit zu sehen und kann darüber hinaus nur auf dem Hintergrund des
in den Kindertagesstätten weit verbreiteten situationsorientierten Ansatzes erfolgreich betrieben werden. Dieser Ansatz bietet sich deshalb an, weil er

- eine differenzierte Vorgehensweise betreibt,
- individuelle Unterschiede der Kinder berücksichtigt und
- besondere Merkmale und Kennzeichen des Lebensumfeldes bedenkt.

Der Situationsansatz betrachtet die aktuelle Lebenssituation des Kindes als Ausgangspunkt der sprachpädagogischen Förderung. Hier steht das einzelne Kind mit
seinen »special needs« im Mittelpunkt der Förderung und liefert den Erzieherinnen
über die Beobachtung – genauer gesagt die teilnehmende Beobachtung – entscheidende Hinweise für die tägliche Arbeit im Handlungsfeld Kindergarten.

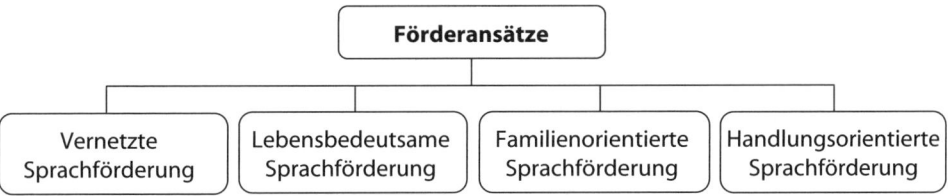

Abb. 26: Förderansätze beim Zweitspracherwerb

6.8.1 Vernetzte Sprachförderung

Sprachförderung mit ausländischen Kindern darf zu keiner externen und zeitlich
limitierten Exklusivveranstaltung werden, die nur von speziell ausgebildeten pädagogischen Fachkräften oder Logopädinnen durchgeführt werden kann. Ausgangspunkt der integrierten vernetzten Sprachförderung ist die Auffassung, dass alle in
Sachen Sprache kompetenten Erzieherinnen diese sprachpädagogische Förderung in
der alltäglichen Arbeit des Kindergartens im Rahmen natürlicher Dialog- und Kon-
versationssituationen praktizieren können.

Für das weitere praktische Vorgehen sind neuere entwicklungspsychologische Erkenntnisse von Vorteil. Kinder werden als aktive Konstrukteure betrachtet, die ihre
eigene Entwicklung in wechselseitigen Anpassungsprozessen mit der Umwelt voran-
bringen. Kinder schauen nicht einfach passiv zu, sondern sie nehmen das Heft selbst
in die Hand und wirken gestaltend an ihrer eigenen Entwicklung mit. Neugier, Fantasie und Kreativität sind die Antriebsmotoren, die das Kind immer wieder in die
Lage bringen, es mit neuen unbekannten Situationen und auch Personen aufzu-

nehmen und neue Erfahrungen zu sammeln. Auf diesem Weg erkunden die Kinder die Welt über das Medium Sprache und lernen so, die Welt zu verstehen und zu begreifen. Wir müssen daher die Kindergarten- und Vorschulkinder als Experten für ihre eigene Entwicklung begreifen und sie als vollwertige und gleichberechtigte Gesprächspartner betrachten. Kinder sind in manchen Angelegenheiten klüger als Erwachsene und durchschauen komplexe Zusammenhänge der Welt!

Wir wissen heute, dass sich die kindlichen kognitiven Strukturen im Verlauf der Entwicklung ändern. Erinnern wir uns nur an die rasante und stürmische Entwicklung von Sprache und Sprechen in den ersten drei Lebensjahren. Kleine Kinder lernen also sehr viel in relativ kurzer Zeit; allerdings müssen wir uns vor Augen halten, dass sie anders lernen als Erwachsene. Kleine Kinder lernen ganzheitlich, mit allen Sinnen, anschaulich, ja handgreiflich im wahrsten Sinne des Wortes. Über das Greifen mit den Händen wandern die Inhalte des Gegriffenen in Wörter und damit in die Köpfe der Kinder. »Be-Griffe« entstehen und werden benutzt. Die Themen und Lerninhalte müssen eingebunden sein in die aktuelle Lebensumwelt der Kinder; dadurch werden sie interessant und lebensbedeutsam für das Vorschulkind. Insbesondere bei ausländischen Kindern haben wir es mit einer sehr bunten und breit gefächerten regionalen und multikulturellen Vielfalt zu tun. Die individuell unterschiedlichen Familiensituationen sind ein Paradebeispiel für die Heterogenität. Daher kann die sprachliche Förderung der Kinder nicht homogen, sondern nur heterogen und familienorientiert abgestimmt erfolgen. Wir müssen uns mehr als bisher, mit den in den Familien gültigen Normen, Werten, Regeln und Verhaltensweisen auseinander setzen und diese berücksichtigen. Die Kinder brauchen anschauliche Anknüpfungspunkte für ihr Lernen, sie müssen begreifen, dass ihnen das Lernen der deutschen Sprache Freude bereitet und in ihrem Leben Vorteile verschafft. Die Erzieherin braucht daher Einblicke in die Familiensituation des ausländischen Kindes, über Bedingungen des Wohnumfeldes und die Aktivität in der Freizeit.

Bei der integrierten Sprachförderung im Sinne einer lebensweltnahen und interessanten Sprachförderung müssen wir uns davor hüten, Trainingsprogramme und Förderkonzepte aus dem schulischen Bereich in den Kindergarten vorzuverlagern (vgl. Beauftragte der Bundesregierung für Ausländerfragen 2000, S. 21).

6.8.2 Lebensbedeutsame Sprachförderung

Ausgangspunkt der Sprachförderung ist die aktuelle Lebenssituation des Kindes in seiner Familie. Hier geht es darum herauszufinden, was die Kinder überhaupt interessiert und an ihrem neuen Leben in neuer Umgebung fasziniert. Erst dann stellen die Kinder Fragen, äußern Wünsche, machen Entdeckungen in ihrer neuen Umgebung und sammeln so wertvolle neue soziale und sachliche Erfahrungen. Bei der Einschätzung der momentanen Lebenssituation des Kindes muss die Erzieherin jedoch sehr sensibel und vorsichtig mit der neuen Kultur und Sprache umgehen. In vielen Fällen stellt sich nach eingehender Betrachtung und Analyse heraus, dass sich die Situation ganz anders darstellt als vorher angenommen. Was die Bedeutung der Sprache für die Lebenssituation der Kinder angeht, so sei noch einmal auf folgende Aspekte verwiesen:

- Identitätsentwicklung und Familiensprache, d.h. mit Hilfe seiner Erstsprache meistert das Kind wichtige Meilensteine seiner Ich-Findung. Es lernt seine Bedürfnisse kennen und grenzt sich so von seinen direkten Bezugspersonen ab. Die Erstsprache ist für das Kind wichtig, damit es sich in seiner Familie verständigen kann.
- Beachtung der Sprache, d.h. die Situation eines Kindes wird dadurch positiv oder negativ beeinflusst, wie sein außerhalb der Familie liegendes Umfeld auf seine Erstsprache und seine Zweitsprache reagiert. Manche Kinder werden auf Grund ihrer Erstsprache ausgegrenzt, andere werden freundlich aufgenommen. Diese Erfahrungen des Kindes im Umgang mit der Sprache prägen die Einstellungen gegenüber der Erstsprache und auch der Zweitsprache.
- Pflege der Sprache, d.h. in vielen Familien wird immer weniger miteinander und untereinander gesprochen. Sprechfreude und Sprechwitz nehmen ab und die gesamte Sprachkultur leidet darunter. Die neuen Medien werden immer mehr zu neuen Kommunikationspartnern in der aktuellen Lebenssituation der Kinder; dadurch sinkt der Wert der Sprache erheblich.

6.8.3 Familienorientierte Sprachförderung

Für die sprachpädagogische Arbeit im Kindergarten ist es für die Erzieherin von großem Nutzen die spezielle familiäre Situation hinsichtlich des Gebrauchs der Erst- und Zweitsprache genau zu kennen. Dann kann die Erzieherin an den bisherigen Erfahrungen und Interessen der Kinder anknüpfen und so auf die Motivation zum Sprechen setzen. Außerdem wird die Einmaligkeit und Einzigartigkeit des Kindes gesehen und respektiert. Dies schlägt sich in einer offenen und wertschätzenden Haltung dem Kind gegenüber nieder.

Wenn aber die Erzieherin und das Kind nicht die gleiche Sprache sprechen, so kann das zu Verunsicherungen führen. Dies gilt nicht nur für ausländische Kinder, sondern auch für deutsche Kinder, die Dialekt oder eine dialektgefärbte Umgangssprache sprechen. In einer neuen Umgebung, in der nur Hochdeutsch gesprochen wird, fühlen sich dialektsprechende Kinder nicht wohl. Ihr Selbstwertgefühl sinkt.

In einem Gespräch muss herausgefunden werden, mit welchen Bezugspersonen das Kind welche Sprache spricht. So erhält die Erzieherin Informationen darüber, welche sozialen Beziehungen für das Kind wichtig sind. Darüber hinaus kann die Erzieherin das Kind besser verstehen, und es ergeben sich weitere Möglichkeiten, mit dem Kind ins Gespräch zu kommen. Wir müssen den Blick für die Vielfalt möglicher familiärer Sprachsituationen öffnen. Hierzu im Folgenden drei Beispiele:

Beispiel 1: Bilinguale Sprachsituation in der Familie
Tina spricht mit dem Vater französisch und mit der Mutter nur deutsch. Wir wissen, dass es für die Kinder eine Hilfe ist, wenn sie den zwei Sprachen unterschiedliche Personen zuordnen. Dadurch können sie rein äußerlich die beiden Sprachsysteme besser trennen und auseinander halten.

Beispiel 2: Zweisprachiges Umfeld
In der Familie spricht Akay türkisch, mit ihren Freundinnen und Bekannten spricht sie eine Art dialektgefärbte Umgangssprache Deutsch. Eine wichtige Motivation Deutsch zu sprechen besteht darin, Kontakte zu ihren Freundinnen zu knüpfen und die persönlichen Beziehungen weiter auszubauen. Die sozialen Beziehungen werden damit zum Motor, aus einem inneren Bedürfnis heraus Deutsch zu lernen.

Beispiel 3: Mischung der Sprachen
Tino hat von Anfang an eine sprachlich gemischte Umgebung erlebt. Die Familiensprache, die das Kind während seiner gesamten Identitätsentwicklung erlebt, besteht aus einer Mischform zweier Sprachen: italienisch und deutsch. Das Selbstwertgefühl Tinos würde sehr stark herabgesetzt, wenn die Erzieherin diese sprachliche Familiensituation abwertend und defizitär ansähe.

6.8.4 Handlungsorientierte Sprachförderung

Kinder erobern die Welt, indem sie selbst aktiv werden und ihr Leben gestalten. Die aktive Auseinandersetzung des Kindes mit seiner Umwelt und seiner Sprache steht im Mittelpunkt. In diesen Interaktionen mit der dinglichen Welt und der Kommunikation mit anderen Gesprächspartnern sammeln die Kinder Erfahrungen, die für den Spracherwerb von unschätzbarem Vorteil sind. Wenn wir davon ausgehen, dass Kinder die Sprache über geeignete Sprachvorbilder und in der tätigen Auseinandersetzung mit der Umwelt erwerben, dann kann der Zusammenhang von Handeln und Sprechen, von Tun und Sprache und von Erfahrungen und Begriffen die Basis sein für die sprachliche Förderung. Das Kind lernt, neue Begriffe in verschiedenen Zusammenhängen und sprachlichen Situationen erfolgreich einzusetzen. Im Vordergrund einer so verstandenen Sprachförderung kann daher nur das ganzheitliche und anschauliche Lernen stehen. Wir müssen kategorisch und streng allen Überlegungen, die eine isolierte, systematisierte und lernzielorientierte Sprachförderung im Alltag favorisieren, vehement und konsequent entgegentreten. Es darf hier zu keinem Spezialtraining in Sachen Sprache und Sprachförderung kommen. Kinder brauchen unmittelbare Erfahrungen, damit sie die neue Sprache nicht nur abstrakt und mediatisiert über das Anschauen und Betrachten von Bildern erwerben.

Entscheidende Grundlage für einen erfolgreichen Spracherwerb Deutsch als Zweitsprache sind stabile Beziehungen zwischen den Kindern und der Erzieherin oder Lehrerin. Kinder müssen sich wohl fühlen, müssen sich verstanden und akzeptiert wissen von der Erzieherin und Lehrerin der Gruppe. Nur in solchen Situationen sind die Kinder gewillt und bereit, ihre Sprache einzusetzen. Beim gemeinsamen Frühstück, beim gemeinsamen Spielen, beim gemeinsamen Bilderbuchbetrachten oder beim gemeinsamen Basteln traut sich das Kind durch die Nähe und Vertrautheit zur Erzieherin, einen Zugang zur neuen Sprache zu finden. Wichtig ist die Tatsache, dass Kinder erleben, wie nützlich die neue Sprache Deutsch für ihr tägliches Leben sein kann. Dabei ist es von großer Bedeutung, dass eine zweite Sprache nicht nur in der Kommunikation mit Erwachsenen erworben wird. Das sprachliche Lernen findet auch in der Kindergruppe statt. Kinder können sehr viel von anderen Kindern lernen, weil sich über die gemeinsamen Aktivitäten zahllose Sprechanlässe in natürlichen Kommunikationssituationen ergeben. Die Erzieherin oder Lehrerin soll die Gespräche der Kinder untereinander beobachten und analysieren.

6.8.5 Pädagogische Anregungen

Im Kindergarten und in der Schule sind die ausländischen Kinder darauf angewiesen, neue soziale Kontakte zu knüpfen, erste freundschaftliche Beziehungen aufzubauen und deutsche Kinder kennen zu lernen. Bei diesem Prozess sind die Kinder auf die Zweitsprache Deutsch als Sozialisationssprache angewiesen, denn ab dem Alter von drei Jahren beim Besuch des Kindergartens oder ab dem Alter von sechs Jahren bei dem Besuch der Grundschule spielt sich ein wichtiger Teil ihres Lebens in dieser Zweitsprache ab. Die ausländischen Kinder sind daher oft sprachlos, weil sie sich anderen noch nicht mitteilen können. Das Medium der Sprache kann als wichtige Orientierungshilfe im Leben der Kinder noch nicht eingesetzt werden. Die Kinder können ihre Gefühle nicht ausdrücken und ihre Bedürfnisse formulieren, sie sind unsicher im Umgang mit anderen und fühlen sich missverstanden, ja unverstanden. Wir wissen aber, dass gerade Unsicherheit und Angst die Neugier unterdrücken und die Lernbereitschaft stark behindern.

Kinder aus zugewanderten Familien erwerben die Zweitsprache Deutsch nie im Rahmen einer orientierten und systematischen Sprach- und Sprecherziehung, sondern immer nur im Rahmen natürlicher Lernvorgänge. Daher bezeichnet man den Erwerb der Zweitsprache Deutsch als natürlichen und ungesteuerten Zweitspracherwerb. Grundlegende Voraussetzung für den Erwerbsvorgang ist eine sprachanregende und -zugewandte Umgebung, in der die Kinder die Zweitsprache Deutsch zunächst ungezwungen, kreativ und ohne Sanktionen ausprobieren können. Der Erwerb der Zweitsprache Deutsch muss sich an folgenden Prinzipien orientieren (vgl. Beauftragte der Bundesregierung für Ausländerfragen 2000, S. 16ff.):

1. Das Erlernen der Zweitsprache ist zunächst einmal ein kreativer und offener Konstruktionsprozess, da die Kinder nicht nur das nachsprechen, was ihnen vorgesprochen wird, sondern eigenständig Wörter und Sätze konstruieren je nach individueller Situation ihrer sozialen Handlungen.

2. Die Kinder greifen einzelne sprachliche Elemente aus der Zweitsprache Deutsch heraus und bilden sich ein eigenes grammatikalisches System, das in einigen Bereichen mit der Zielsprache übereinstimmt, in anderen davon abweicht. Das ausländische Kind erwirbt die Zweitsprache nicht in einer vorgegebenen Reihenfolge, sondern nähert sich über verschiedene Zwischenstadien allmählich der Zielsprache an.

3. Die Erfahrungen und das Wissen aus dem Erwerb der Erstsprache kommen auch beim Erwerb der Zweitsprache zum Tragen. Die Kinder greifen auf die gemachten Erfahrungen beim Aufbau von Lautbildung, Wortschatz und Satzbau zurück. Daher sind diese Kinder oft in der Lage, den Spracherwerbsprozess der Zweitsprache Deutsch effektiver zu gestalten.

4. Beim Verstehen von Sprache stellen wir bei den Kindern oft große Unterschiede fest. Manche Kinder sprechen im Kindergarten erst nach einigen Monaten, wenn sie nämlich ein ausreichendes Sprachverstehen besitzen und sich sicher im Umgang mit anderen fühlen. Andere Kinder versuchen sich bereits nach wenigen Tagen in der neuen und fremdartig anmutenden Zweitsprache Deutsch zurecht zu finden. Auch hier gilt die bereits erwähnte Regel, den Kindern viele individuell abgestimmte sprachliche Angebote zu machen, sich ihnen emotional zuzuwenden, sie aber auf keinen Fall zum ständigen Nachsprechen anzuhalten, weil ihnen die Bedeutung des Gesprochenen oft nicht klar ist.

5. Der Erwerb der Zweitsprache verläuft nach bestimmten Phasen. Diese sprachlichen Abfolgen können unterschiedlich andauern, und ein Überspringen einzelner Phasen ist nicht auszuschließen. Die Erfahrungen und das Wissen aus der Erstsprache sagen dem Kind, dass auch in der Zweitsprache sprachliche Äußerungen nur in bestimmten Satzstrukturen benutzt werden können. Die Kinder wissen bereits, dass Sprache nach festgelegten Regeln und Prinzipien abläuft. Sie brauchen daher zunächst ein Grundverständnis für eine bestimmte sprachliche Struktur in der Zweitsprache, bevor sie in der Lage sind, diese Struktur einzusetzen. Die Kinder beginnen mit einem einfachen Satzbau mit so genannten Kopula-Sätzen, d.h. mit Sätzen, die mit dem Hilfsverb »sein« gebildet werden: »Ich sein Junge«. Danach treten dann Vollverben wie »gehen, essen, laufen, trinken« und Modalverben wie »können, sollen« hinzu. Schließlich wird der Satzbau komplexer, und das Kind lernt, schwierige Sätze zu bilden. Das Kind konstruiert seine Sätze nach einem bestimmten Bauplan und nähert sich über verschiedene Stadien an das Erwachsenenmodell an.

6. Kinder werden im Kindergarten und in der Schule über Spiel- und Handlungssituationen, in denen Sprache, Sprechen und Tun eine Einheit bilden, an die Zweitsprache Deutsch herangeführt. Oft können die Kinder die Bedeutung des Gesprochenen aus dem Kontext entnehmen, wie z.B. bei einer Feier, einer Begrüßung oder einem Streit. Daher lassen die Kinder oft Wörter weg, die wenig Informationen enthalten und deren Bedeutung aus der Situation heraus verstanden werden kann: »Puppenecke spielen« statt »Ich möchte in der Puppenecke spielen.« Das Kind reduziert eigenständig die Vielfalt der Wortformen und Satz-

strukturen der Zweitsprache Deutsch und erleichtert sich so den Einstieg in die neue Sprachwelt. Es verwendet z.B. statt drei Artikel nur einen: »Die Puppe, die Ball, die Buch.« Mit Hilfe dieser Strategien des Auslassens von Wörtern, des Reduzierens der Formenvielfalt und der Übergeneralisierung syntaktischer Regeln nähert sich das Kind in einem eigenen Entwicklungs- und Zeitplan der korrekten Sprachform und -norm.

Damit der Erwerb der Zweitsprache Deutsch gelingt, sollten wir folgende Aspekte bedenken und berücksichtigen:

- eine ausreichende emotionale Zuwendung und sprachliche Anregung,
- eine gleich starke Beachtung der Erst- und Zweitsprache im Rahmen der kindlichen Entwicklung,
- die Vermeidung von Konflikten in den Familien ausländischer Kinder wegen einer möglichen sprachlichen Entfremdung von Eltern und Kindern,
- die Bedrohung des elterlichen Selbstverständnisses wegen der möglichen Dominanz der Zweitsprache Deutsch,
- die Verunsicherung der Eltern wegen des sprachlichen Vorsprungs ihrer Kinder in der Zweitsprache Deutsch,
- eine positive Einstellung der Eltern gegenüber der Zweitsprache Deutsch und der Gesellschaft fördern,
- keine Abwertung der Erstsprache durch die einheimischen Sprecher der Zweitsprache,
- persönliche, soziale oder kulturelle Diskriminierungen gegenüber der Erstsprache können die hohe Bereitschaft zum Erwerb der Zweitsprache verhindern,
- das gesellschaftliche Ansehen sollte gegenüber allen gesprochenen Sprachen gleich groß sein (Oft ist dies nicht der Fall, und so wird z.B. die englisch-deutsche Zweisprachigkeit höher bewertet als die türkisch-deutsche.),
- Individualität berücksichtigen.

All diese Punkte sollten gewissenhaft und systematisch im Rahmen einer zweisprachigen Erziehung sowohl im Kindergarten als auch in der Grundschule bedacht werden, damit der Erwerb der Zweitsprache Deutsch gelingen kann.

Wenn wir die bisherige Diskussion plausibler Spekulationen und Hypothesen zum Erwerb einer Zweitsprache zusammenfassen, dann können wir zunächst einmal festhalten, dass im praktischen Alltag die fachlichen Gespräche um und über den Erwerb der Zweitsprache viel zu oberflächlich und wenig fundiert geführt werden. Die hohe Komplexität des Spracherwerbs wird zu stark kategorisiert und damit vereinfacht. Das »Sprachlernen« wird vielfach nur auf der »zweidimensionalen Ebene« des Buches durchgeführt, d.h. es werden zu viele Arbeitsblätter eingesetzt.

Um zugewanderte Kinder beim Erwerb der zweitsprache Deutsch gezielt unterstützen zu können, sollen noch einmal die grundlegenden Spracherwerbsvorgänge dargestellt werden:

1. Beim Erwerb der Erstsprache können wir beobachten, dass dieser Vorgang von einer sehr sensiblen und engagierten Mutter begleitet und kritisch überwacht wird. Hier spielen insbesondere emotionale und affektive Faktoren und ein hoher zeitlicher Aufwand verbunden mit einer großen Ernsthaftigkeit beim Spracherwerb eine prägende Rolle. Alle direkten (Eltern und Geschwister) und indirekten Bezugspersonen (Verwandte, Bekannte, Freunde) demonstrieren in der Regel eine große Verantwortung gegenüber dem Sprache erwerbendem Kleinkind.

2. Beim Erwerb einer Zweitsprache beobachten wir bei den betroffenen Eltern und weiteren Bezugspersonen oft eine gewisse Sorglosigkeit, Beliebigkeit und Zufälligkeit, was den Erwerb der Zweitsprache Deutsch angeht. Die Erstsprache als Muttersprache wird im täglichen Umgang favorisiert, und die Zweitsprache fristet ein stiefmütterliches Dasein. Sie wird erst dann ernst genommen, wenn der Kindergarten sprachliche Defizite anmahnt oder die Einschulung in die deutsche Grundschule gefährdet ist. Jetzt kommt es oft zu »Hau-Ruck-Aktionen« und »Mammutübungen«, was die Förderung der Zweitsprache Deutsch angeht.

3. Beim schulischen Erlernen einer Fremdsprache wie Französisch oder Englisch haben wir es nicht mehr mit dem Spracherwerb zu tun. Hier sprechen wir deshalb auch vom organisierten, unterrichtlich systematisierten und lernzielorientierten Lernen. Das Lernen der Vokabeln, das Üben der Grammatik und anderer linguistischer Kategorien sowie das Hörverstehen als favorisiertem Zugang zur Fremdsprache stehen jetzt im Mittelpunkt des Unterrichts.

Alle drei Lernvorgänge müssen in ihrer historischen Betrachtung, ihrer aktuellen Genese und vor allem hinsichtlich des Sprachgebrauchs und der Sprechfertigkeit vor dem sozialen Hintergrund betrachtet und eingeschätzt werden.

6.9 Förderschwerpunkte

Natürlich findet der Erwerb der Zweitsprache teilweise unter völlig anderen Bedingungen statt als der Erstspracherwerb. Dennoch gibt es einige Merkmale des Sprechenlernens, die sich positiv auf den Erwerb der Zweitsprache auswirken und daher in die Förderüberlegungen einbezogen werden sollen. Der Zweitspracherwerb sollte möglichst in die allgemeine geistige Entwicklung, in kommunikative, soziale, motorische und sensorische Zusammenhänge eingebunden werden. Vier Aspekte sollen im Folgenden herausgegriffen, beleuchtet und für die künftige Förderung akzentuiert werden (vgl. Knapp 1998, S. 18ff.).

6.9.1 Wortschatzerwerb

Mutter-Kind-Dialog
Beim Auf- und Ausbau des Wortschatzes spielen die Mutter-Kind-Dyade und damit die engen emotionalen und sozialen Beziehungen beim Dialog zwischen Mutter und Kind die zentrale Rolle überhaupt. Dies gilt aber auch für die anderen Bezugspersonen, die unmittelbar und direkt Kontakt haben mit dem Kind. Nach Bruner (1987) läuft der Erwerb der ersten Bedeutungen von Wörtern nach ganz bestimmten Mustern und Strategien ab. Das Kind erschließt die Bedeutung des Wortes aus dem Kontext und der sprechenden Umwelt, in der das zu lernende Wort verwendet wird. Daher ist das Versprachlichen von Handlungen, Tätigkeiten oder Vorgängen vor den Augen des Kindes ein idealer Ansatzpunkt zum Sprechen und Sprechenlernen. Beim gemeinsamen Frühstück, Kochen, Basteln, Bauen oder Malen bieten sich zahlreiche Gelegenheiten, die Vorgänge und Handlungsabläufe sprachlich zu fassen. Wenn dabei die genauen Begriffe der benutzten Gegenstände in den unterschiedlichen Verwendungssituationen gebraucht werden, lernen die Kinder die exakten Bedeutungen der Wörter eher als von einem Arbeitsblatt.

Bilderbuch
Was den Aufbau des Wortschatzes angeht und den Erwerb von Bedeutungen, ist das gute alte Bilderbuch eine äußerst wertvolle Stütze. Die Mutter betrachtet mit dem Kind das Bilderbuch. Wenn das Kind schon älter ist, wird aus dem Bilderbuch vorgelesen. Gerade das Vorlesen gehört zu der sinnvollsten und effektivsten Art der sprachlichen Förderung im Kindergartenalter. Durch das Vorlesen erweitert sich der Wortschatz, aber auch das Allgemeinwissen über die Welt. Die Kinder hören neue Satzkonstruktionen und lernen, sich elaboriert und differenziert auszudrücken. Beim Vorlesen werden die Endungen weniger als in der spontanen Umgangssprache verschliffen, und die korrekten Konjugations- und Deklinationsformen werden exakter registriert. Außerdem werden die Kinder durch das Vorlesen zu interessanten Fragen angehalten und es entwickeln sich qualifizierte Gespräche. Daher hat das Vorlesen in der Familie, im Kindergarten und auch noch in der Schulzeit eine wichtige Funktion für den Auf- und Ausbau der kommunikativen Kompetenz.

6.9.2 Grammatikerwerb

Natürliche Förderung grammatischer Kompetenz
Auch beim Erwerb grammatischer Kompetenz bildet die Mutter-Kind-Dyade die Grundlage, um Gegenstände zu benennen und lexikalische Wortformen zu benutzen. Rudimentäre oder unvollständige Sätze werden aufgegriffen und in eine grammatisch vollständige Form gebracht. Die Mutter reagiert intuitiv didaktisch und methodisch meist richtig, indem sie zum Sprechen provoziert, als Vorbild Sprache modelliert, richtige Antworten und die sprachlichen Bemühungen des Kindes positiv bestätigt. Es ist wenig sinnvoll, das formale Training im Bereich der Syntax und Morphologie zu for-

cieren und Arbeitsblätter einzusetzen, um systematische grammatische Übungen zu machen. Es werden jedoch immer noch für Kinder mit Deutsch als Zweitsprache im Deutschunterricht der Grundschule und im Rahmen des Förderunterrichts Übungen zur Deklination und Konjugation angeboten und geübt. Der Einsatz solch funktionsorientierter Übungsprogramme hat sich sowohl im Erstspracherwerb als auch beim Zweitspracherwerb nicht bewährt, wenngleich sie weiterhin landauf landab praktiziert werden. Vorschulkinder und Schülerinnen im Anfangsunterricht der Grundschule haben noch keinen ausgeprägten Sinn für solche Regelsysteme entwickelt. Bei ihnen dominiert das bereits erworbene und verfestigte Sprachgefühl. Grammatische Kompetenz kann gefördert werden, indem man die Kinder zur Sprache hinführt, sie zum Sprechen in natürlichen Sprachhandlungssituationen provoziert und Sprache modelliert. Fehlerhafte Konstruktionen werden von der Lehrerin aufgegriffen und dem Kind als korrektes Modell wieder in unterschiedlichen sprachlichen Modifikationen präsentiert. So wird ein nicht korrekter Fragesatz des Kindes durch die Lehrerin ohne Kommentierung einfach wiederholt und sprachlich erweitert. Wichtig ist, insbesondere bei der Förderung von Kindern aus sprachlichen Minderheiten, dass die Lust auf Sprache und die Freude zum Sprechen erhalten bleiben.

6.9.3 Sprachbewusstsein

Beim Schulanfang ist es wichtig, dass die Kinder lernen, über die eigene Sprache bewusst nachzudenken. Linguistische Strukturen sollen so nach und nach bewusst werden. Die Kinder müssen daher behutsam weggelockt werden vom Inhalt der Sprache und aufgeschlossen werden für die formalen, äußeren und hörbaren Anteile der Sprache. Im spielerischen Umgang mit der Sprache sollen sie erfahren, was ein Satz, ein Wort, eine Silbe oder ein Laut ist. So lernen die Kinder in einfachen Reimen wie »Bi-Ba-Butzemann« das Ausgliedern von Wörtern und Silben, was wiederum eine wichtige Voraussetzung für das spätere Lesen und Schreiben darstellt. In Liedern wie »Drei Chinesen mit dem Kontrabass«, in denen die Vokale verändert werden, werden Laute bewusst gehört und segmentiert. In Sprach- und Sprechspielen erfahren die Kinder aus sprachlichen Minderheiten auch das Deklinieren, das als typischer Fehler bei ausländischen Kindern mit Deutsch als Zweitsprache bezeichnet werden kann. Hier gilt wie beim Erwerb der grammatischen Kompetenz, dass formale und mechanische Übungen mittlerweile als nicht effektiv und daher als didaktisch sehr fragwürdig angesehen werden (vgl. Knapp 1998, S. 20).

6.9.4 Erzählkompetenz

Der Handlungsablauf einer Geschichte wird von der Mutter klar strukturiert und dem Kind sprachlich so vermittelt, dass es gedanklich und chronologisch folgen kann. Wichtig ist, dass der erwachsene Erzähler dem Kind ein gedankliches Gerüst vorgibt, mit Hilfe dessen es die Erzählung aufbauen und sprachlich rekonstruieren kann. Der

Erwachsene darf nicht dominieren, sondern das Kind behutsam durch die Erzählung führen. Das Kind lernt, Gedanken sprachlich zu vermitteln und die Chronologie der Erzählung einzuhalten. In Erzähldialogen mit kindlichem Erzähler und erwachsenem Zuhörer übernimmt der Erwachsene die Bewertung und zeigt damit dem Kind, wie man in Erzählungen wiedergegebene Ereignisse emotional und sprachlich bewertet. Hinsichtlich des Erzählerwerbs ist der Umgang mit Erwachsenen für das Aneignen bestimmter Erzählmuster sehr hilfreich. Beliebte Formen zum Erzählen sind die Morgenkreise und Abschlusskreise in den Kindergärten und die Erzählkreise in den Schulen. Die Kinder sitzen im Kreis, im Halbkreis oder an einer hufeisenförmig angeordneten Tischform, schauen sich gegenseitig an und berichten vom vergangenen Geburtstag, Zoobesuch, Fahrradunfall oder erlebnisreichen Wochenende. Wichtig ist bei diesen Erzählungen, dass auch die Kinder berücksichtigt werden, die sich nicht vordrängen und Probleme beim Erzählen und Sprechen haben. Diese Kinder brauchen nicht nur Anregungen zum Sprechen, sondern vor allem viel Zeit und Geduld beim Zuhören. Dyadische Konstellationen oder kleine Gruppen mit einem erwachsenen Erzähler üben eine besonders förderliche Rolle beim Erzählenlernen aus, weil der Erwachsene das Kind gedanklich unterstützt, sprachlich führt und wie beim Erwerb der Erstsprache begleitet. Der Erwachsene präsentiert dabei im Dialog mit dem Kind Modelle der Zielsprache und gibt positive Rückmeldungen.

Fazit

In den bisherigen Überlegungen zum Erwerb der Zweitsprache haben wir die Problematik der Einteilung der ausländischen Kinder angesprochen, die Spekulationen zum Zweitspracherwerb kurz vorgestellt sowie die zentralen Bedingungen und pädagogische Anregungen zur Unterstützung dieses schwierigen Erwerbsprozesses erläutert. Da bei Kindern aus Sprachminderheiten und Migrantenfamilien, die in Deutschland eingeschult werden, im Regelfall die Kenntnisse der deutschen Sprache einfach vorausgesetzt werden, bietet man diesen Kindern keine spezielle und gesonderte Förderung im Unterricht an. Daher lernen diese Kinder nicht bewusst den korrekten Gebrauch der Funktionswörter und der Endungen sowie das freie und spontane Erzählen. In den einfachen und alltäglichen Kommunikationssituationen wird auf Grund des vorhandenen Kontext-, Situations- und Weltwissens der Sinn des sprachlich Geäußerten verstanden, auch wenn die Funktionswörter und Endungen nicht genau wahrgenommen und registriert werden. Daher fällt dieses Defizit an sprachlicher Kompetenz nicht immer auf. Diese Kinder aus Sprachminderheiten schleppen verdeckte und nicht erkannte Sprachschwierigkeiten mit von Schuljahr zu Schuljahr und mogeln sich insbesondere sehr leicht durch die ersten Klassen der Grundschule.

Ähnlich wie bei der Förderung der Erstsprache sollte hier das bewährte Konzept der vernetzten, familienorientierten, handlungsgeleiteten und vor allem lebensbedeutsamen Förderung zum Tragen kommen. Als wesentliche Förderschwerpunkte können der Wortschatz, der Grammatikerwerb, das Sprachbewusstsein für die Zweitsprache Deutsch sowie die Erzählfähigkeit in den Mittelpunkt der gesamten Fördermaßnahme gestellt werden.

7. Voraussetzungen zum Erwerb der Schriftsprache

In der Regel erwerben Schulanfänger – deutsche und zugewanderte Kinder gleichermaßen – die Voraussetzungen zum Lesen und Schreiben in der Auseinandersetzung mit den sprachlichen, kognitiven, sozialen, motorischen und sensorischen Angeboten der Familie, der Umwelt, des Kindergartens und der Schule. Neben der Anregung durch die Umwelt spielt auch die personale und zeitliche Zuwendung eine entscheidende Rolle für den Erfolg. Wenn wir uns mit Problemkindern beschäftigen und gezielte Fördermaßnahmen einleiten, dann müssen wir uns auch im Klaren sein, welche Voraussetzungen bei den Kindern vorhanden sind und welche Bedingungen unzureichend entwickelt sind oder gar fehlen. Sind die Rückstände und Defizite in dem Netz der Voraussetzungen zu groß, dann wird der Erfolg beim Lesen- und Schreibenlernen lange auf sich warten lassen. Die Motivation des Kindes, seine Sprache und sein Sprechen, sein bisher erworbenes Symbolverständnis sowie die präliteralen Erfahrungen mit dem Lesen und Schreiben zählen zu den unabdingbaren Voraussetzungen. Meiers (1998) gliedert die Voraussetzungen in allgemeine und spezifische Voraussetzungen. Allgemeine Voraussetzungen sind die Motivation, das Symbolverständnis und die Sprachkompetenz. Im Bereich der spezifischen Voraussetzungen nennt er kognitive Strategien der Informationsverarbeitung, Prozesse der bewussten Sprachwahrnehmung und die Fähigkeit zur Sprachanalyse. Schenk (1999, S. 47ff.) untergliedert die Voraussetzungen in physiologisch-organische Voraussetzungen (Funktionstüchtigkeit der Sinnesorgane und Sprechwerkzeuge, schreibmotorische Fähigkeiten und allgemeiner körperlicher Entwicklungsstand), in zentrale Funktions- und Verstehensleistungen (visuelle, auditive, sprachliche Fähigkeiten sowie elementares Schriftverständnis und spezielle kognitive Fähigkeiten), psychologische Grundbedingungen (Lernmotivation, Konzentration und sozialer Entwicklungsstand) und soziokulturelle Milieufaktoren (Elternhaus).

Wir müssen immer wieder darauf hinweisen, dass das Lesen- und Schreibenlernen nicht, wie vielfach angenommen, in der Grundschule beginnt, sondern bereits im Elternhaus und Kindergarten angebahnt wird und durchaus gehemmt oder gefördert werden kann. Der Zusammenhang zwischen Sprechen, Hören, Lesen und Schreiben wird in der folgenden Entwicklungstreppe dargestellt.

LA	Sprache/Sprechen	Lesen	Schreiben
0	Schreien/Lallen		
1	Sprachverstehen/ Ein-Wort-Satz		
2	Zwei-Wort-Satz		Malen/Kritzeln
3	Mehr-Wort-Satz	Als-Ob-Lesen	Zeichen abmalen
4	Fragealter	Ratelesen	Namen/Wörter
5	Gespräch, Konversation	mechanisches Anlautlesen	Nach Gehör
6	Individueller Redestil	mechanisches Buchstabenlesen	bewusste Rechtschreibung setzt ein
7		häufige Wörter sinnentnehmend lesen	Regeln beachten, Rechtschreibgefühl
8		Automatisierung, stilles Lesen	

Abb. 27: Entwicklungstreppe

Im Folgenden möchten wir die wesentlichen Faktoren erläutern, die für das Lesen- und Schreibenlernen eine Rolle spielen: organisch-periphere Voraussetzungen (Augen, Ohren, Sprechorgane, Hand), sensorisch-zentrale Leistungen (Wahrnehmung, Sprache) und emotional-soziale Fähigkeiten (Motivation, Ausdauer, Selbstvertrauen).

Abb. 28: Voraussetzungen zum Lesen und Schreiben

7.1 Organische Bedingungen

Diese Voraussetzungen beziehen sich auf die peripheren Leistungen und Fähigkeiten eines Kindes. Lesen- und Schreibenlernen kann nur erfolgen, wenn das Kind beim Hören, Sehen, Sprechen und Bewegen keine Schwierigkeiten hat.

7.1.1 Peripheres Hörvermögen

Der physiologische Vorgang des Hörens setzt mit der Zeugung und der Entwicklung des Fötus ein. Im Zuge der nachgeburtlichen Reifung ist der periphere Hörvorgang im Wesentlichen nach ca. einem Jahr abgeschlossen. Das Kind nimmt mit den funktionstüchtigen Ohren Töne, Klänge und Geräusche aus der Umwelt auf. Die Luftdruckschwankungen und Schallwellen wandern durch das Außenohr mit Ohrmuschel, Gehörgang und Trommelfell, über das mit Luft gefüllte Mittelohr, das über die Gehörknöchelchen die Schallwellen weiterleitet, in das mit Flüssigkeit gefüllte Innenohr mit der Schnecke (Kochlea). Die in der Schnecke befindlichen Haarzellen erzeugen je nach Tonhöhe und Lautstärke unterschiedliche Reize für den Hörnerv, der diese Impulse an das kortikale Zentrum weiterleitet (Zimbardo 1983, S. 77). Hier findet eine Umwandlung der mechanischen Reize in elektrische Impulse statt. Der Mensch hört Frequenzen in einem Band von 20 bis etwa 16.000 Hz und nimmt die Lautstärke zwischen 4 und 130 Phon akustisch wahr. Störungen in diesem Bereich wirken sich nun in vielfältiger Weise auf das Sprachverständnis (= das Sprachverstehen) und die gesamte Sprachentwicklung aus. Bei den Hörstörungen unterscheidet man Störungen bei der Leitung des Schalls (Schallleitungsstörung) und Störungen bei der Empfindung des Schalls (Schallempfindungsstörung). Bei der Schallleitungsstörung wird Sprache leiser wahrgenommen, die Intensität ist gedämpft, und die Hörweite ist verringert. Ursachen können sein: ein Pfropf aus Ohrenschmalz im Gehörgang, eine starke Erkältung, bei der die Schleimhäute im Nasen-Rachen-Raum bis in die Tube angeschwollen sind. Bei der Schallempfindungsstörung liegt ein Hörverlust durch Störungen im Innenohr oder in der Hörbahn vor. Ursachen können Lärm, Entzündungen oder Missbildungen sein. Hörstörungen werden oft am Schulanfang nicht erkannt, da sie isoliert nicht überprüft werden. So zeigen sich bei Kindern mit Hörstörungen Probleme in der Konzentrationsfähigkeit, beim Sprechen, Lesen, Schreiben und in der gesamten schulischen Entwicklung. Die Überprüfung des peripheren Hörens kann nur vom Kinderarzt, der Schulärztin, dem Hals-Nasen-Ohrenarzt oder dem Phoniater durchgeführt werden. Im Schulalltag verursachen Erkrankungen der Atemwege Hörstörungen und führen damit zu ernsthaften Lerndefiziten. Signale einer Hörbeeinträchtigung im Grundschulalter können sein (vgl. Homburg/Teumer 1989, S. 43): angespannte Hörhaltung, wie z.B. Hand an der Ohrmuschel und seitliche Neigung des Kopfes, akustische Unsicherheit, rasche Ermüdbarkeit, häufiges Nachfragen, Lärmempfindlichkeit und Unsicherheiten bei der Lautunterscheidung.

7.1.2 Peripheres Sehvermögen

Die meisten Sinneseindrücke aus unserer Umwelt erhalten wir über unsere Augen. Das menschliche Auge besteht aus dem Augapfel mit den drei Schichten Lederhaut (Hornhaut), Gefäßhaut (Iris) und Retina (Netzhaut), der Pupille und den lichtempfindlichen Rezeptorzellen der Netzhaut. Bei den Rezeptorzellen unterscheiden wir die Zapfen, die für das Sehen am Tage verantwortlich sind, und die Stäbchen, die für das Sehen in der Nacht verantwortlich sind (Zimbardo 1983, S. 70). Das periphere Sehen mit den menschlichen Augen liefert das Material, das in den kortikalen Sehregionen zentral verarbeitet wird. Zusammenfassend können wir festhalten, dass die Sehnerven die Lichtwellen in elektromagnetische Wellen umwandeln und über die Netzhaut Impulse an das visuelle Feld der Großhirnrinde liefern. Dabei kommt es zu einer kontralateralen Verarbeitung, d.h. die Informationen des linken Gesichtsfeldes werden in der rechten Hälfte des visuellen Kortex verarbeitet und umgekehrt. Es kommt häufig vor, dass ein Auge dem anderen überlegen ist, sodass man durchaus von einer Links- oder Rechtsdominanz sprechen kann. Dabei kommt es zu individuellen Abweichungen im Zusammenspiel von Auge und Hand. Die Augen gehören neben den Ohren zu den zentralen Wahrnehmungsorganen im Zusammenhang mit schulischen Leistungen (vgl. Wiedenmann 1997, S. 56). Sehstörungen am Schulanfang können übersehen werden, da zu Beginn des Lesen- und Schreibenlernens das ganzheitliche Erfassen des Wortes im Mittelpunkt steht. Die Überprüfung des peripheren Sehens kann nur vom Kinderarzt, der Schulärztin oder dem Augenarzt durchgeführt werden. Signale einer Sehbeeinträchtigung können sein: doppeltes Sehen, Tränen in den Augen, Zudecken eines Auges mit der Hand, Augenschmerzen, Kopfschmerzen, gerötete oder entzündete Augen.

7.1.3 Sprechorgane

Sprache und Sprechen eines Kindes können sich nur dann ohne Probleme entwickeln, wenn alle Entwicklungsbereiche altersadäquat entwickelt sind. Beim eigentlichen Sprechvorgang müssen die Sprechorgane wie Lippen, Zähne, Kieferstellung, Mund- und Rachenraum, Kehlkopf, Stimmbänder, Luftröhre, Zwerchfell und Bauchatmung intakt sein und fehlerfrei zusammenarbeiten. Für die einzelnen Laute sind bestimmte Artikulationsstellen wichtig: Lippenlaute (p, b, m), Lippenzahnlaute (f, v, w) Zahnzungenlaute (t, d, n, l, s, r) Vordergaumen-/Hintergaumenlaute (j, k, g), Zäpfchenlaut (r) und Stimmritzenlaut (h). Bei anatomischen Problemen mit den Sprechorganen wie den Zähnen, der Zahn- und/oder Gebissstellung, den Lippen, den Resonanzräumen, den Stimmbändern und dem Kehlkopf müssen Fachärzte wie Phoniater, Zahnärzte und Kieferorthopäden hinzugezogen werden.

7.1.4 Handmotorik

Das Kind durchläuft bis zur Einschulung eine individuelle motorische Entwicklung, insbesondere im Bereich der Arm-, Hand- und Fingergeschicklichkeit. Das Malen, Kritzeln, Nachzeichnen einzelner Buchstaben und die ersten Schreibversuche mit dem eigenen Namen sind erste spontane schriftliche Darstellungen bzw. die ersten Schreibversuche des Kindes. Hier sammelt das Kind wichtige Erfahrungen im Umgang mit verschiedenen Werkzeugen und Schreibmaterialien, im Erkennen und Unterscheiden von Formen und Größen sowie im täglichen Umgang mit grafischen Zeichen und Piktogrammen. Das Schreiben mit der Hand wird durch das harmonische Zusammenspiel verschiedener Gelenke und Muskelgruppen ermöglicht. Die Hand ist insbesondere an den Fingerspitzen als Tast- und Fühlorgan sehr sensibel, was die Wahrnehmung von Gegenständen aus der Umwelt angeht. Das Kind muss daher beim Schreiben eine Vielzahl von einzelnen Bewegungen koordiniert ausführen. Beim Malen, Kritzeln oder Schreiben auf dem Tisch liegt der Unterarm auf der Schreibunterlage und das Schreiben erfolgt weitgehend aus dem Handgelenk heraus. Die Kinder sollten daher im Vorschulalter die Gelegenheit haben, ihre eigenen Hände zu entdecken, d.h. sie als Werkzeug erspüren. »Warum diese Hände sofort zwischen Linien als Schreibzeilen pressen?« (Bärmann 1991, S. 59). Wichtig ist in dieser Phase der richtige Griff. Die Kinder sollten im Elternhaus und im Kindergarten auf spielerische Art und Weise an den so genannten Pfötchengriff herangeführt werden; Einer verkrampften und unzweckmäßigen Haltung der Stifte muss frühzeitig entgegengearbeitet werden. Die Händigkeit ist in der Regel zu Schulbeginn ausgeprägt; Auf keinen Fall sollten linkshändig schreibende Kinder auf die rechte Hand umerzogen werden.

7.2 Wahrnehmungsleistungen

Nachdem wir uns bisher mehr mit anatomisch-biologischen Gegebenheiten als Voraussetzungen für das Lesen- und Schreibenlernen beschäftigt haben, wenden wir uns jetzt den zentral-kortikalen Leistungen zu. Diese Leistungen werden im Gehirn des Kindes erbracht. Wir können hier körpernahe und körperferne Sinne (Pelikan 1991, S. 16ff.) unterscheiden. Zu den körpernahen Sinnen zählen wir die taktile Wahrnehmung, das vestibuläre System und das propriozeptive System. Zu den körperfernen Sinnen gehören die visuelle und auditive Wahrnehmung.

7.2.1 Taktile Wahrnehmung

Die taktile Wahrnehmung – gemeint ist unsere Haut – wird auch Berührungs- oder Empfindungssinn genannt. Beim Fühlen und Tasten werden chemische und physikalische Reize über Rezeptoren in Form von Nervenimpulsen ins Gehirn transportiert. Das Gehirn wiederum unterscheidet Reize, die von außen kommen, und Reize, die vom Körperinneren heraus weitergeleitet werden. Wir unterscheiden weiterhin Oberflächen- und Tiefenflächenrezeptoren. Dies ist wichtig, um bestimmte Abweichungen und Auffälligkeiten im Rahmen der Förderdiagnostik richtig einschätzen zu können (vgl. Wiedenmann 1997, S. 60). So melden die Oberflächenrezeptoren beispielsweise die Intensität eines Reizes in Abhängigkeit von behaarter und unbehaarter Haut. Die Tiefenrezeptoren melden über die Stellung der Gelenke und Gelenkbewegungen die Raum-Lage-Position. Das taktile System ist das ausgedehnteste Sinnesorgan des menschlichen Körpers und gleichzeitig das erste sensorische System, »welches sich im Mutterleib entwickelt und das bereits voll funktioniert, wenn optische und akustische Systeme sich erst zu entwickeln beginnen« (Ayres 1984, S. 47). Über den Tastsinn nehmen wir zum einen eher passiv mit Hilfe mechanischer Berührungen unsere Umwelt wahr, zum anderen erkunden, erproben und erforschen wir aktiv unsere Umwelt. Die Oberfläche und Merkmale eines Gegenstandes aus der Umwelt werden so wahrgenommen und im Gehirn registriert. Geometrische Figuren (Dreieck, Viereck, Kreis), Oberflächenbeschaffenheit (rau, glatt) und die Konsistenz (fest, weich, hart) können gut ertastet werden. Manche Kinder brauchen unterschiedliche Hautreize, d.h. leichte oder feste Berührungen, um in diesem Bereich richtig gefördert zu werden. Eine weitere wichtige Funktion ist die Wahrnehmung von unterschiedlichen Temperaturen und von Schmerz; hier gibt es individuell große Unterschiede. Zimmer (1995, S. 101) unterteilt die Bereiche der taktilen Wahrnehmung in Berührungswahrnehmung, Erkundungswahrnehmung, Temperaturwahrnehmung und Schmerzwahrnehmung.

7.2.2 Vestibuläres System

Das vestibuläre System umfasst die Schwerkraft, die Drehbewegungen, die horizontale und vertikale Beschleunigung. Der Gleichgewichtssinn liegt im Innenohr, genauer gesagt in der Schnecke und den drei Bogengängen. Durch das Innenohr nehmen wir Schwingungen wahr, die dann an das Gehirn weitergeleitet werden. Vom Gehirn aus erhalten unsere Muskeln und Gelenke Botschaften, die uns mitteilen, mit welchen Bewegungen wir unseren Körper im Gleichgewicht halten können. Der Gleichgewichtssinn ist für die Aufrechthaltung des Körpers und für die Orientierung im Raum zuständig. Darüber hinaus versetzt er den Körper in die Lage, Beschleunigungen und Drehbewegungen wahrzunehmen und sich darauf einzustellen (vgl. Zimmer 1995, S. 125). Daher können Kinder mit Problemen im vestibulären System nicht besonders gut Rad oder Roller fahren, über eine Langbank im Turnunterricht gehen und ruhig auf einem Stuhl sitzen. Die Bedeutung des vestibulären Systems wird in der Schule oft unterschätzt, weil viele seiner Aufgaben einfach vorausgesetzt werden und unterhalb der Bewusstseinsschwelle ablaufen. Ayres (1984, S. 52) betrachtet das vestibuläre System als integrierendes Bezugssystem. Insbesondere betont Ayres die enge Verbindung und Verknüpfung mit dem visuellen und auditiven System. Zimmer (1995, S. 129) untergliedert die Bereiche der vestibulären Wahrnehmung in statisches Gleichgewicht, dynamisches Gleichgewicht, Gleichgewicht auf verschiedenartigem Untergrund und Objektgleichgewicht.

7.2.3 Propriozeptives System

Unter diesem System versteht man die Tiefensensibilität, d.h. durch unsere Eigenwahrnehmung über Muskeln, Sehnen und Bänder wissen wir, wo sich unsere Körperteile befinden und wie wir uns angemessen in der aktuellen Situation bewegen sollen. Die Rezeptoren des menschlichen Körpers nehmen keine Reize aus der Umwelt auf, sondern beachten solche Reize, die im eigenen Körper z.B. durch Bewegungen entstehen. Daher nennt man sie auch Propriozeptoren (von lat. proprius = der eigene). Ayres spricht daher vom propriozeptiven System. Durch unsere Propriozeptoren erhalten wir Informationen aus dem Inneren unseres Körpers und diese Eigenwahrnehmung konstruiert das Körperschema. Das Kind kann so die Chancen und Grenzen des Körpers erfahren, es kann eine individuelle Vorstellung über seinen Körper entwickeln. Diese im Inneren des Körpers liegende Wahrnehmungsfähigkeit versetzt uns in die Lage, Informationen über die Stellung unseres Körpers allgemein oder speziell über die Bewegung von Armen, Händen und Fingern zu erhalten. Diese Tiefensensibilität gibt uns Rückmeldung über die Koordination und den Spannungsgrad der Muskeln sowie die Art der Bewegungen. Wir entwickeln auf diese Art und Weise z.B. für das Schreiben ein subjektives Körpergefühl, sodass wir auch »blind« unseren Namen schreiben können. Kinder mit Beeinträchtigungen in der Eigenwahrnehmung rutschen öfter auf einem Stuhl hin und her, weil sie sich erst durch diese Bewegungen selbst spüren können und so in die richtige Sitzposition bringen wollen. Wenn wir z.B. beim Treppensteigen oben angekommen sind – jedoch der Meinung sind, dass wir noch eine oder zwei Stufen gehen müssen – kommen wir ins Stolpern, obwohl es keine Stufe mehr gibt (vgl. Pelikan 1991, S. 16). Das propriozeptive System ist also für die Kontrolle der Eigenbewegung und für das Bewegungsgedächtnis sehr wichtig. Zimmer (1995, S. 114) unterteilt die Bereiche des propriozeptiven Systems in Stellungssinn, Bewegungssinn, Kraftsinn und Spannungssinn.

Erst wenn das taktile, vestibuläre und propriozeptive System intakt sind und funktionieren, kann nach Ayres (1984, S. 85) das nächste Entwicklungsniveau erreicht werden. Wir kommen nun zu den körperfernen Sinnen.

7.2.4 Visuelle Wahrnehmung

Die meisten Sinneseindrücke von der Umwelt erhalten wir über die Augen und damit über die visuelle Wahrnehmung. Die Augen und das visuelle System werden sehr stark im schulischen Alltag strapaziert. Elektronische Medien, Computerspiele und

Fernsehkonsum führen zu einer Überlastung des visuellen Systems. Sehen ist mehr als das Aufnehmen und Verarbeiten optischer Reize. Was wir mit unseren Augen offenbar »objektiv« sehen, ist immer abhängig von der Perspektive des Betrachters, von der Einstellung des Sehenden (vgl. Zimmer 1995, S. 62). In das Sehen und in die visuelle Wahrnehmung fließen Vorerfahrungen, Gewohnheiten, Interessen und emotionale Stimmungen ein. Die Netzhaut unserer Augen nimmt die Lichtquellen aus der Umwelt auf, die dann von den Nervenzellen der Netzhaut über den Sehnerv an das Gehirn weitergeleitet werden. Im Gehirn werden diese Impulse aufgenommen, gespeichert, verarbeitet, mit anderen Informationen verknüpft und interpretiert (Ayres 1984, S. 45). Die Netzhautbilder beider Augen sind geringfügig verschieden; erst durch die Verschmelzung in der kortikalen Sehrinde entsteht ein räumliches Bild. Man spricht hier von dem binokularen Sehen. Die Aufgaben des primären Sehfeldes der Sehrinde sind das Farbensehen, die Lokalisation der Richtung sowie das Registrieren der Umrisse des wahrgenommenen Gegenstandes. Die eigentliche visuelle Wahrnehmung erfolgt in den sekundären Sehfeldern der kortikalen Sehrinde. In dieser Gehirnregion sind beide Gesichtshälften repräsentiert, die über den Balken des Gehirns (corpus callosum) miteinander in Verbindung stehen. So halten beispielsweise fehlsichtige Kinder ihre Schreibgeräte und Hefte entweder sehr nahe an den Augen oder relativ weit weg. Diese Kurz- und Weitsichtigkeit wird im Rahmen der Schuleingangsuntersuchungen oft nicht diagnostiziert. Kinder mit eingeschränktem Sehradius drehen ihren Kopf und meistens ihren ganzen Körper in die Richtung, aus der sie etwas wahrnehmen. Sie können z.B. Ereignisse und Objekte am rechten und linken Sehfeldrand mit Hilfe der Augen nicht ausreichend lokalisieren (vgl. Pelikan 1991, S. 17). Beim Lesen und Schreiben müssen die Wörter als Gesamteindruck und in den Details visuell erfasst und gespeichert werden. Dabei ist die Form, Größe, Lage und Reihenfolge der Buchstaben von Bedeutung. Hier ist nun die visuelle Differenzierungsfähigkeit des Kindes gefordert, denn nur auf dieser Grundlage ist ein Wiedererkennen und Unterscheiden von Buchstaben und Wörtern möglich. Unter visueller Wahrnehmung werden Leistungen wie Formerkennung, Formdifferenzierung und Unterscheidung von Wortteilen, Wortganzem und einzelnen Buchstaben, Strukturierungsfähigkeit, Raumorientierung, wie z.B. das Schreiben von links nach rechts, und die Speicherfähigkeit von Buchstaben, Buchstabengruppen wie Signalgruppen, Buchstabenreihen, Wort und Satzbildern subsumiert (vgl. Schenk 1998, S. 57).

7.2.5 Auditive Wahrnehmung

Geräusche, Töne und Klänge erzeugen Wellen in der Luft. Diese Schallwellen gelangen zu unseren Ohren und werden über das Trommelfell zum Innenohr weitergeleitet. Von dort aus werden die Informationen über den Hörnerv zum Gehirn transportiert. So können wir über das auditive System Töne, Geräusche und Klänge wahrnehmen, speichern, erkennen, unterscheiden und interpretieren. Wir müssen unterscheiden zwischen auditiver und akustischer Wahrnehmung. Unter Akustik verstehen wir die Lehre vom Schall und den entsprechenden Schallverhältnissen; wir verstehen darunter den physikalischen Reiz. Unter Auditivität verstehen wir die anatomisch-biologischen Grundlagen des peripheren Hörens und die neurophysiologischen zentralen Prozesse im Gehirn. Wir müssen daher unterscheiden zwischen dem peripheren und zentralen Hören. Die auditive Wahrnehmung zählt zum zentralen Hörvorgang, wobei die ankommenden akustischen Reize im Gehirn verarbeitet und interpretiert werden. Die große und entscheidende Bedeutung der auditiven Wahrnehmung liegt in der grundlegenden Funktion für die menschliche Kommunikation. Ohne das periphere Hören und das zentral-auditive Wahrnehmen gibt es keine menschliche Sprache. Wir unterscheiden daher weiter zwischen peripheren und zentralen auditiven Wahrnehmungsstörungen. Unter peripheren Störungen verstehen wir die Schallleitungsschwerhörigkeit, die Schallempfindungsschwerhörigkeit, die einseitige Schwerhörigkeit und die Lärmschwerhörigkeit (vgl. Leyendecker 1988). Zu den zentral-auditiven Wahrnehmungsauffälligkeiten zählen wir die auditive Lokalisationsschwäche, die Diskriminationsschwäche, die Figur-Grund-Schwäche, die Sequenzschwäche, die Analyseschwäche und die Syntheseschwäche (vgl. Günther 1998, S. 40). Kinder mit Beeinträchtigungen der auditiven Wahrnehmung haben Probleme festzustellen, woher die Geräusche kommen und wie weit sie entfernt sind. Es kann auch sein, dass diese Kinder Schwierigkeiten haben, aus mehreren gleichzeitig auftretenden Schallquellen das wichtigste Geräusch herauszufiltern bzw. herauszuhören, also z.B. die Stimme der Erzieherin im Gruppenraum oder der Lehrerin in der Klasse. Für viele Kinder ist die Analyse der Laute mit zusätzlichen Schwierigkeiten verbunden, da die einzelnen Laute innerhalb eines Wortes ineinander fließen und miteinander verschmolzen sind. Die Fähigkeit, Wörter, Wortteile, Laute hörend und sprechend aus einem Lautkontinuum und Sprachfluss auszugliedern, muss erlernt werden (vgl. Schenk 1998, S. 60). Brügelmann (1994) weist darauf hin, dass Kinder zunächst nur das hören, was sie beim Sprechen im Mund auch spüren können. Die auditive Wahrnehmung des Sprechklangmusters kann durch sprechmotorische Komponenten wie gute Artikulation und Deutlichmachen der Artikulationsstellen im Mundraum sowie durch bewusstes Sprechen der Laute, Silben und Wörter unterstützt werden.

Die auditiven und visuellen Empfindungen werden nach Ayres (1984) erst später mit den drei so genannten Basis-Sinnen wie taktile, propriozeptive und vestibuläre Wahrnehmung in Beziehung gebracht und integriert. Dabei wird die Auge-Hand-Koordination ermöglicht, die für das Schreiben eine wichtige Voraussetzung darstellt. Wenn wir also festgestellt haben, dass ein Kind nicht über eine altersangemessene Wahrnehmungsfähigkeit in all den genannten Teilbereichen verfügt, ist es wichtig herauszufinden, inwieweit die drei Basis-Sinne entwickelt sind.

Es müssen im Rahmen der Förderdiagnostik Überlegungen angestellt werden, wie wir die Defizite erfassen können. Wenn ein Kind z.B. beim Schreiben oft die einzelnen Zeilen nicht beachtet, müssen wir zunächst abklären, welche Wahrnehmungskanäle unzureichend entwickelt sind. Es könnte in diesem Fall durchaus sein, dass das Kind keine altersangemessene Auge-Hand-Koordination besitzt. Eine Möglichkeit der Förderung besteht darin, die Koordination von Auge-Hand bzw. Hand-Auge zu fördern, wie z.B. durch das Angelspiel, Ballfangen usw. (vgl. hierzu Pelikan 1991, S. 17f.).

7.3 Sprachliche Fähigkeiten

Sprache ist das wichtigste Medium in der Schule, gleichzeitig aber auch zentraler Gegenstand von Lesen und Schreiben. Prosodische, lexikalische, semantische, syntaktische, grammatikalische und kommunikativ-pragmatische Grundkenntnisse bilden die Voraussetzung, dass das Grundschulkind im Unterricht mit diesem Medium altersadäquat umgehen kann. Für den Schriftspracherwerb ist die Beherrschung der Lautsprache eine unabdingbare Voraussetzung, und zwar im rezeptiven und produktiven Bereich. Daher umfassen die Aufgabenfelder des Deutschunterrichts in der Grundschule nicht nur das Lesen- und Schreibenlernen, sondern auch die Bereiche Hörerziehung, Sprecherziehung und Nachdenken über Sprache. Sprache wird definiert als ein Zeichensystem, das nach bestimmten Regeln und Normen funktioniert. Sprechen dagegen ist die Umsetzung des Systems Sprache durch die Artikulation. Daher wird Sprechen als höhere psychische, geistige und kortikale Funktion betrachtet. Sprache und Sprechen sind wesentliche Voraussetzungen für einen erfolgreichen Schriftspracherwerb im Anfangsunterricht. Die Überprüfung der kindlichen Sprache im Vorschulalter oder zu Beginn der Grundschulzeit erfolgt in der Regel durch informelle Prüfverfahren, die auch vom Grundschullehrer durchgeführt werden können. Bei schwerwiegenden und länger andauernden Sprachstörungen wie Stammeln, Dysgrammatismus oder Stottern sind Fachleute wie Sonderschullehrer mit der Fachrichtung Sprachbehindertenpädagogik, Logopäden oder auch Psychologen hinzuzuziehen. Die Kinder müssen fit sein in den bekannten linguistischen Bereichen wie Artikulation, Grammatik (Syntax und Morphologie), Lexik, Semantik und Pragmatik, damit sie die Übertragung der gesprochenen Sprache in die geschriebene Sprache leisten können. Die gesprochene Sprache ist der Ausgangspunkt und die Basis für den Erwerb des Lesens und Rechtschreibens.

7.3.1 Metasprachliche Fähigkeiten

Beim Erwerb der gesprochenen Sprache entwickelt sich die Sprache in den Bereichen der Lexik, Semantik und Syntax nicht nur quantitativ, sondern auch qualitativ, d.h. die Kinder erwerben individuelle Strategien, sich die Lautsprache anzueignen und in den einzelnen Bereichen zu erweitern. In Gesprächen mit Erwachsenen gewinnt die Sprache immer mehr an Bedeutung und die Kinder beginnen allmählich über Sprache nachzudenken. Sie erwerben diese Fähigkeit spätestens dann, wenn im

Gespräch mit anderen Menschen Probleme der Verständigung auftreten, die dann gemeistert werden. Die Kinder bemühen sich um Verständlichkeit und setzen verschiedene Strategien ein (vgl. Füssenich 2001, S. 15). Sie fragen nach unbekannten Begriffen, sie geben Kommentare über Sprache ab, sie korrigieren ihre sprachlichen Äußerungen, sie wiederholen einen Satz, und sie sprechen etwas deutlicher und lauter. Im Folgenden werden daher das Sprachverstehen, in der Literatur wird auch von Sprachverständnis gesprochen, das Symbolverständnis und die phonologische Bewusstheit näher erläutert, weil sie beim Aneignungsprozess der Schriftsprache eine wichtige Rolle spielen.

7.3.2 Symbolverständnis

Das Verständnis für Schrift und Symbole kann bei Schulanfängern nicht vorausgesetzt werden. Insbesondere langsam lernende und in der Entwicklung leicht retardierte Kinder kommen mit recht unterschiedlichen Vorstellungen über Lesen und Schreiben zur Schule. Mit der Schriftsprache lernen die Kinder eine zweite Modalitätsstufe der menschlichen Sprache kennen. Sie müssen lernen, dass die Schriftbilder von Wörtern nicht gleich sind, obwohl z.B. die Gegenstände, die damit bezeichnet werden, gleich sind. Schriftbilder sind Symbole für gesprochene Wörter, also Zeichen, die vom Klangmuster her festgelegt sind. Wir haben hier aber schon ein Problem, denn 26 nicht hörbare Laute werden verschriftet. Ein erster Zwischenschritt hin zum Symbolverständnis ist das Verstehen von Piktogrammen wie z.B. Verkehrszeichen oder Firmenlogos. Die Kinder müssen die Beziehung zur bereits gelernten ersten Symbolstufe der gesprochenen Sprache erkennen und herstellen. Sie müssen begreifen, dass gesprochene Wörter durch Buchstabenreihen dargestellt werden. Die Phonem-Graphem-Beziehung ist eine wichtige Erkenntnis beim Lesen- und Schreibenlernen.

7.3.3 Sprachverstehen

Beim Schriftspracherwerb ist die gesprochene Sprache das wichtigste Medium überhaupt, um Wissen und Lernstoff zu vermitteln. Schwierigkeiten beim Verstehen von Sprache bedeuten, dass die Lernmöglichkeiten eines Kindes erheblich reduziert sind. Dies kann fatale Folgen für den Schulerfolg allgemein und speziell für das Lesen- und Schreibenlernen haben. Das Sprachverstehen ist ein höchst komplizierter Vorgang, der eine Vielzahl von Leistungen des Gehirns umfasst. Sprachverstehen meint die Fähigkeit, sprachliche Informationen aufzunehmen, zu verarbeiten und zu interpretieren, wobei das Hörvermögen intakt ist. Das Sprachverstehen integriert Aspekte der Ich-Identität, der sozial-kommunikativen Entwicklung und der kognitiven Fähigkeiten. Das Kind muss lernen, nicht nur zu verstehen, sondern auch zu wissen, was mit dem Gesagten zu tun ist (vgl. Zollinger 1988; Mathieu 1998, S. 83). Das

Sprachverstehen kann nicht direkt beobachtet werden, es ist nicht offen für die Beobachtung. Sprachverstehen kann nur aus Reaktionen und Handlungen des Kindes diagnostiziert werden.

7.3.4 Phonologische Bewusstheit

Die Bedeutung der phonologischen Bewusstheit für den Erfolg beim Lesen- und Schreibenlernen ist international und national in verschiedenen Studien nachgewiesen worden. Sprachbewusstsein beginnt dort, wo das Kind seine Sprache nicht mehr im Rahmen der Kommunikation unreflektiert einsetzt, sondern wo die Sprache zum Gegenstand der Betrachtung gemacht wird und Einheiten wie Text, Satz und Wort erkennt (Meiers 1998, S. 59). phonologische Bewusstheit meint als engere Kategorie die Fähigkeit der Kinder, sich auf die gesprochene Sprache zu konzentrieren und erworbene Strategien der Strukturierung und Gliederung einzusetzen. Es geht um die sprachliche Verarbeitung von Lauten und damit nicht nur um ein exaktes und differenziertes peripheres Hören, sondern um eine neue und höhere Stufe der Sprachwahrnehmung. Dieses Niveau der Sprachwahrnehmung ist das Resultat einer sich zunehmend entfaltenden Fähigkeit zur Analyse gesprochener Sprache. Der Aufbau und die Entfaltung der phonologischen Bewusstheit sollte bereits im Vorschulalter beginnen und zu Beginn der Grundschulzeit fortgesetzt werden. Große Rückstände in diesem Bereich verhindern und erschweren den beginnenden Lese- und Schreiblernprozess erheblich.

7.4 Psychosoziale Voraussetzungen

Lesen- und Schreibenlernen ist kein reines kognitives Problem, kein Lernen mit dem Kopf, sondern eine »Beziehungsgeschichte«, bei der das Kind mit all seinen Stärken und Schwächen innerhalb seiner bisherigen Entwicklung angenommen werden muss. Im Allgemeinen haben wir bei fast allen Schulanfängern eine gute Ausgangsposition; sie wollen möglichst schnell das Lesen und Schreiben lernen.

7.4.1 Motivation

Der Begriff Motivation wird in der pädagogischen Diskussion oft benutzt, aber selten exakt definiert und für die vorliegende Problematik spezifiziert. Er ist daher abgedroschen und wird überstrapaziert, so auch in der Diskussion beim Lesen- und Schreibenlernen. Motivation kann man allgemein als eine situationsbedingte und vorübergehende Haltung eines Menschen während eines Lernprozesses bezeichnen. In didaktischer Sicht soll in diesem Fall das Interesse der Schulanfänger auf das Lesen und Schreiben gelenkt werden. Neben der Lenkung und Steuerung von Interesse an der Sache muss auch die Bereitschaft zur einer Lernleistung im Unterricht geschaffen werden. Hierzu muss man den Kindern Räume zur Verfügung stellen, in denen sie sich frei und selbstständig bewegen können, und ihnen das Gefühl vermitteln, dass sie sich verantwortlich fühlen für den Prozess des Lesen- und Schreibenlernens. Aus der Leistungsmotivationsforschung der 60er- und 70er-Jahre (vgl. Heckhausen 1977) wissen wir, dass bereits Kindergartenkinder im Alter von vier und fünf Jahren ein leistungsorientiertes Verhalten zeigen. In der Regel kommen die Kinder am Schulanfang gern zur Schule, sind hoch motiviert, haben ein positives Selbstkonzept und wollen das Lesen und Schreiben lernen. Diese Motivation muss so stark sein, dass sie kleinere und größere Schwierigkeiten aushalten. Gerade bei den ersten Problemen gesellen sich schnell Leseunlust, Schreibmüdigkeit und Disziplinschwierigkeiten hinzu. Das Kind braucht Energie, Anstrengungsbereitschaft und Durchhaltevermögen, um das angestrebte Ziel – Lesen- und Schreibenlernen – zu erreichen. Hierbei ist von größter Bedeutung, dass das Lesen- und Schreiben lernende Kind nicht abgelenkt und gestört wird. Die Sache an sich muss das Kind als einen Zustand des Gefesseltseins erleben, es muss sich wohl fühlen. Dabei spielen äußere und innere Rahmenbedingungen eine wichtige Rolle.

Als äußere Bedingungen sind zu nennen: richtiger Sitzplatz für Links- und Rechtshänder in der Klasse, Mindestanforderungen an Tisch und Stuhl nach der Gestühlgrößen-Übersicht DIN ISO 5970, Beleuchtung und Lichteinfall beim Lesen und Schreiben, entspannte Atmosphäre in der Klasse, Stifthaltung, Schreibgeräte und Schreibmaterialien wie Schreiblernhefte, großformatige Papiere, dicke Wachsmalstifte, farbige Wandtafelkreide, extra dicke Fasermaler, dicke Buntstifte, Schreibgerätewahl für Schulanfänger, Hefte und Blocks aus Recyclingpapier bzw. Produkte aus chlorfrei gebleichtem Zellstoff, Wahl der richtigen Lineatur, Computerschriften, Computer-Lernhilfen, Arbeitsblattgestaltung.

Als innere Bedingungen können genannt werden: Erfahrungen der Informationsgewinnung durch die Benutzung der neuen elektronischen Medien, Zeitvertreib und Freizeitgestaltung, Erschließung und Durchdringung der Umwelt, neue Erlebnisse im Bereich der Kreativität und Entdeckung der persönlichen Fantasie, Orientierung in der Welt und Hilfe bei der Bewältigung von persönlichen Alltagsproblemen, Erfolgserlebnisse, richtige Auswahl der Fibel, Wahl der Erstschrift (DS = Druckschrift, LA = Lateinische Ausgangsschrift, VA = Vereinfachte Ausgangsschrift oder SAS = Schulausgangsschrift), weiterführende Schrift, Handschrift, ergänzende und fördernde Schülertexte, handlungsorientierter Unterricht, abwechslungsreiche Übungen zum Malen, Kneten, Falten, Schneiden, Reißen, Sich-bewegen, spielorientierte Lernformen beim spontanen Schreiben oder Schreiben in Freiarbeit, Bewegungsspiele, Kinderlieder und -reime, Einsatz von Handpuppen und die tägliche Erfahrung der neuen Kommunikationsformen und -möglichkeiten im Alltag des Kindes.

Die genannten äußeren und inneren Bedingungen müssen eine lese- und schreibanregende Umwelt im Unterricht und im Elternhaus schaffen, damit die notwendige Lern- und Leistungsmotivation sich herausbilden kann. Die entscheidenden Variablen sind die zeitliche und personale Zuwendung zum Kind und die material- und methodenorientierte Anregung des Umfeldes. Wir können davon ausgehen, dass der individuelle Lernerfolg des Kindes entscheidend beeinflusst wird durch die vorhandene Motivation für das Lesen und Schreiben.

7.4.2 Konzentration

Konzentration beim Lesen und Schreiben bedeutet, dass ein Kind in der Lage ist, die momentan zur Verfügung stehende Energie, Kraft und geistige Aufmerksamkeit bewusst und willentlich auf das Lesen und Schreiben zu lenken. Diese kognitive Anspannung muss das Kind in den ersten Wochen, Monaten und Jahren der Grundschulzeit aufbringen, damit es den Schriftspracherwerbsprozess erfolgreich durchlaufen kann. Konzentration wirkt nachhaltig auf die Dauer, Struktur und Qualität der Lernprozesse. Dabei beobachten wir, dass im Laufe der Entwicklung im Kindergarten und in der Grundschule die Konzentrationsleistungen zunehmen. Damit geht die Fähigkeit einher, sich von irrelevanten und störenden Faktoren nicht ablenken zu lassen. Interessant ist jedoch die Beobachtung, dass Mädchen im Durchschnitt bessere Konzentrationsleistungen erbringen als Jungen. Die Zunahme von allgemeinen und speziellen Lernschwierigkeiten in der Grundschule steht in enger Wechselwirkung und Interaktion mit der Konzentrationsleistung. Allgemein können wir festhalten, dass eine leicht geöffnete Unterrichtsgestaltung mit Wahlmöglichkeiten beim Lesen und Schreiben, eine Rhythmisierung des Unterrichts und ein Angebot differenzierender Anforderungen die Konzentration des Kindes fordert, gleichzeitig fördert und einer Ermüdung vorbeugt. Weiterhin soll der Schriftspracherwerbsprozess durch die belebenden und anregenden Elemente der musisch-rhythmischen Erziehung, der künstlerisch-kreativen Betätigung und sportlichen Aktivitäten im Sinne der Körper-, Raum und Bewegungswahrnehmung gefördert werden. Insbesondere eignen sich Stilleübungen zur Verbesserung der Konzentrationsleistungen.

7.4.3 Arbeitsstrategien

Vom Schulanfänger wird im Rahmen seiner festgestellten Schulfähigkeit und auf Grund seiner Sozialisation im Elternhaus und im Kindergarten eine relative Selbstständigkeit beim Arbeiten erwartet. Weiterhin erwarten wir die Loslösung von den bisherigen Bezugspersonen und die Hinwendung und Öffnung zu neuen Bezugspersonen. Neben der Bereitschaft zur sozialen Integration in die neue Gruppe Gleichaltriger werden auch bestimmte Arbeitsstrategien vorausgesetzt. Arbeitsstrategien oder Arbeitstechniken wollen ein bestimmtes Ziel, z.B. Lesen- und Schreibenlernen, mit den persönlich zweckmäßigsten und effektivsten Mitteln erreichen. Die Arbeitsstrategie ist also eine grundlegende Fähigkeit, um ein gestelltes Problem zu lösen.

Bezogen auf den Lernbereich Deutsch in der Grundschule können wir folgende Arbeitsstrategien unterscheiden (vgl. Heckt/Sandfuchs 1993, S. 16):

- Arbeitsstrategien zum Einholen von Informationen, z.B. im Umgang mit Texten bedeutet dies Unterstreichen mit dem Bleistift oder Gliederung des Textes in Sinnabschnitte, Lesen von Anweisungen und Kommentaren.
- Arbeitsstrategien zur Verarbeitung von Informationen, z.B. beim mündlichen Sprachgebrauch bedeutet dies Notizen machen während eines Gesprächs und einen kleinen Bericht anfertigen.
- Arbeitsstrategien zur Präsentation von Informationen, z.B. beim schriftlichen Sprachgebrauch bedeutet dies einen kleinen Bericht vortragen, Tabellen anfertigen oder ein Wörterheft führen.

Das Sozialverhalten wie auch die individuellen Arbeitsstrategien des Kindes stehen in engem Zusammenhang mit kindlichen Erfahrungen im Elternhaus, Freundes- und Bekanntenkreis und im Kindergarten. Emotional angenommene und liebevoll aufwachsende Kinder sind freundlicher, emotional gefestigter, interessierter, neugieriger und kooperationsfreudiger. Vom Elternhaus abgelehnte und unselbstständige Kinder zeigen Unsicherheits- und Minderwertigkeitsgefühle, aggressive oder sehr schüchterne Verhaltensweisen.

7.4.4 Umwelteinflüsse

Gerade vor dem allgemein in der Pädagogik und Psychologie akzeptierten ökologisch-systemischen Denken spielt die Berücksichtigung und Einbeziehung der soziokulturellen Einflüsse des Elternhauses für den Schriftspracherwerb eine große Rolle. Insbesondere müssen wir die Wechselwirkungen der persönlichen Beziehungen, der wirtschaftlichen Verhältnisse, der Normen und Werte, der gesprochenen Sprache, des Umgangs mit Büchern, der Erziehungskultur zwischen Kind und Elternhaus bzw. Elternhaus und Kind im Rahmen des Schriftspracherwerbs berücksichtigen. Die persönlichen Erfahrungen und Erlebnisse des Kindes im Umgang mit der Schriftsprache und die Beschäftigung mit Lesen und Schreiben sind für die Ausbildung der Lese- und Schreibbereitschaft von elementarer Bedeutsamkeit. Diese Einflüsse prägen die Einstellung der Kinder zum Lesen und Schreiben und wirken unbewusst und funktional auch noch in der Grundschule weiter. Werden die ersten Bemühungen und Anstrengungen der Kinder beim Kritzeln, Malen und den ersten Schreibversuchen durch die Eltern unterstützt und das individuelle Probierverhalten beim Schreiben gefördert, so können die Kinder bereits im Elternhaus und im Kindergarten Vorstellungen und Strategien im Umgang mit Schrift entwickeln (vgl. Schenk 1999, S. 74). Da der Einfluss der Eltern auf das Lesen und Schreiben in der Schule unbestritten ist, sollte die vertrauensvolle Kooperation zwischen Schule und Elternhaus vom ersten Tage an gepflegt werden. Diese Pflege beinhaltet eingehende

Gespräche mit den Eltern über die Methodik des verwendeten Lese- und Schreiblehrgangs sowie über weitere unterstützende und ergänzende Arbeitsmaterialien. Den Eltern können schon wichtige Hinweise zur Hilfe und Unterstützung im Rahmen der Lernprozesse gegeben werden, wie z.B.

- lautieren und nicht buchstabieren,
- Fehlertoleranz erhöhen,
- spontane Schreibweise des Kindes akzeptieren und
- die tägliche Unterstützung im Elternhaus individuell abstimmen.

Insgesamt können der Erwerb der Lautsprache und die Vorbereitung auf den Schriftspracherwerbsprozess im Kindergarten und im Elternhaus unterstützt werden durch häufiges Vorlesen von Märchen, Geschichten und Gedichten, durch Erzählen und Zeigen von Bildergeschichten, Singen von Kinderliedern, Aufsagen von Kinderreimen und Versen, durch Sprach- und Sprechspiele und durch die Unterstützung musisch-rhythmischer und künstlerisch-ästhetischer Aktivitäten wie das Erlernen eines Instrumentes oder der Besuch einer Malschule.

Fazit

Die Voraussetzungen zum Lesen und Schreiben sind sehr vielfältig und nicht allen beteiligten Bezugspersonen bekannt, die im Rahmen der Personalisation und Sozialisation mit dem Kind zu tun haben. Insbesondere werden die familiären Erfahrungen des heranwachsenden Kindes im Umgang mit Sprache, Sprechen und literalen Erfahrungen weit unterschätzt. Auch im Kindergarten wird nicht registriert, dass der Lese- und Schreiblernprozess der Kinder im Alter von zwei bis drei Jahren einsetzt und im fünften und sechsten Lebensjahr des Kindes – also kurz vor der Einschulung – einen ersten Höhepunkt erlebt. Die ersten rudimentären und zögerlichen Ansätze des Kindes hin zum Lesen- und Schreibenlernen-wollen werden nicht immer zur rechten Zeit und mit der notwendigen pädagogischen Sorgfalt aufgegriffen.

Nicht nur die organischen Voraussetzungen des Kindes wie Hören und Sehen sind von Bedeutung, sondern auch die Strategien zur Bewältigung der Herausforderungen im Umgang mit gesprochener und geschriebener Sprache wie Aufmerksamkeit, Konzentration und Motivation sind notwendig. Im Vorschulalter sollten die so genannten Vorläufermerkmale für ein erfolgreiches Lesen- und Schreibenlernen stärker als bisher beobachtet und, wenn notwendig, noch vor der Einschulung gefördert werden.

8. Fremdsprache

In diesem Kapitel werden verschiedene Richtungen der Fremdsprachendidaktik verfolgt. Nach einer eher allgemein gehaltenen Einführung in den Bereich »Fremdsprache« wird der Fremdsprachenunterricht in der heutigen Grundschule dargestellt. Im weiteren Verlauf werden zentrale Tendenzen und Aspekte im modernen Fremdsprachenunterricht des Sekundarbereichs skizziert.

8.1 Begriffe und Rückblick

Fremdsprachen sind Sprachen, die auf gesteuerte Art und Weise und in künstlichen Situationen gelernt werden. Sie werden nicht wie Zweitsprachen in der alltäglichen Kommunikation gelernt (vgl. Günther/Günther 2005, S. 46).

Der Begriff der Fremdsprache scheint in den neueren Konzepten der Fremdsprachendidaktik für die Grundschule nicht angemessen, da er nicht die Eckpfeiler dieser Konzeption, nämlich Authentizität, Natürlichkeit und Spontaneität widerspiegelt.

Begriff »Fremdsprachendidaktik«

Die Fremdsprachendidaktik als Forschungsdisziplin untersucht das Lehren und Lernen von fremden Sprachen. Sie beschäftigt sich mit den Theorien des Unterrichtens von Fremdsprachen. Einerseits besteht ihre Aufgabe in der Reflexion der Praxis, andererseits hat sie als theoretische Disziplin das Ziel, neue Konzeptionen zu entwickeln und empirisch zu evaluieren. Die Fremdsprachendidaktik arbeitet im didaktischen Dreieck von Stoff, Lernen und Lehren (vgl. Günther/Günther 2005, S. 47).

Historischer Rückblick zum Fremdsprachenunterricht

Im 17. Jahrhundert und in den Anfängen des 18. Jahrhunderts ging es um die praktische Sprachbeherrschung. Dabei wurde zu gleichen Teilen auf die gesprochene und geschriebene Sprache Wert gelegt. Als erste Fremdsprache war Französisch vorherrschend. Fremdsprachenerziehung genossen die oberen Gesellschaftsschichten. Damals wurden Fremdsprachenkenntnisse vermittelt, weil sie als nützlich angesehen wurden. Demzufolge waren die Inhalte lebens- und realitätsnah.

Mit Beginn des Neuhumanismus war die formale Bildung oberstes Ziel des Fremdsprachenunterrichts. Als gebildet galt nur noch derjenige, der Latein und Griechisch gelernt hatte. Begründet wurde diese Auffassung mit der Feststellung, dass die Grammatik der »alten Sprachen« logisch aufgebaut sei und somit das logische Denken und den Verstand schule. Es ging um geschriebene Einzelsätze und das Einüben von Grammatik. Dabei wurde vor allem die Grammatik-Übersetzungsmethode angewandt. Die Form der Sprache stand im Vordergrund und die Inhalte wurden in den Hintergrund gedrängt. Moderne Fremdsprachen wurden nebenbei angeboten, aber nach dem gleichen Prinzip unterrichtet. Somit wurde keine praktische Sprachbeherrschung angestrebt.

Durch die Reformbewegung im Laufe des 19. Jahrhunderts kam es zu einer Umkehr. Die praktische Sprachanwendung im Fremdsprachenunterricht und die Kenntnis der fremden Kultur rückten in den Vordergrund. Besonders hervorzuheben ist Wilhelm Viëtors Aufsatz aus dem Jahre 1882 mit dem Titel »Der Sprachunterricht muss umkehren!« Als Ziele des Fremdsprachenunterrichts galten das Sprechen und Denken in der Fremdsprache. Heute wird immer wieder auf diesen Aufsatz verwiesen, da er grundlegende Neuerungen im Hinblick auf die mündliche Kommunikation forderte. Lange Zeit wurden die Forderungen allerdings nicht adäquat in die Fremdsprachendidaktik aufgenommen und somit auch nicht im Fremdsprachenunterricht umgesetzt.

8.2 Methoden

Zu einem historischen Rückblick gehört auch die Rückschau auf die Methoden. In der Fremdsprachendidaktik haben sich im Laufe der Zeit zahlreiche Fremdsprachenlehrmethoden entwickelt. Methode wird als eine festgelegte und systematische Vorgehensweise bzw. ein planmäßiges Verfahren bei der Fremdsprachenvermittlung definiert (vgl. Edmondson 1985). Als didaktische Entscheidungsfelder gelten Lehrziele, Lehrkonzept, Lehrprinzipien, Lehrstrategien, Übungstypologie, Lehrmaterialien, Medienauswahl und -einsatz, Prüfungsformen usw. (vgl. Günther/Günther 2005, S. 48). Die meisten der im Folgenden beschriebenen Methoden sind mittlerweile überholt. Vereinzelt sind Aspekte in neueren Konzeptionen und methodischen Ansätzen wiederzufinden.

Grammatik-Übersetzungsmethode
Diese Methode wurde Ende des 18. Jahrhunderts entwickelt. Bei dieser Vorgehensweise werden Wörter und Regeln gelehrt und dann auswendig gelernt. Geübt wurde mit grammatischen Übungen und Hin- und Herübersetzungen. Der Grundgedanke bestand darin, dass Sprache aus einem Regelsystem besteht, das in vielen Sprachen Gemeinsamkeiten besitzt.

Direkte Methode
Sie stellt die mündlichsprachigen Fähigkeiten in den Vordergrund und schließt dabei die Muttersprache völlig aus. Im Unterricht werden Texte vorgelesen und darauf folgen Frage-Antwort-Sequenzen. Grammatik wird nur induktiv gelehrt.

Audiolinguale Methode

Folgende Lernprinzipien sind bei dieser Methode entscheidend: intensive Übung und ein sorgfältig strukturierter Lehrplan. Dabei wird darauf geachtet, dass die natürliche Reihenfolge eingehalten wird. Dies geschieht in Anlehnung an die Abfolge beim Erstspracherwerb, wo mündliche vor schriftlichen und rezeptive vor produktiven Fähigkeiten erworben werden. Zunächst wird das Hörverstehen, dann erst das Sprechen und danach das Leseverstehen und schließlich das Schreiben angestrebt. Bedeutende Übungsformen dieser Methode sind die bekannten »pattern drills«.

Audiovisuelle Methode

Das Grundkonzept besteht darin, dass eine direkte Verbindung zwischen Lauten und Bildern hergestellt wird. Es wird an der natürlichen Reihenfolge festgehalten und eine echte und lebendige Aussprache angestrebt. Der Unterricht wird in der Fremdsprache gehalten (z.B. durch Filme). Regeln werden nicht explizit gelehrt.

Kognitiver Ansatz

Es wird kognitiv methodisch vorgegangen und auf mechanisches Training verzichtet. Grammatik wird deduktiv gelehrt, da Spracherwerb als Bewusstwerdung einer neuen, aber teilweise auf der Muttersprache aufbauenden Systematik verstanden wird. Von den Lernenden wird kreatives, problemlösendes Verhalten verlangt.

Kommunikative Ansätze

Bei den Methoden, die den kommunikativen Ansatz verfolgen, werden vier Lernschritte eingehalten. Dabei wird folgende Reihenfolge eingehalten: rezeptive, reproduktive, produktive und kreative Übungen. Explizite Grammatikerklärungen sind nicht auszuschließen, spielen aber keine zentrale Rolle. Die Lehrer sollen die laufende Kommunikation nicht durch Fehlerkorrekturen unterbrechen. Auch andere Fächer können in der Fremdsprache vermittelt werden.

Alternative Methoden

Die alternativen Methoden betonen meist sehr stark einen Aspekt des Fremdsprachenlernprozesses. Im Folgenden werden zwei bekannte Methoden dieser Richtung beispielhaft skizziert.

- *Total Physical Response:* Hierbei reagieren die Schüler mit körperlichen Aktivitäten auf sprachliche Aufforderungen. Der Lehrer benutzt Imperativformen und kann an Hand der Reaktionen und Tätigkeiten erkennen, ob die Schüler seine Anweisungen verstanden haben.
- *Suggestopädie:* Bei der Suggestopädie sollen die Schüler bestimmte Rollen im Gespräch oder einer Situation übernehmen, so dass sie mit unterschiedlichen Partnern Situationen nachahmen. Die Musik und die damit verbundenen Entspannungsphasen spielen eine große Rolle.

8.3 Strömungen und Tendenzen

Mittlerweile sind neue Strömungen von der Didaktik in den Fremdsprachenunterricht geflossen, so dass heute inhaltsorientiertes, schülernahes und sprachpraktisches Fremdsprachenlernen und dessen Anwendung an den Schulen geboten wird. Einige zentrale Einflüsse, die dazu führten, sollen im Folgenden skizziert werden.

8.3.1 Funktionalistische Sicht der Sprache

Durch die mehr oder weniger junge Disziplin der Pragmalinguistik wurde ein neuer Akzent in der Sprachwissenschaft gesetzt. Neben der »klassischen« Sprachwissenschaft, die sich hauptsächlich mit den formalen Einheiten einer Sprache beschäftigt – was weiterhin als wichtig erachtet wird –, wurden nun Sprechakte untersucht. Es geht hier um die Vorstellung, dass Sprechen Handeln bedeutet. Meistens werden nicht Laute produziert, um der Laute willen, sondern weil mit dem gesprochenen Wort ein Ziel erreicht werden soll. In Anlehnung an J.C. Richards und T.S. Rodgers (1986; Weskamp 2003, S. 80) lassen sich folgende Thesen eines kommunikativ ausgerichteten Fremdsprachenunterrichts aufstellen:

- Sprache wird benutzt, um Bedeutungen von Wörtern oder Sätzen auszudrücken.
- Das vorrangige Ziel ist es, mit Sprache zu kommunizieren und zu interagieren.
- Die Struktur der Sprache spiegelt ihren kommunikativen Zweck wider.
- Die grundlegenden Einheiten der Sprache sind nicht nur die grammatischen Einheiten, sondern die funktionalen und kommunikativen Kategorien, die im Diskurs zu finden sind.

Sprechen und Zuhören bzw. Verstehen bedeutet immer Handeln. Auch Schweigen kann nicht mit »nichts« interpretiert werden, nur weil wir nichts sagen. Zu diesem Komplex zählt der gesamte Bereich der Gestik und Mimik, der zur Kommunikation gehört. Dabei gilt es als Fremdsprachenlehrer, kulturspezifische Gesten und Floskeln weiterzugeben, damit sie richtig eingesetzt und interpretiert werden. In diesem Zusammenhang soll auf eines der Grundgesetze der Kommunikation verwiesen werden: Man kann nicht nicht kommunizieren. Die Schüler sollten in der Fremdsprache im Hinblick darauf sensibilisiert werden.

Wichtige Punkte für das Gelingen der sprachlichen Kommunikation auf einem gesicherten Niveau, d.h. ohne schwerwiegende grammatische Verstöße bzw. mit dem der Standardsprache entsprechenden Wortschatz sind:

- Inhalt,
- Interaktion und Beziehung und
- Organisation der Sprache.

Dabei wird deutlich, dass ich nur dann ehrlich kommuniziere, wenn ich über ein gemeinsames, beide betreffendes Thema rede, wenn die Beziehungsebene stimmt und wenn ich in der Lage bin, meine Aussagen zu strukturieren. Beim Fremdsprachenlernen stoßen Schüler daher öfter an ihre Grenzen, da sie ihre fremdsprachlichen Strukturen nicht ausreichend ordnen können, zu wenige Wörter zu bestimmten Themen kennen und die Beziehung im Unterricht künstlich hergestellt ist.

Diese neuen Tendenzen haben nicht nur die Linguistik an sich, sondern auch glücklicherweise den Fremdsprachenunterricht geprägt. Auf allen Ebenen des Unterrichts der modernen Fremdsprachen wird mittlerweile viel Wert gelegt auf die mündliche, intentionale und in Handlungszusammenhängen ablaufende Kommunikation.

Im Fremdsprachenunterricht der Grundschule wird deutlich, dass es nicht darum geht, Wissen über die fremde Sprache aufzubauen, sondern zu lernen, mit und in ihr zu handeln. Sprache ist Kommunikationsinstrument und kein Gegenstandsbereich, der vermittelt wird. Somit ist Sprache generell präsent. Diese Vorstellung sollte im Grundschulalltag noch energischer vertreten werden. Im Fremdsprachenunterricht der Sekundarstufe ist die Tendenz genauso zu erkennen, allerdings darf die formale Betrachtung von Sprache und das Lernen über Strukturen nicht vollständig vernachlässigt werden.

Ableitungen für die unterrichtliche Praxis

Aus den Entwicklungen im Bereich der Pragmalinguistik lassen sich wichtige Erkenntnisse für das »Frühe Fremdsprachenlernen« aber auch für den Unterricht der weiterführenden Schule ableiten. Fremdsprachenunterricht sollte heute Form und Funktion verbinden. Dies bedeutet, dass keine reinen Kenntnisse über die grammatischen Strukturen notwendig sind, sondern dass die Anwendung der gelernten Strukturen bedeutsam ist. Es ist daher wichtig, dass häufig Themen gewählt werden, die die Schüler zum Sprechen und Nachdenken anregen, die Gespräche und Diskussionen in der Gruppe initiieren. Daher ist es erforderlich, viele fremdsprachliche Vorbilder – sei es der Lehrer, der Sprecher auf CD oder der Schauspieler in visuellen Medien – zu präsentieren, die den Schülern authentische Redemittel in den entsprechenden Situationen darbieten. In diesem Zusammenhang ist die im Saarland anstehende Oberstufenreform zu erwähnen, die mehrere weitreichende und sinnvolle Veränderungen mit sich bringen wird. Die Schüler sind verpflichtet, in einer Fremdsprache eine Abiturprüfung abzulegen. Des Weiteren wird die schriftliche Abiturprüfung in der Fremdsprache um einen mündlichen Teil erweitert. Nun wird im Abitur einer modernen Fremdsprache endlich die mündliche Kommunikationsfähigkeit mitgeprüft werden, was lange überfällig war.

Was die Einschätzung und Beurteilung der fremdsprachlichen Leistungen eines Schülers angeht, so gilt mittlerweile fast überall (z.B. bei Sprachzertifikaten, vgl. S. 201) das Bewertungskriterium »Gelingt die Kommunikation?«. Dabei wird der Schwerpunkt der Notenermittlung verlagert. Es geht nicht nur um die Addition aller grammatischen Fehler, sondern um die Frage, ob die Absicht der Aussage übermittelt wird. Dies soll jedoch nicht bedeuten, dass die Grammatik- und Wortschatzfehler unbeachtet stehen gelassen werden. Sie werden weiterhin markiert, korrigiert, vielleicht nur nicht mehr als nahezu alleiniger Indikator für die fremdsprachliche Kompetenz eingestuft.

Die genannten Aspekte sollen nicht dazu verleiten, im Sekundarbereich nur mündliche Übungen anzubieten. Die grammatischen Übungen, die strukturelle Wortschatzarbeit, die metasprachliche Betrachtung und das Schreiben in der Fremdsprache behalten weiterhin ihren zentralen Platz. Allerdings sollen sie in interessante und vor allem vernetzte Situationen eingebunden werden. Dies bedeutet, dass das Interesse zu einer echten oder zumindest quasi-authentischen Kommunikationssituation führt, die dann die Verwendung sprachlicher Strukturen notwendig macht. Daher können solche thematischen Zusammenhänge zur Wortschatzeinführung oder -erweiterung bzw. zur Grammatikdarstellung oder -wiederholung genutzt werden. Die in der Sprache als solche nicht getrennt vorkommenden Bereiche wie Lexik, Grammatik, Phonetik, Pragmatik etc. sollen auch im Fremdsprachenunterricht in dieser vernetzten Form widergespiegelt werden.

Trotz aller kommunikativen Ausrichtung des modernen Fremdsprachenunterrichts sollte die grammatikalische und stilistische Form gewahrt bleiben. Gerade im Englischunterricht werden teilweise schlechte Vorbilder durch deutsche, aber auch englischsprachige Medien und Musik geliefert. Auch im modernen Fremdsprachenunterricht müssen wir die fremden Sprachen vor der sprachlichen Verwahrlosung schützen, die unserer deutschen Sprache immer mehr zu schaffen macht.

8.3.2 Fremdsprachenlernen im europäischen Verständnis

Des Weiteren spielt der europäische Gedanke in der aktuellen Tendenz der Fremdsprachendidaktik eine wichtige Rolle. Nach Meinung der Europäischen Kommission (1995) sollen alle Europäer über Fremdsprachenkenntnisse verfügen. Es ist von mindestens zwei Fremdsprachen die Rede.

Fremdsprachenkenntnisse helfen, sich als Europäer und als Teil der kulturellen Vielfalt Europas zu fühlen. Fremdsprachen sind notwendig, um Menschen anderer Länder kennen zu lernen und ihre Situation zu verstehen. Auch der wirtschaftliche Faktor spielt eine große Rolle. Durch Fremdsprachen werden größere Chancen auf dem Arbeitsmarkt erreicht. Jedoch muss der Fremdsprachenlerner auch in der Lage sein – und durch adäquaten Fremdsprachenunterricht in die Lage versetzt werden –, seine Fremdsprachenkenntnisse der Situation angemessen zu verwenden. Die Forderung nach frühem Fremdsprachenlernen wird durch Vorteile in der allgemeinen geistigen Flexibilität und dem Bewusstsein für seine eigene Sprache untermauert.

Unterstrichen wird die Forderung nach Mehrsprachigkeit durch den Gemeinsamen Europäischen Referenzrahmen für Sprachen. Der GER, wie der Referenzrahmen abgekürzt wird, wurde vom Europarat 2001 empfohlen. Die englische Version lautet »The Common European Framework of Reference« (CEFR). Der Referenzrahmen wurde mit dem Ziel entwickelt, Fremdsprachenkenntnisse in der EU vergleichbar zu machen und Standards für fremdsprachliche Lehr- und Lernprozesse zu erstellen. Dieser Rahmen umfasst alle Schulformen. Zur Beurteilung fremdsprachlicher Kompetenzen dienen die Referenzniveaus. Im folgenden Schaubild wird die Abfolge der Niveaus gezeigt. Die Kompetenzstufen sind der Hierarchie nach von A1 bis C2 aufsteigend geordnet. Somit bedeutet A1, dass basale Fähig- und Fertigkeiten in allen vier Kompetenzbereichen »Hörverstehen, mündliche Kommunikation, Leseverstehen und schriftliche Darstellung« bestehen. Wenn das höchste Niveau, nämlich C2 erreicht ist, wird dem Fremdsprachenlerner nahezu muttersprachliches Niveau attestiert. Bei einigen Tests und Zertifikatsprüfungen kommt ein fünfter Bereich hinzu, der sich mit dem Gebrauch der Fremdsprache beschäftigt; dort geht es um sprachliche Strukturen und Wortschatz.

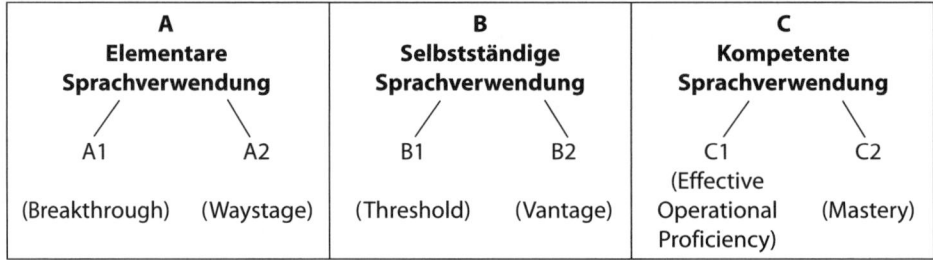

Abb. 29: Niveaus des Europäischen Referenzrahmens für Sprachen

Alle sechs Kompetenzstufen beinhalten die Fähig- und Fertigkeiten im jeweils rezeptiven und produktiven Teil der mündlichen und schriftlichen Kommunikation. Im Folgenden werden einige Beispiele der Übungsarten und verlangten Leistungen angegeben. So kann die konkrete Ausgestaltung auf einzelnen Niveaus aussehen.

	mündlich	**schriftlich**
rezeptiv	Hörverstehen (von Ansagen am Bahnhof bis zu literarischen Diskussionssendungen)	Leseverstehen (von einfachen Schildern bis zu fachwissenschaftlichen Abhandlungen)
produktiv	Sprechen (von »sich vorstellen« bis zu Diskussionen)	Schreiben (von Postkarten bis zu Erörterungen)

Abb. 30: Teilgebiete der Sprachbeherrschung

8.4 Sprachzertifikate

Um die Beherrschung der Fähigkeiten auf den einzelnen Niveaustufen des Referenzrahmens nachzuweisen, werden mittlerweile zahlreiche länderübergreifende und schulunabhängige Sprachzertifikate angeboten. Einige Beispiele sind DELF, TELC, Cambridge, TOEFL usw. Dies bedeutet, dass die erbrachten Leistungen eines Schülers in einer Fremdsprache von verschiedenen Schulen und Ländern vergleichbar sind. Die Prüfungen werden von zentralen Organisationen erstellt und abgenommen, können aber in der Schule in Form von AGs vorbereitet werden. Mittlerweile sind schulsystemunabhängige Sprachzertifikate aus dem fremdsprachlichen Unterricht vieler weiterführender Schulen nicht mehr wegzudenken. Die Inhalte und Übungsformen orientieren sich an zeitgemäßen und authentischen Inhalten sowie Situationen. Da diese Zertifikate die neuesten fachdidaktischen Strömungen widerspiegeln, sind sie für alle Fremdsprachenlehrer – sei es Grundschullehrer oder Lehrer der weiterführenden Schule – von großer Bedeutung und sollten vermehrt genutzt werden. Durch diese Arten des autonomen Fremdsprachenlernens sollen die Schüler zu selbstständigem und strukturiertem Fremdsprachenlernen über die Schule hinaus angeleitet werden.

8.5 Lebenslanges Fremdsprachenlernen – Fremdsprachenbiografie

Durch die Anleitung zu eigenständigem und motiviertem Fremdsprachenlernen sollen Schüler über ihre Schulzeit hinaus weitere Fremdsprachen lernen oder Kenntnisse auffrischen bzw. erweitern. Daher wird vielfach von der individuellen, schulzeitbegleitenden Fremdsprachenbiografie des Schülers gesprochen. Diese sollte schon früh begonnen werden, so dass der Schüler sie von einer zur nächsten Institution mitnimmt und ergänzt. Als eine Maßnahme kann das Fremdsprachenportfolio eines jeden Schülers angesehen werden, das von einer zur nächsten Bildungseinrichtung und später ins Berufsleben mitgenommen und ständig erweitert wird. Zu dem Portfolio gehören auch Tipps zu Lernstrategien, die in allen Kompetenzbereichen Hilfen anbieten, wie z.B. die Hörverstehenskompetenz verbessert, das Vokabellernen effektiver gestaltet und die Anlage von Texten strukturiert werden kann.

Portfolio

In diese Richtung geht die Portfolio-Bewegung, da dort Ergebnisse aus dem Fremdsprachenunterricht gesammelt und im Hinblick auf das zurückliegende und kommende Fremdsprachenlernen bewertet werden. Mit Portfolio wird eine Sammelmappe gemeint, für die fremdsprachliche Arbeiten ausgewählt und die dort gesammelt werden. Meist wird das reine Sammelinstrument durch einen Evaluationsbogen ergänzt, auf dem Angaben zum bisherigen Fremdsprachenlernen zu machen sind. Sie stellen eine »Dokumentation des Könnens für Außenstehende dar« (Weskamp 2003). Mit dem Portfolio werden mehrere Funktionen erfüllt: vorzeigen, beurteilen, Lernen entwickeln und bewerben. Einer der ersten Verfechter war auch in diesem Bereich die EU. Mit dem Europäischen Portfolio der Sprachen, das als Lernbegleiter und Informationsdokument konzipiert ist (vgl. Europarat 1991). Mittlerweile hat das an den Referenzrahmen angelegte Portfolio viele Nachahmer gefunden. Bei fast allen Lehrwerken – besonders im Grundschulbereich – erscheinen mittlerweile daran gekoppelte Portfolios. Die Portfolio-Bewegung ist nicht nur auf den Fremdsprachenunterricht beschränkt.

8.6 Frühes Fremdsprachenlernen

Als »frühes Fremdsprachenlernen« wird in der Regel der Beginn des Fremdsprachenunterrichts innerhalb der Grundschulzeit – in der Regel ab dem dritten Schuljahr – im Gegensatz zum Beginn der ersten Fremdsprache in den weiterführenden Schulen mit zehn Jahren – in der Regel ab dem fünften Schuljahr – bezeichnet. Wenn heute von frühem Fremdsprachenlernen die Rede ist, ist ein früher Beginn gemeint, also im Alter von sechs Jahren, mit dem Beginn der Grundschulzeit beziehungsweise bereits der Beginn im Kindergarten (Ministerium für Kultus, Jugend und Sport des Landes Baden-Württemberg 2003). Diese Definition hängt allerdings von der jeweiligen Situation in den einzelnen Bundesländern ab, da in manchen der Unterricht in Klasse 3 erst seit einigen Jahren läuft. Der Begriff »frühes Fremdsprachenlernen« umfasst die aktuellen Tendenzen für grundschulgemäßes Lernen eher als der Begriff »Fremdsprachenunterricht« oder »Fremdsprachenarbeit«.

Der Begriff »Fremdsprachenunterricht« erinnert zu stark an starr abgehaltene Unterrichtsstunden. Dabei geht es beim Fremdsprachenlernen in der Grundschule um systematische Lerneinheiten, in denen nicht nur gespielt, sondern gelernt wird, die Fremdsprache zu gebrauchen. Fremdsprachenarbeit erinnert zu sehr an spielorientierte Situationen, die oftmals von wenig kompetenten Fachkräften durchgeführt werden.

8.6.1 Historischer Rückblick

Das frühe Fremdsprachenlernen blickt auf eine lange Geschichte zurück. Diese Tradition wird heute oftmals nicht wahrgenommen. Vielfach wird davon ausgegangen, dass die ersten Versuch in den 80er-Jahren stattgefunden haben. Daher wird im Folgenden ein kurzer Überblick über wichtige Etappen in der Entwicklung des Frühen Fremdsprachenlernens gegeben.

Einer der ersten Verfechter des frühen Fremdsprachenunterrichts war Rudolf Steiner, Begründer der Waldorf-Pädagogik. Im Jahre 1919 begann an privaten Waldorfschulen der Fremdsprachenunterricht ab Klasse 1. In der Weimarer Republik gab es an staatlichen Schulen vereinzelt Versuche mit Englisch oder Französisch ab Klasse 3. Im Jahre 1933 wurde jeglicher Fremdsprachenunterricht an Schulen abgebrochen. Nach dem Zweiten Weltkrieg setzen die Waldorfschulen ihre Konzeption fort. Während in anderen europäischen Ländern zahlreiche Versuche zum frühen Fremdsprachenunterricht durchgeführt wurden, gab es in den 60er-Jahren in Westdeutschland Versuche mit frühem Englisch- oder Französischunterricht ab Klasse 3. In der ehemaligen DDR gab es für besonders leistungsstarke Schüler Russischunterricht ab Klassenstufe 3 (vgl. Jürgens u.a. 1997, S. 143ff.).

Mittlerweile wird das frühe Fremdsprachenlernen in allen Bundesländern praktiziert. Im Jahre 1994 sprach die KMK eine Empfehlung an die Bundesländer aus, wonach die Fremdsprache ab Klasse 3 einzuführen sei. Dies bedeutet, dass die Grundschüler ab Klasse 3 eine Fremdsprache lernen und dass in einigen Bundesländern die Fremdsprache schon ab Klasse 1 angeboten wird. Die Umsetzung in den einzelnen Ländern fand zu sehr unterschiedlichen Zeitpunkten statt. In vielen Bundesländern gibt es mittlerweile Kindertagesstätten, die Fremdsprachenlernen als großen Bestandteil ihrer Förderkonzeption verstehen.

8.6.2 Konzepte

Durch die Forderung nach Frühem Fremdsprachenlernen wurden bald Konzepte vorgelegt, die sehr unterschiedliche Ansätze favorisieren. Im Folgenden werden zentrale Konzeptionen vorgestellt. Es soll darauf hingewiesen werden, dass für manche Konzepte mehrere Namen kursieren. Zur einfachen Darstellung wurde hier jeweils ein Name ausgewählt.

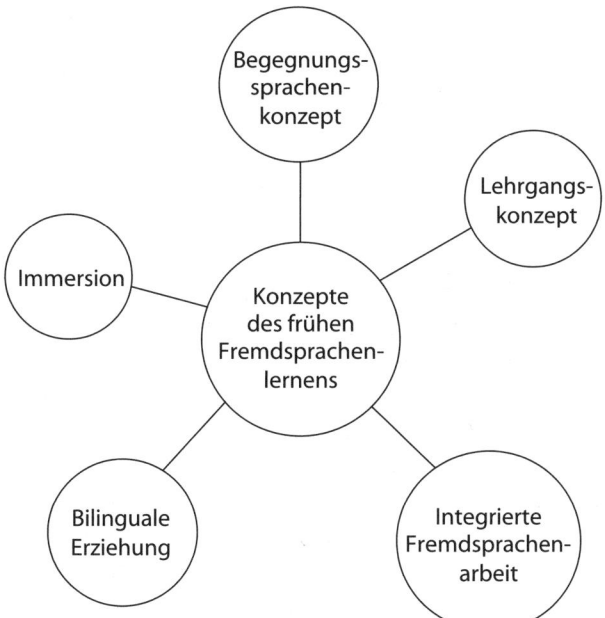

Abb. 31: Konzepte des frühen Fremdsprachenlernens

Begegnungssprachenkonzept

Das vorrangige Ziel dieses Konzeptes besteht in der Begegnung mit fremden Sprachen und vor allem in dem Vertrautwerden mit fremden Kulturen. Die Grundschule sucht hier eine für die Schüler bedeutsame Sprache aus. Dabei kann die Grenznähe zu einem benachbarten Land oder der Anteil ausländischer Kinder entscheidend sein. Bei Einrichtungen, die die Sprache des Nachbarlandes auswählen, wird auch vom Konzept der Nachbarschaftssprachen gesprochen.

Vielfach ist dieses Konzept in den Grundschulen Nordrhein-Westfalens vorzufinden. Das Begegnungskonzept wird als offenes Modell verstanden, da es keinen strengen Vorgaben folgt und frei gestaltet werden kann. Wie das Wort Begegnung betont, soll die Begegnung der Kinder mit der fremden Kultur und Sprache, aber auch mit Vertretern der Fremdsprache im Vordergrund stehen. Deshalb sollten offene Spielsituationen mit anregendem fremdsprachlichen Material für die Kinder zugänglich sein. In diesem Konzept sollen sprachliches, soziales und kulturelles Lernen vereint werden.

Lehrgangskonzept

Das Lehrgangskonzept ist ein geschlossenes Modell, das sehr stark an traditionelle Formen des schulischen Fremdsprachenunterrichts in der Sekundarstufe angelehnt ist. Die Vermittlung fremdsprachlicher Kompetenz steht im Mittelpunkt dieses Ansatzes. Dabei wird meistens Französisch oder Englisch als Fremdsprache ausgewählt. Der Schwerpunkt der Fremdsprachenarbeit liegt auf der sprachlichen Progression, d.h. die Kinder sollen kontinuierlich Fortschritte machen im Erwerb neuer Wörter und neuer Strukturen. Es geht hier weniger um das Kennenlernen landestypischer Sitten und Gebräuche. In den meisten Fällen wird dafür ein speziell ausgebildeter Fremdsprachenlehrer hinzugezogen, der die Fremdsprachen in speziellen Fremdspracheneinheiten lehrt. Somit bleibt die Fremdsprache vom Alltag der Kinder größtenteils ausgeschlossen. Heute ist das Lehrgangskonzept in Grundschulen kaum vorzufinden, weil es den aktuellen fachdidaktischen Tendenzen und dem Alter sowie der Lebenswelt der Kinder nicht entspricht.

Integrierte Fremdsprachenarbeit

Das Wort »integriert« bezieht sich auf mehrere Aspekte. Die Fremdsprachenarbeit beschränkt sich nicht auf bestimmte Unterrichtsstunden, sondern wird in andere Lernbereiche des Schulalltags integriert. Außerdem werden offene Methoden und Spielformen integriert und die Fremdsprache wird in das gesamte Leben der Kinder eingebunden. Bei den fremdsprachlichen Einheiten handelt es sich um geplante Lern- und Spielsequenzen, in denen der Erwerb sprachlicher Kompetenzen wie Hörverstehen, Kommunikationsfähigkeit und Aussprache im Vordergrund stehen. Das Konzept wurde in Rheinland-Pfalz geprägt. Manchmal wird auch von Integrativer Fremdsprachenarbeit gesprochen. Als Fremdsprachen werden Englisch oder Französisch gewählt.

Bilinguale Erziehung

Bilinguale Erziehung bedeutet im Allgemeinen das Vorhandensein zweier Sprachen in der Vorschul- und Schulsituation. Die Spiel- und Lernphasen werden in der Regel abwechselnd in den zwei Sprachen durchgeführt. Dabei gibt es Abstufungen in der Intensität der jeweiligen bilingualen Programme. In den Klassen der Sekundarstufen handelt es sich meistens um bilingualen Sachfachunterricht. Die Fremdsprache bleibt auf bestimmte Inhalte oder Fächer beschränkt. Der Unterricht wird von Fremdsprachenlehrern durchgeführt, die zugleich über ausreichende Kenntnisse im Thema der Lerneinheit bzw. des Faches verfügen. Die Fremdsprache wird eingesetzt, um Lernziele eines anderen Faches zu erreichen. Mittlerweile gibt es aber mehr bilinguale Projekte an Grundschulen, wo Muttersprachler entweder im Teamteaching oder in bestimmten Phasen alleine unterrichten.

Immersion

Unter immersiver Fremdsprachenerziehung wird das Eintauchen in die fremdsprachliche Kultur und Sprache verstanden. Oft wird Immersion als »Sprachbad« beschrieben, da die Kinder und ihre Lehrer oder Erzieher völlig in die Fremdsprache eintauchen. Die Lehrer sollen Muttersprachler der Fremdsprache sein. Die Kinder lernen unbewusst, zunächst durch Zeigen von Bildern und Erklärungen mit Gestik und Mimik. Nach und nach werden immer mehr Anweisungen und Sachverhalte in der Fremdsprache verstanden. Vokabeln und grammatische Regeln werden nicht zum Thema der fremdsprachlichen Erziehung gemacht. Die Immersion bietet sich insbesondere in zweisprachigen Alltagssituationen wie in Kanada an. Dort setzen sich die Schülergruppen oft aus Muttersprachlern der beiden Sprachen zusammen, so dass jede Gruppe mit einer neuen Sprache in natürlicher Situation konfrontiert wird.

Fazit

Alle dargestellten Konzepte haben Vor- und Nachteile. Deshalb ist es am sinnvollsten, sich aus allen dargestellten Formen »das Beste« herauszusuchen, um daraus Prinzipien des Frühen Fremdsprachenlernens abzuleiten. Wenn die Möglichkeit besteht, Muttersprachler hinzuzuziehen, sollte diese Chance auf jeden Fall genutzt werden. Bei ausreichenden Ressourcen ist das Teamteaching sicherlich die zu bevorzugende Variante. Leider wird dies aus finanziellen Gründen häufig nicht durchgeführt.

Im Folgenden werden die Vorzüge aus den einzelnen Konzepten zusammengestellt, die in einer ausgewogenen und aktuellen Prinzipien folgenden Fremdsprachendidaktik der Grundschule zum Tragen kommen sollten.

Folgende Elemente aus den einzelnen Konzepten sollten berücksichtigt werden:

- *Begegnungssprachenkonzept:* Der Fremdsprachenunterricht hat Begegnungscharakter, sodass die Schüler in vielfältigen Situationen des Schullebens der Fremdsprache begegnen. Dabei ist es wichtig, dass sich die Themen an den Bedürfnissen der Grundschüler orientieren und ihrem Alter entsprechen. Dazu gehört die Auswahl der fremdsprachlichen Materialien, die zu gleichen Teilen aus authentischen sowie didaktisierten Materialien bestehen sollten.
- *Lehrgangskonzept:* Frühes Fremdsprachenlernen erfolgt systematisch, was nicht bedeutet, dass ein systematischer Fremdsprachenlehrgang durchgeführt wird. Eine kontinuierliche, sorgfältig geplante sprachliche Progression ist sinnvoll.
- *Integrierte Fremdsprachenarbeit:* Es geht im Fremdsprachenunterricht der Grundschule nicht darum, Wissen über die fremde Sprache aufzubauen, sondern zu lernen, mit ihr zu handeln. Sprache ist Kommunikationsinstrument und kein Gegenstandsbereich, der vermittelt wird. Das Prinzip der Handlungsorientierung bestimmt den Grundschulunterricht in vielen Fächern und soll auch im Fremdsprachenunterricht zum Tragen kommen. Die fremde Sprache sollte/kann fächerübergreifend und bei außerunterrichtlichen Aktivitäten eingesetzt werden.
- *Bilinguale Erziehung und Immersion:* Das fremdsprachliche Lernen kann zu großen Teilen in der Fremdsprache stattfinden. Die Kinder sollen in die Fremdsprache »eintauchen«, sie sollen von der Fremdsprache umgeben sein. Dabei gilt es, das Prinzip der aufgeklärten Einsprachigkeit zu berücksichtigen. Aufgeklärt bedeutet nicht, auf die Fremdsprache zu bestehen, wenn das Verständnis gefährdet ist oder das Kind seine Gefühle mitteilen möchte. Um keine Missverständnisse oder Hemmungen aufkommen zu lassen, sollte dann in die deutsche Sprache gewechselt werden.

8.6.3 Beschluss der Kultusministerkonferenz

Gemäß dem KMK-Beschluss vom 10.2.2005 wird eine Hinwendung zum systematischen Lernen weg von der reinen Begegnung bevorzugt. Dies wird auch in den neuen Rahmenplänen für das Fremdsprachenlernen in den Grundschulen deutlich. So haben einige Bundesländer die Benotung ab Klasse drei bzw. vier eingeführt. In keinem Bundesland ist die Note allerdings versetzungserheblich.

Im Beschluss der KMK wird eine Ausweitung des Fremdsprachenunterrichts angestrebt, der systematisch, Themen orientiert und mit Ergebnis orientierter Progression durchgeführt wird. Dabei wird erneut auf die günstigen Lernvoraussetzungen in diesem Alter hingewiesen. Dazu zählen: großes Mitteilungsbedürfnis, Imitationslernen, Spontaneität und Unbekümmertheit im Umgang mit Fremdem. Als Ziele des fremdsprachlichen Lernens in der Grundschule wurde in allgemeine und konkrete sprachliche Zielsetzungen unterschieden.

> **Folgende Zielsetzungen lassen sich für den grundschulgemäßen Fremdsprachenunterricht festlegen:**
>
> *Allgemeine Ziele:*
> - Motivation für Fremdsprachenlernen
> - Sensibilisierung für Sprachen
> - Öffnung gegenüber fremden Sprachen und Kulturen
> - Merkfähigkeit und Sprechbereitschaft
> - Basis für fremdsprachliche Kompetenz
> - Arbeit mit schulstufenübergreifendem Konzept fördern
>
> *Konkrete sprachliche Ziele:*
> - phonetische Fähigkeiten
> - Hörverstehensleistungen
> - elementare kommunikative Kompetenz
> - in Alltagssituationen einfache Mitteilungen verstehen
> - angemessen auf Mitteilungen reagieren

Die Eckpunkte des KMK-Beschlusses richten sich nach dem Gemeinsamen Europäischen Referenzrahmen, der als richtungsweisend für fast alle aktuellen fremdsprachlichen Tendenzen angesehen werden kann. Entscheidend sind dabei die Vergleichbarkeit der fremdsprachlichen Kompetenzen über die Landesgrenzen hinweg und die Konzentration auf das Gelingen der fremdsprachlichen Kommunikation.

8.6.4 Einsatz von Schrift

Dieser Aspekt ist einer der am heftigsten diskutierten des Themenbereichs »Frühes Fremdsprachenlernen«. Zunächst lässt sich festhalten, dass das Mündliche im Fremdsprachenunterricht der Grundschule Vorrang hat. Dies bedeutet zugleich, dass das Schriftbild nicht völlig ausgeschlossen wird. Durch die Berücksichtigung der Schrift wird eine Angleichung an die außerschulische Lebenswelt vollzogen, in der Schüler ständig mit fremdsprachlichen Schriftbildern, wie z.B. im Fernsehen oder in Supermärkten, konfrontiert werden. Die Hinführung zum fremdsprachlichen Schriftbild sollte behutsam erfolgen. Als Faustregel gilt, dass die Schüler ab Klasse 3 mit dem produktiven Umgang von Schrift beginnen können, wenn der Fremdsprachenunterricht in Klasse 1 begann. Bei Beginn in Klasse 3 kann ab Klasse 4 mit dem Schreiben begonnen werden. Davor sollte Schrift nur rezeptiv und selektiv wahrgenommen werden.

Der Einsatz von Schrift hat viele Vorteile. Das Schriftbild hat lernunterstützende und behaltensfördernde Funktion. Durch den Einsatz von Schrift hat der Lehrer mehr Möglichkeiten, variantenreich und mehrkanalig zu arbeiten. Für den visuellen und kognitiven Lerntyp ist Schrift sehr hilfreich. Des Weiteren hilft Schrift, den

»language input« visuell zu unterstützen und zu strukturieren. Sie erleichtert die Segmentierung des Lautkontinuums.

Darüber hinaus erhält die Einführung von Schrift die Motivation besonders leistungsstarker Schüler, die gerne neue Wörter abschreiben oder mit ihnen experimentieren. Falsche Vorstellungsbilder bestimmter Schreibweisen werden somit vermieden. Gleichzeitig ist das Schriftbild Verständnishilfe für Homophone und bildet die Voraussetzung für bestimmte Lernstrategien (vgl. Bildwörterbuch).

Allerdings sollte hier auch auf Probleme eingegangen werden. Lehrer sollten sich der Interferenzen mit der deutschen Rechtschreibung und der Phonem-Graphem-Interferenzen in der Fremdsprache bewusst sein. Diese sollten bei der Planung einer Unterrichtseinheit berücksichtigt werden. Ebenso sollte eine Überforderung vermieden werden, d.h. man sollte den Einsatz von Schrift aufschieben, wenn sehr große Probleme mit der deutschen Rechtschreibung bestehen, zu viele Übergeneralisierungen oder Verwischungen der beiden Sprachsysteme auftreten. Jeder Lehrer entscheidet je nach Schülergruppe bzw. einzelnen Schülern.

8.6.5 Natürliche Abfolge und Formen des Sprechens

Es soll noch einmal betont werden, dass das mündliche, eher unbewusste Fremdsprachenlernen in der Grundschule Priorität hat. Schüler sollen erst zu eigenen fremdsprachlichen Äußerungen aufgefordert werden. Erst wenn ausreichend Hörerfahrung vorhanden ist, können Schüler zum Nachsprechen oder eigenen, freien Sprechen angeregt werden. Dabei geht es nicht nur um das Klangbild, sondern auch um das Verstehen. Erst wenn verstanden wurde, kann gesprochen werden.

Es gibt viele Formen des Sprechens im fremdsprachlichen Lernprozess, z.B. Mitsprechen, Sprechen in Kleingruppen, Sprechen im Chor, Einzelnachsprechen.

Generell sollen Korrekturen einfühlsam, aber konsequent stattfinden. Gerade bei der Aussprache ist eine ständige Fehlerkorrektur und mehrmaliges Verbessern bei nacheinander auftretender falscher Aussprache notwendig. So wird vermieden, dass sich falsche Aussprachevarianten bei dem Betroffenen, aber auch Mitschülern einschleifen. Diese sind im Nachhinein schwer zu beseitigen. Deshalb ist es bei der Einführung neuer Wörter von zentraler Bedeutung, dass das neue Wort auf vielfache Art und Weise vorgesprochen wird, bevor es von Schülern nach- oder mitgesprochen wird.

Zum freien Sprechen sollen Schüler nicht gedrängt werden. Einige Schüler sind von ihrer Persönlichkeitsstruktur schneller bereit, etwas zu äußern, andere brauchen Zeit, um sich der Richtigkeit ihrer Äußerung sicher zu sein. Diese Betrachtung kommt auch in Krashens Modellen (1982) in ähnlicher Weise vor. Er spricht vom »Over-«, »Under-« und »Optimal User«. Der Overuser benutzt die Kontrollinstanz zur Überprüfung der grammatischen und lexikalischen Korrektheit, den Monitor, in seinen sprachlichen Äußerungen zu oft, so dass er kaum frei formuliert. In umgekehrter Richtung gilt dies für den Underuser, und in ausgewogenem Verhältnis benutzt ihn der Optimal User.

In ähnlicher Weise verhält es sich mit dem Schreiben. Nachdem die Aussprache und das Leseverstehen gesichert ist, kann mit dem Schreiben begonnen werden. Dabei sollte auf eine behutsame und sorgfältige Abstufung der einzelnen Formen geachtet werden. Vom Abschreiben ausgehend, kann später nach Vorgabe und schließlich selbstständig geschrieben werden. Die zuletzt genannte Variante sollte frühestens Ende Klasse 4 bei leistungsstarken Schülern einsetzen.

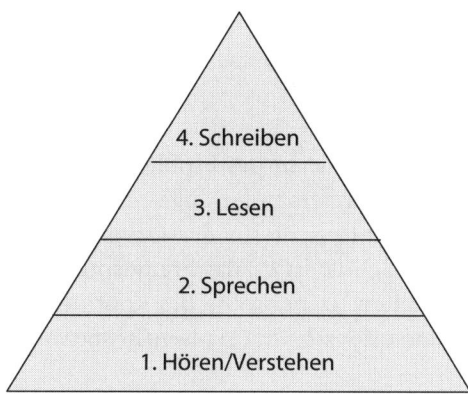

Abb. 32: Natürliche Abfolge

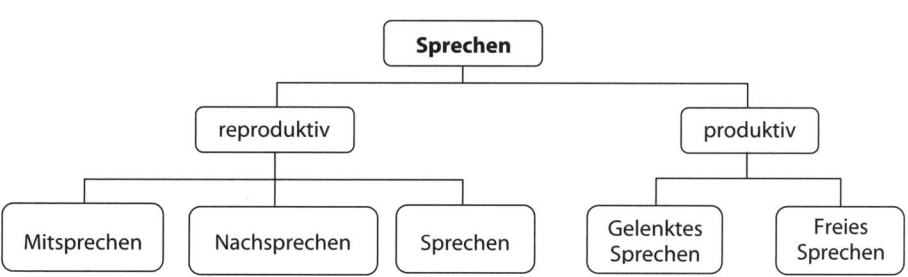

Abb. 33: Formen des Sprechens

8.6.6 Kontinuität des Fremdsprachenlernens

Bei allen Übergängen des Bildungsweges eines Kindes handelt es sich um Problem beladene Schnittstellen. So kommt es beim Übergang von der Kindertagesstätte zur Grundschule, von der Grundschule zur weiterführenden Schule und von der weiterführenden Schule zur Berufsschule oder Hochschule oft zu Brüchen. Die Brüche finden auf mehreren Ebenen statt:

- auf organisatorischer,
- methodischer,
- didaktischer,
- inhaltlicher und
- personeller Ebene.

Im Fremdsprachenunterricht besteht das Problem der Passung, da Konzepte, Lehrpläne und Lehrwerke kaum aufeinander abgestimmt sind. Ein wichtiges Ziel des modernen Fremdsprachenunterrichts in der Grundschule und im Anfangsunterricht der weiterführenden Schule ist es, das Fremdsprachenlernen ohne Brüche und somit als Brücke zu gestalten. Dabei sollte die Kontinuität kindlicher Entwicklung betont und der Sekundarstufenschock (Hansen/Rösner/Weißbach 1986) vermieden werden.

Von großer Bedeutung für die schulische Karriere ist die Bildung der Schüler in der Grundschule. Sie bildet das Fundament für alle weiteren Lernprozesse des Kindes. Im Bereich der fremdsprachlichen Bildung sollte die Grundschule eine solide Ausspracheschulung, gewisse Floskeln des mündlichen Sprachgebrauchs, landestypische Lieder, Offenheit gegenüber fremden Kulturen und Motivation für das Fremdsprachenlernen erreichen.

Trenz (2002) sieht in den Erfahrungen der Kinder aus dem Fremdsprachenunterricht der Grundschulen eine große Chance für die weiterführende Schule, indem das Erfahrungspotenzial erweitert wird und die intensive Reflexion zu einer Didaktik des Übergangs führen sollte. Demzufolge sollen zukünftige »Fremdsprachenlehrgänge« schulartenübergreifend und als spiralförmiges Curriculum aufgebaut werden, das Elemente beider Schularten beinhaltet.

8.6.7 Fremdsprachenunterricht im Anfangsunterricht der Sekundarstufe

Genau betrachtet scheint der Begriff des »Anfangsunterrichts« im Sekundarbereich überholt, da mittlerweile in allen Bundesländern Fremdsprachenunterricht in der Grundschule angeboten wird. Lediglich bei Schülern, die beim Eintritt in die Sekundarstufe mit einer anderen Fremdsprache beginnen, könnte von Anfangsunterricht gesprochen werden.

Im Folgenden sollen zentrale Aspekte des Fremdsprachenunterrichts der Anfangs-klassen des Sekundarbereichs dargestellt werden, da diese auch für eine sinnvolle Gestaltung des Übergangs notwendig sind.

Handlungsorientierung und selbstständiges Lernen

Hauptprinzip des Fremdsprachenunterrichts in den ersten Klassen der weiterfüh-renden Schule sollten die Handlungsorientierung und die Erziehung zu selbststän-digem Lernen sein. Dabei sollten aus unterschiedlichen Ansätzen Methoden und di-daktische Aspekte zu einem Ganzen zusammengesetzt werden, das dem Förderbe-dürfnis der jeweiligen Lerngruppe gerecht wird. Schüler- und Handlungsorientie-rung werden durch den Bezug zur persönlichen Erfahrungswelt und durch Arbeits-formen wie Sprachspiele, »detektivische« Aktivitäten, Einbeziehung von Bildern und kreatives Schreiben erreicht. Ebenso sollen Lernmethoden und Strategien erworben werden, die den Schülern helfen, Sprache zu strukturieren, Wörter effektiver zu speichern, sie leichter abrufbar zu machen und Fehler zu vermeiden. Englisch- oder Französischlernen wird handlungsorientiert und kommunikativ vollzogen, wenn Schüler sprachlich tätig sind und sie Sinnvolles mit Sprache tun. Dadurch werden Sprachbewusstsein, sprachliche Kreativität sowie Flexibilität gefordert und gefördert. Der Lehrer soll nicht nur dem vorgegebenen Weg des Lehrwerks folgen, sondern kann sich in bestimmten Phasen und Situationen von ihm lösen.

Kommunikative Fähigkeiten und interkulturelle Kompetenz

Einen großen Teil der Arbeit nimmt der Bereich »Kommunikative Fähigkeiten und Fertigkeiten/Interkulturelle Kompetenz« ein, der oft in die Teilbereiche »Hörverste-hen«, »Sprechen«, »Lesen« und »Schreiben« sowie »Dolmetschen/Übertragen« und »Interkulturelles Lernen« unterteilt wird. Somit werden die vier traditionellen Skill-Bereiche »Hören, Sprechen, Lesen, Schreiben« um die beiden letztgenannten Fähig-keiten und Fertigkeiten erweitert. Da die Schulung rezeptiver Fähigkeiten besonders wichtig ist und Hörverstehen auch in der außerschulischen Kommunikation eine große Rolle spielt, sollen die Schüler an Texte gewöhnt werden, die von *native spea-kers* gesprochen werden. Die Schüler sind mit der authentischen Aussprache und In-tonation, aber auch mit dem kulturellen Hintergrund verbunden, sodass nicht nur rein sprachliche Ziele verfolgt werden.

Beim fremdsprachlichen Lesen wird in zwei Aspekte unterschieden: das sinnent-nehmende Lesen und das korrekte Vorlesen. Beide müssen gleichermaßen eingeübt werden. Das Vorlesen und die Ausspracheschulung haben gerade in den ersten Klas-sen der weiterführenden Schule einen hohen Stellenwert.

Des Weiteren muss die systematische Wortschatzarbeit begonnen bzw. fort-geführt werden. Bei den Schülern müssen sich regelrechte Vokabelnetzwerke ent-wickeln. Beim Formulieren setzen sie so Strukturen aus einzelnen Teilnetzen zu-sammen. Dies ist im gesamten Fremdsprachenlernprozess wichtig, da Kollokationen (Wortverbände) gespeichert werden müssen, um schnelles, flexibles Sprechen und Schreiben zu automatisieren.

Systematische Wortschatzarbeit

Der Wortschatz muss eine zentrale Rolle einnehmen, denn nur mit Wörtern können Sachverhalte oder Gefühle ausgedrückt werden. Mit der Kenntnis einer grammatischen Regel kann ich nur einen Satz bauen, wenn ich über das nötige Vokabular verfüge. Ansonsten bleibt der Satz leer und nur das Gerüst, das grammatische Regelwerk, steht.

Schriftliche Kommunikation und Darstellung

Das Schreiben soll eine instrumentelle Funktion beim Einprägen von Lexik, Orthografie und grammatischen Strukturen, aber auch eine kommunikative Funktion durch das Formulieren von Sprechabsichten erfüllen. Mit der Zeit müssen vor allem kreative Schreibübungen angeboten werden. Ein weiterer, immer wichtiger werdender Teil ist die Schulung von fremdsprachlichen Arbeitstechniken und Lernstrategien. Strategien zum Vokabellernen, zur Schulung des Hörverstehens und der Aussprache gewinnen einen immer höheren Stellenwert, da die Schüler ihr eigenes Lernen über die Schule hinaus erlernen sollen.

Landeskunde

Ebenso soll im fremdsprachlichen Unterricht auf die landeskundlichen Aspekte und die interkulturelle Kompetenz eingegangen werden. Gerade die Landeskunde bietet ein großes Motivationspotenzial und regt Schüler zu eigenen Formulierungen an. Die Schulung der interkulturellen Kompetenz spielt eine große Rolle, da zur Mehrsprachigkeit nicht nur die rein sprachlichen, sondern auch die Fertigkeiten im Umgang mit Menschen der anderen Kultur und die Verstehensleistung anderer Sitten und Verhaltensmuster zählen.

Diese genannten Aspekte gelten für alle Klassen des Sekundarbereichs. Allerdings kommt es zu Verschiebungen in den Schwerpunkten. So nehmen einzelne Bereiche an Zeit ab, dafür werden andere verstärkt eingesetzt. Hier sollte lediglich ein Überblick über die verschiedenen Bereiche gegeben werden.

Literaturverzeichnis

Apeltauer, E. (1997): Grundlagen des Erst- und Fremdspracherwerbs. Eine Einführung. Fernstudieneinheit 15. Berlin: Druckhaus Langenscheidt.

Apeltauer, E./Damanakis, M./Kratt-Riepl, H./Lörcher, G.A./Reich, H.H. (1983): Anfangsunterricht mit ausländischen Schülern. Fernstudium Erziehungswissenschaft. Weinheim/Basel: Beltz.

Austin, J.L. (1972): Theorie der Sprechakte. Stuttgart: Klett.

Ayres, J. (1984): Bausteine der kindlichen Entwicklung. Berlin/Heidelberg/New York/Tokio: Springer.

Barmer (1997): Sprich mit mir. Tipps, Ideen, Informationen und viele Spiele zur Förderung der Sprachentwicklung. Erlangen: Pestalozzi.

Barres, E. (1972): Erziehung im Kindergarten. Weinheim: Beltz.

Bärmann, F. (1991): Schreib-»Erziehung«? In: Arbeitsgemeinschaft Schreiberziehung (Hrsg.): Schreiben will gelehrt sein. Perspektiven und Wege der Schriftvermittlung. Hannover: Pelikan.

Bartnitzky, H. (2000): Sprachunterricht heute. Berlin: Cornelsen Scriptor.

Baur, R.S./Grzybek, P. (1985): Neuropsychologische Grundlagen des Fremdspracherwerbs. In: Donnerstag, J./Knapp-Potthoff, A. (Hrsg.): Kongressdokumentation der 10. Arbeitstagung der Fremdsprachendidaktiker. Tübingen, S. 173–182.

Baur, R.S./Meder, G. (1992): Zur Interdependenz von Muttersprache und Zweitsprache bei jugoslawischen Migrantenkindern. In: Baur, R.S./Meder, G./Previsic, V. (Hrsg.): Interkulturelle Erziehung und Zweisprachigkeit. Baltmannsweiler: Schneider Hohengehren, S. 16–28.

Bausch, K.-R./Kasper, G. (1979): Der Zweitspracherwerb. Möglichkeiten und Grenzen der großen Hypothesen. In: Linguistische Berichte, H. 64, S. 3–36.

Bausch, K.-R./Christ, H./Krumm, H.-J. (Hrsg.) (2003): Handbuch Fremdsprachenunterricht. Tübingen/Basel: A. Francke.

Beauftragte der Bundesregierung für Ausländerfragen (2000): Hallo, Hola, Ola. Sprachförderung in Kindertagesstätten. Berlin: Bonner Universitätsdruckerei.

Beitchman, J. u.a. (1996): Long-Term Consitency in Speech/Language Profiles. In: Journal of the American Academy of Child and Adolescent Psychiatry 1996, S. 804–825.

Bergmann, R./Pauly, P./Schlaefer, M. (1991): Einführung in die deutsche Sprachwissenschaft. Heidelberg: Winter.

Bergmann, R./Pauly, P./Stricker, S. (2005): Einführung in die deutsche Sprachwissenschaft. Heidelberg: Winter.

Bialystok, E. (1986): Factors in the Growth of Linguistic Awareness. In: Child Development, H. 57, S. 498–510.

Bialystok, E. (2001): Bilingualism in Development. Language, Literacy & Cognition. Cambridge: Cambridge University Press.

Bindel, R./Günther, H. (2002): Artikulationstherapie bei Vorschulkindern. Von der klassischen Übungstherapie über die phonologische Instruktionstherapie zum situativen Lernen in der Konversationstherapie. In: Berg, R./Anders, L.C./Miethe, E. (Hrsg.): Interdisziplinäre Sorge um Kommunikationsstörungen. München/Basel: Ernst Reinhardt, S. 135–168.

Birkenbihl, M. (1993): Train the Trainer. Arbeitshandbuch für Ausbilder und Dozenten. Landsberg/Lech: Verlag moderne industrie 1993.

Bleyhl, W. (2000): Fremdsprachen in der Grundschule. Hannover: Schroedel.

Blochmann, E. (Hrsg.) (1965): Fröbels Theorie des Spiels. Weinheim: Beltz.

Bloomfield, L. (1926): A Set of Postulates for the Science of Language. In: Language vol. 2, p. 153–164.

Bloomfield, L. (1933): Language. New York: Henry Holt.

Blumenstock, L./Klein, H./Petillon, H. (Hrsg.) (2001): Lernziel: Grundschule weiterentwickeln. Grundlagen, Anregungen, Beispiele. Weinheim/Basel: Beltz.

Boos-Nüning, U. (1982): Lernprobleme und Schulerfolg. In: M. Hofmann (Hrsg.): Unterricht mit ausländischen Kindern. München: Oldenbourg, S. 57–88.

Boos-Nüning, U. (1998): Die Lebenssituation der Kinder ausländischer Herkunft heute und die Antwort der interkulturellen Pädagogik. In: Stadt Krefeld (Hrsg.): Dokumentation einer Fachtagung: Interkulturelle Pädagogik. Aufwachsen von Handlungsempfehlungen für Krefeld, S. 57–68.

Boetcher, W./Sitta, H. (1978): Der andere Grammatikunterricht. München: Kohlhammer.

Boueke, D. (1984): Reflexion über Sprache. In: Hopster, N. (Hrsg.): Handbuch Deutsch. Sekundarstufe I. Paderborn: Schöningh, S. 334–373.

Braun, O. (1999): Sprachstörungen bei Kindern und Jugendlichen. Stuttgart/Berlin/Köln: Kohlhammer.

Bredel, U./Günther, H./Klotz, P./Ossner, J./Siebert-Ott, G. (Hrsg.) (2006): Didaktik der deutschen Sprache. Band 1 und 2. Paderborn/München/Wien/Zürich: Schöningh.

Bruner, J. (1987): Wie das Kind sprechen lernt. Bern/Stuttgart/Toronto: Huber.

Bruner, J. (1987): Wie das Kind sprechen lernt. Bern: Huber.

Brügelmann, H. (1992): Kinder auf dem Weg zur Schrift. Bottighofen: Libelle.

Brügelmann, H. (1994): Die Schrift entdecken. Beobachtungshilfen und methodische Ideen für einen offenen Anfangsunterricht. Bottighofen: Libelle.

Bühler, K. (1934): Sprachtheorie. Die Darstellungsfunktion der Sprache. Jena.

Bunk, G.J.S. (2005): Deutsch als Fremdsprache. Phonetik aktuell. München: Max Hueber Verlag.

Bünting, K.-D. (1993): Einführung in die Linguistik. Frankfurt a.M.: athenäums studienbuch.

Chomsky, N. (1958): A Review of B.F. Skinners »Verbal Behavior«. In: Language, H. 35, S. 26–58.

Chomsky, N. (1969): Aspekte der Syntax-Theorie. Frankfurt a.M.: Fischer.

Christmann, U./Groeben, N. (1999): Psychologie des Lesens. In: Franzmann, B./Hasemann, K./Löffler, D. /Schön, E. (Hrsg.): Handbuch Lesen. München: Saur, S. 145–223.

Clahsen, H. (1982): Spracherwerb in der Kindheit. Tübingen: Narr.

Clahsen, H. (1986): Die Profilanalyse. Berlin: Marhold.

Crystal, D. (1993): Die Cambridge Enzyklopädie der Sprache. Frankfurt a.M.: Suhrkamp.

Dannenbauer, F.M. (1983): Der Entwicklungsdysgrammatismus als spezifische Ausprägungsform der Entwicklungsdysphasie. Berlin: Marhold.

Darwin, C. (1872): Ausdruck der Gemüthsbewegung bei den Menschen und den Thieren. Stuttgart: Schweitzbarth'sche Verlagsbuchhandlung.

Dehn, M. (1985): Über die sprachanalytische Tätigkeit des Kindes beim Schreibenlernen. In: Diskussion Deutsch, H. 81, S. 25–51.

Deutsches PISA-Konsortium (Hrsg.) (2001): PISA 2000. Basiskompetenzen von Schülerinnen und Schülern im internationalen Vergleich. Opladen: Leske + Budrich.

Doff, S./Wegner, A. (Hrsg.) (2006): MAFF. Fremdsprachendidaktik. Berlin/München: Langenscheidt.

Donmall, B. (Hrsg.) (1985): Language Awareness. London: CILT.

dpa/Red (2007): Neuer KMK-Präsident will Killerspiele verbieten. In: Forum E, H. 2, S. 4.

Drach, E. (1931): Deutsche Ausprachelehre für den Gebrauch im Ausland. Mit 4 Schallplatten. Frankfurt a.M.: Diesterweg.

Drave, W./Rumpler, F./Wachtel, P. (Hrsg.) (2000): Empfehlungen zur sonderpädagogischen Förderung. Allgemeine Grundlagen und Förderschwerpunkte (KMK). Würzburg: edition bentheim.

Dulay H.C./Burt, M.K. (1974): Natural Sequences in Child Second Language Acquisition. In: Language learning, vol. 24, p. 37–53.

Eberwein, H. (1994): Behinderte und Nichtbehinderte lernen gemeinsam. Handbuch der Integrationspädagogik. Weinheim/Basel: Beltz.

Eccles, J. (1987): Gehirn und Seele. München/Zürich: Haupt.

Edmondson, W.J. (1985): Diskurs im Fremdsprachenunterricht als Handlungsgeschehen. In: A. Raasch (Hrsg.): Handlungsorientierter Fremdsprachenunterricht. Tübingen: Narr, S. 39–52.

Edmondson, W./House, J. (1993): Einführung in die Sprachlehrforschung. Tübingen/Basel: Francke

Eibl-Eibesfeld, I. (1972): Similarity and Differences Between Cultures in Expressive Movements. In: Hinde, R.A. (Hrsg.): Non-Verbal Communication. Cambridge: Royal Society and University Press.

Erikson, E.H. (1991): Identität und Lebenszyklus. Frankfurt a.M.: Suhrkamp.

Erkes, M. (2001): Bausteine Kindergarten. Ich sprech mit dir und du mit mir. Aachen: Bergmoser + Höller.

Ertmer, C. (1996): Gestaltendes Sprechen in der Schule. Münster: LIT.

Ervin, S./Osgood C.E. (1954): Second Language Learning and Bilingualism. In: Journal of Abnormal and Social Psychology, Suppl., p. 139–146.

Europarat (2001): Gemeinsamer Europäischer Referenzrahmen für Sprachen: lernen, lehren, beurteilen. München: Langenscheidt.

Felder, E. (2006): Sprache als Medium und Gegenstand des Unterrichts. In: Bredel, U./Günther, H./Klotz, P./Ossner, J./Siebert-Ott, G. (Hrsg.): Didaktik der deutschen Sprache. Paderborn/München/Wien/Zürich: Schöningh, S. 42–51.

Fernald, A./Kuhl, P. (1987): Acoustic Determinants of Infant Preference for Motherese Speech. In: Infant Behavior and Development, H. 10, S. 279–293.

Ferrari, R. (1998): Wörter haben bunte Flügel. Mit Fantasie in die Welt der Sprache. Freiburg i.Br.: Herder.

Finkenstaedt, T./Schröder, K. (1990): Sprachschranken statt Zollschranken? Essen: Suhrkamp.

Fish, M.C./Feldman, S.C. (1988): Teacher and Student Verbal Behavior in Microcomputer Classes. An Observational Study. In: Journal of Classroom Interaction, H. 23, S. 15–20.

Fried, L. (2003): Vorschulische Erziehung. In: Arnold, R./Günther, H. (Hrsg.): Innovative Bildungs- und Erziehungsprozesse. Kaiserslautern: Universität Kaiserslautern, S. 49–62.

Fried, L./Roßbach, H.-G./Tietze, W./Wolf, B. (1992): Elementarbereich. In: Ingenkamp, K./Jäger, R.S./Petillon, H./Wolf, B. (Hrsg.): Empirische Pädagogik 1970–1990. Eine Bestandsaufnahme der Forschung in der Bundesrepublik Deutschland. Band I. Weinheim/Basel: Beltz.

Genesee, F. (1982): Experimental Neuropsychological Research on Second Language Processing. In: TESOL Quarterly, H. 16, S. 315–324.

Geno, T.H. (1981): A Chronicle. Political, Professional and Public Activities Surrounding the President's Commission on Foreign Language and International Studies. In: Northeast Conference Reports.

Gipper, H. (1985): Kinder unterwegs zur Sprache. Düsseldorf: Schwann.

Glinz, H. (2006): Geschichte der Didaktik der Grammatik. In: Bredel, U./Günther, H./Klotz, P./Ossner, J./Siebert-Ott, G. (Hrsg.): Didaktik der deutschen Sprache, Paderborn/München/Wien/Zürich: Schöningh, S. 423–437.

Glück, H. (Hrsg.) (2005): Metzler Lexikon Sprache. Stuttgart/Weimar: J.B. Metzler.

Gondolf, U./Hegele, I./Pommerin, G./Röber-Siekmeyer, C./Schellong, I./Steffen, G. (1983): Gemeinsames Lernen mit ausländischen und deutschen Schülern. Fernstudium Erziehungswissenschaft: Ausländerkinder in der Schule. Weinheim/Basel: Beltz.

Grimm, H. (1973): Strukturanalytische Untersuchung der Kinder. Bern: Haupt.

Grohnfeldt, M. (1999): Förderschwerpunkt Sprache und Sprechen. In: Zeitschrift für Heilpädagogik, H. 4, S. 152–155.

Grundwald, A. (1989): Sprachtherapie. Praktische Anleitungen zur Diagnose. Horneburg/Niederelbe: Sigrid Peersen.

Günther, H. (1995): Sprachauffällige Kinder in der Grundschule. Praktische Hinweise zur Diagnose und Förderung. Leipzig/Stuttgart/Düsseldorf: Klett Grundschulverlag.

Günther, H. (1998): Wahrnehmungsauffällige Kinder in der Grundschule. Praktische Hinweise zur Diagnose und Förderung. Leipzig/Stuttgart/Düsseldorf: Klett Grundschulverlag.

Günther, H. (2002): Leserechtschreibschwache Kinder in der Grundschule. Praktische Hinweise zur Diagnose und Förderung. Leipzig/Stuttgart/Düsseldorf: Klett Grundschulverlag.

Günther, H. (2003): Sprachförderung: Die Fitness-Probe. Bausteine für einen erfolgreichen Schulanfang. Weinheim/Basel: Beltz.

Günther, B./Günther, H. (2005): Frühe Fremdsprachen im Kindergarten. Stuttgart/Düsseldorf/Leipzig: Ernst Klett.

Hansen, B./Heidtmann, H. (2001): »Ich hab das geleine gemacht.« Schwierigkeiten beim Erwerb der Grammatik. In: Grundschule, H. 3, S. 11–13.

Hansen, R./Rösner, E./Weißbach, B. (1986): Der Übergang in die Sekundarstufe I, In: Rolff, H.-G./Klemm, K./Tillmann, K.-J. (Hrsg.): Jahrbuch der Schulentwicklung, B. 4, S. 70–101.

Heckt, D./Sandfuchs, U. (Hrsg.) (1993): Grundschule von A bis Z. Braunschweig: Westermann.

Hellrung, U. (2002): Sprachentwicklung und Sprachförderung. Ein Leitfaden für die Praxis. Freiburg i.Br.: Herder.

Helmers, H. (1972): Didaktik der deutschen Sprache. Einführung in die Theorie der muttersprachlichen und literarischen Bildung. Stuttgart: Klett.

Holtz, A. (1985): Theorie und Praxis in der Diagnose von Sprachbehinderungen. Hinterdenkental: Eigenverlag.

Holtz, A. (1989): Kindersprache. Ein Entwurf ihrer Entwicklung. Hinterdenkental: Kinders.

Holtz, A. (1994): Hören und Horchen. Die Bedeutung der auditiven Aufmerksamkeit für die Sprachentwicklung und ihre Förderung. In: Interdisziplinär; H. 1, S. 44–52.

Homburg, G./Teumer, J. (1989): Störungen der sprachlichen Kommunikation. In: Deutsches Institut für Fernstudien an der Universität Tübingen (Hrsg.): Behinderungen und Schule. Studienbrief »Störungen der sprachlichen Kommunikation«. Tübingen: pagina.

Hufeisen, B. (1991): Englisch als erste und Deutsch als zweite Fremdsprache. Frankfurt a.M./Bern: RORO-Press.

Huppertz, N. (1999): Französisch so früh? Bilinguale Bildung im Kindergarten. Oberried: Pais.

Hurrelmann, B. (1994): Leseförderung. In: Praxis Deutsch, H. 127, S. 17–127.

Illich, I. (1982): Vom Recht auf Gemeinheit. Reinbek: Rowohlt.

Jakobson, R. (1960): Kindersprache, Aphasie und allgemeine Lautgesetze. Frankfurt a.M.: Suhrkamp.

Jackson, J. (1974): Language Identy of the Columbian Vaupe Indians. In: Baumann, R./Sherzer, J. (Hrsg.): Explorations in the Ethnography of Speaking. Cambridge: Massachusetts, S. 50–65.

Jacobs, B. (1988): Neurobiological Differentiation of Primary and Secondary Language Acquisition. In: Studies in Second Language Acquisition, Bd. 10, 3/1988, S. 303–339.

Jacobson, R. (1972): Kindersprache, Aphasie und allgemeine Lautgesetze. Frankfurt a.M.: Suhrkamp.

Jürgens, E. u.a. (1997): Die Grundschule. Baltmannsweiler: Schneider Hohengehren.

Kalmar, M. (1998): Auditive Fallen im Lese-Rechtschreib-Lernprozess. In: Österreichischer Bundesverband Legasthenie (Hrsg.): Legasthenie verstehen. Lese-Rechtschreib-Rechen-Schwächen bewältigen. Wien: REMAprint, S. 41–64.

Kielhöfer, B./Jonekeit, S. (1983): Zweisprachige Kindererziehung. Tübingen: Stauffenburg.

Klafki, W. (1967): Studien zur Bildungstheorie und Didaktik. Weinheim: Beltz.

Klein, W. (1984): Zweitspracherwerb. Königstein: Athenäum.

KMK *siehe* Sekretariat der Ständigen Konferenz der Kultusminister der Länder in der Bundesrepublik Deutschland

Knapp, W. (1997): Schriftliches Erzählen in der Zweitsprache. Tübingen: Niemeyer.

Knapp, W. (1998): Sprachschwierigkeiten bei Kindern aus Sprachminderheiten. In: Interdisziplinär, H. 6, S. 116–123.

Knapp, W. (2006): Sprachunterricht als Unterrichtsprinzip und Unterrichtsfach. In: Bredel, U./Günther, H./Klotz, P./Ossner, J./Siebert-Ott, G. (Hrsg.): Didaktik der deutschen Sprache. Paderborn/München/Wien/Zürich: Schöningh, S. 589–601.

Kolonko, B. (1997): Sprachpädagogische Arbeit im Kindergarten. Eine Arbeitshilfe für Ausbildung und Praxis. Hamburg: E.B.-Verlag.

Kornmann, R. (1988): Fragen zum Sprachverhalten ausländischer Kinder im Grundschulalter. In: Lernen in Deutschland, H. 4, S. 121–127.

Krashen, S.D. (1981): Second Language Acquisition and Second Language Learning. Oxford: Pergamon Press.

Krashen, S.D. (1982): Principles and Practice in Second Language Acquisition. Oxford: Pergamon Press.

Krashen, S.D. (1985): The Input Hypothesis. Oxford: Pergamon Press.

Küspert, P./Schneider, W. (2000): Hören, lauschen, lernen. Sprachspiele für Kinder im Vorschulalter. Würzburger Trainingsprogramm zur Vorbereitung auf den Erwerb der Schriftsprache. Göttingen: Vandenhoeck & Ruprecht.

Lavater, J.C. (1775): Physiognomische Fragmente zur Beförderung der Menschenkenntnis und Menschenliebe. Leipzig: Weidmanns Erben und Reich.

Leischner, A. (1979): Aphasien und Sprachentwicklungsstörungen. Stuttgart: Klett.

Lenneberg, E.H. (1967): Biological Foundations of Language. New York: Wiley.

Lenneberg, E.H. (1977): Biologische Grundlagen der Sprache. Frankfurt: Suhrkamp.

Leontjew, A.N. (1977): Probleme der Entwicklung des Psychischen. Kronberg: Suhrkamp.

Lewandowski, T. (1990): Linguistisches Wörterbuch, Bde. 1–3. Heidelberg: Quelle & Meyer.

List, G. (1992): Zur Entwicklung metasprachlicher Fähigkeiten. In: Der Deutschunterricht, H. 4, S. 15–24.

van Lier, L. (1995): Introducing Language Awareness. London: Penguin.

Luria, A.R. (1982): Sprache und Bewusstsein. Köln: Pahl-Rugenstein.

Maier, W. (1999): Deutsch lernen in Kindergarten und Grundschule. Grundlagen, Methoden und Spielideen zur Sprachförderung und Integration. München: Don Bosco.

Mathieu, S. (1998): Entwicklung und Abklärung des Sprachverständnisses. In: Zollinger, B. (Hrsg.): Kinder im Vorschulalter. Bern/Stuttgart/Wien: Paul Haupt, S. 83–137.

Meiers, K. (1997): Lesen lernen und Schriftspracherwerb im ersten Schuljahr. Bad Heilbrunn: Klinkhardt.

Meiers, K. (1998): Lesen lernen und Schriftspracherwerb im ersten Schuljahr. Bad Heilbrunn: Klinkhardt.

Ministerium für Bildung, Frauen und Jugend (2005): Rahmenplan Grundschule. Teilrahmenplan Deutsch. Grünstadt: Sommer.

Ministerium für Kultus, Jugend und Sport Baden-Württemberg (Hrsg.) (2003). Elterninfo zum Schulanfang. Weilheim/Teck: Bräuer.

Morris, D. (1997): Bodytalk. München: Heyne.

Nation, R./McLaughlin, B. (1986): Experts and Novices. An Information-Processing Approach to the »Good Language Learner« Problem. In: Applied Psycholinguists, H. 7, S. 41–56.

Neuner, G./Hildebrandt, E./Peterhoff de Ledesma, A./Schmidt, R./Sperber, R./Woicke, S. (1983): Förderung ausländischer Schüler in Sprach- und Fachunterricht. Fernstudium Erziehungswissenschaft: Ausländerkinder in der Schule. Weinheim/Basel: Beltz.

Oerter, R. (1999): Theorien der Lesesozialisation. Zur Ontogenese des Lesens. In: Groeben, N. (Hrsg.): Lesesozialisation in der Mediengesellschaft. 10. Sonderheft Internationales Archiv für Sozialgeschichte der Deutschen Literatur. Tübingen: Niemeyer, S. 27–55.

Offergeld, K. (1993): Gestörte Sprachentwicklung. Ursachen – Symptome. Bonn: Universitätsdruckerei.

Oksaar, E. (1977): Spracherwerb im Vorschulalter. Stuttgart/Berlin/Köln/Mainz: Kohlhammer.

Oksaar, E. (2003): Zweitspracherwerb. Stuttgart/Berlin/Köln/Mainz: Kohlhammer.

Papst-Weinschenk, M. (Hrsg.) (2004): Grundlagen der Sprechwissenschaft und Sprecherziehung. München/Basel: Ernst Reinhardt.

Pelikan = Pelikan Zentrum Moderne Schule (1991): Anfangsunterricht. Praxis des Schreibenlernens. Hannover: Pelikan.

Pelz, H. (1993): Linguistik für Anfänger. Hamburg: Hoffmann und Campe.

Petillon, H. (2000): Von Adlerauge bis Zauberbaum. 1000 Spiele für die Grundschule. Landau: Knecht.

Peukert, U. (1985): Identitätsentwicklung. In: Zimmer, J. (Hrsg.): Enzyklopädie Erziehungswissenschaft. Band 6: Erziehung in früher Kindheit. Stuttgart: Klett. S. 327–329.

Piaget, J. (1972): Sprechen und Denken des Kindes. Düsseldorf, Schwann.

Piaget, J.P. (1972): Sprechen und Denken. Düsseldorf: Schwann.

Popper, K.R./Lorenz, K. (1985): Die Zukunft ist offen. Das Altenberger Gespräch. Mit den Texten des Wiener Popper-Symposiums. München: Kohlhammer.

Radigk, W. (1991): Kognitive Entwicklung und zerebrale Dysfunktion. Dortmund: verlag modernes lernen.

Richards, J.C./Rodgers, T.S. (1986): Approaches and Methods in Language Teaching. Cambridge: CUP.

Richter, G. (1926): Deutsche Spracherziehung bei Friedrich Fröbel. Halle: unveröffentl. Diss.

Roß, G. (2000): So lernen Kinder richtig sprechen. Ratgeber für Eltern mit großem Praxisteil. München: Pattloch.

Rossmann, P. (1993): Einführung in die Entwicklungspsychologie des Kindes- und Jugendalters. Bern/Göttingen/Toronto/Seattle: Huber.

Rück, H. (2004): Fremdsprachen in der Grundschule. Landau: Knecht.

Sandfuchs, U./Frotscher, J. (2002): Lernschwache Kinder fördern. In: Grundschule, H. 4, S. 28–31.

Sarter, H. (2006): Einführung in die Fremdsprachendidaktik. Darmstadt: Wissenschaftliche Buchgesellschaft.

Schenk, C. (1999): Lesen und Schreiben lernen und lehren. Eine Didaktik des Schriftspracherwerbs. Baltmannsweiler: Schneider Hohengehren.

Schlösser, E. (2001): Wir verstehen uns gut. Spielerisch Deutsch lernen. Methoden und Bausteine zur Sprachförderung für deutsche und zugewanderte Kinder als Integrationsbewegung in Kindergarten und Grundschule. Münster: Ökotopia.

Schmalohr, E. (1971): Den Kindern eine Chance. Aufgaben der Vorschulerziehung. München: Kohlhammer.

Schmid-Barkow, I. (1999): Kinder lernen Sprache sprechen, schreiben, denken. Beobachtungen zur Schrifterfahrung und Sprachbewusstheit bei Schulanfängern mit Sprachentwicklungsstörungen. Frankfurt a.M.: Lang.

Schmid-Schönbein, G. (2001): Didaktik Grundschulenglisch. Berlin: Cornelsen.

Schmidtke, H.-P. (1983): Ein Thema »Ausländer« genügt nicht. Der Ausländerfeindlichkeit durch kulturoffenen Unterricht vorbeugen. In: Ausländerkinder in Schule und Kindergarten, H. 1, S. 14–24.

Schmitt, G. (1981): Allgemeine Prinzipien für den Unterricht mit ausländischen und deutschen Schülern. In: Ausländerkinder. Forum für Schule und Sozialpädagogik; H. 5, S. 3–21.

Schrader, A./Niles, B./Griese, H. (1979): Die zweite Generation. Sozialisation und Akkulturation ausländischer Kinder in der Bundesrepublik. Königstein/Taunus: Athenäum.

Schulte-Körne, G./Deimel, W./Bartling, H./Remschmidt, H. (1998): Die Bedeutung der auditiven Wahrnehmung und der phonologischen Bewusstheit für die Lese-Rechtschreibschwäche. In: Sprache Stimme Gehör, H. 22, S. 25–30.

Schulz von Thun, F. (1981): Miteinander reden. Störungen und Klärungen. Psychologie der zwischenmenschlichen Kommunikation. Reinbek: Rowohlt.

Schweisthal, G. (2000): Grundsätzliche Überlegungen aus der Sicht der Phonetik zum Einsatz schriftsprachlicher Unterrichtsmittel zu Beginn des 1. Grundschuljahres. Vortrag. München: Manuskript.

Searle, J.R. (1971): Sprechakte. Frankfurt a.M.: Fischer.

Sekretariat der Ständigen Konferenz der Kultusminister der Länder in der Bundesrepublik Deutschland (KMK) (2005): Beschlüsse der Kultusministerkonferenz. Bildungsstandards im Fach Deutsch für den Primarbereich. München: Luchterhand.

Seliger, H.W. (1982): On the Possible Role of the Right Hemisphere in Second Language Acquisition. In: Tesol Quarterly, H. 16, S. 307–314.

Siebert-Ott, G. (2006): Muttersprachendidaktik – Zweitsprachendidaktik – Fremdsprachendidaktik – Multilingualität. In: Bredel, U./Günther, H./Klotz, P./Ossner, J./Siebert-Ott, G. (Hrsg.): Didaktik der deutschen Sprache. Paderborn/München/Wien/Zürich: Schöningh, S. 30–41.

Skinner, F.B. (1957): Verbal Behavior. Englewood Cliffs: Prentice Hall.

Skutnabb-Kangas, T. (1981): Tvaspragighet. Lund.

Sperry, R.W. (1974): Laterally Specialisation in the Surgically Separated Hemispherus. In: Schmitt/Worden (Hrsg.): The Neurosciences. Third Study Program. Cambridge: MIT Press.

Sperry, R.W. (1985): Naturwissenschaft und Wertentscheidung. Stuttgart: Klett-Cotta.

Spitz, R. (1982): Vom Dialog. Stuttgart: Klett-Cotta.

Spitzer, M. (2003): Entwicklung – Reifung – Pädagogik: Welche Möglichkeiten hat ein Kind? Gehirnforschung und die Schule des Lebens. In: Ministerium für Bildung, Kultur und Wissenschaft des Saarlandes (Hrsg.): Frühes Lernen. Bildung im Kindergarten. Saarbrücken: Eigenverlag, S. 19–31.

Springer, L./Schrey-Dern, D. (Hrsg.) (1992): Sprachstörungen im Kindesalter. Materialien zur Früherkennung und Beratung. Stuttgart/New York: Georg Thieme.

Stadtverband Saarbrücken (Hrsg.) (2002): 3. Schulkindergesundheitsbericht. Einschulkinder 2000/2001. Epidemiologische Ergebnisse aus den jugendärztlichen Untersuchungen des Gesundheitsamtes des Stadtverbandes Saarbrücken. Saarbrücken.

Ständige Konferenz der Kultusminister der Länder in der Bundesrepublik Deutschland (Hrsg.) (2005): Beschlüsse der Kultusministerkonferenz. Bildungsstandards im Fach Deutsch für den Primarbereich. München: Luchterhand.

Steinmüller, U. (1987): Sprachentwicklung und Sprachunterricht türkischer Schüler (Türkisch und Deutsch) im Modellversuch »Integration ausländischer Schüler in Gesamtschulen«. In: Thomas, H. (Hrsg.): Modellversuch »Integration ausländischer Schüler in Gesamtschulen«. Abschlussbericht der Wissenschaftlichen Begleitung, Bd. 1 Berlin: Pädagogisches Zentrum, S. 207–315.

Stern, D.N. (1992): Die Lebenserfahrung des Säuglings. Stuttgart: Klett-Cotta.

Stern, W./Stern, C. (1907): Die Kindersprache. Leipzig: Barth.

Stiftung Lesen (Hrsg.) (2001): Leseverhalten in Deutschland im neuen Jahrtausend: Eine Studie der Stiftung Lesen, Bd. 3. Hamburg: Spiegel.

Sturzbecher, D. (Hrsg.) (1998): Kindertagesbetreuung in Deutschland. Bilanzen und Perspektiven. Ein Beitrag zur Qualitätsdiskussion. Freiburg: Lambertus.

Switalla, B. (1992): Wie Kinder über die Sprache denken. Über die Entdeckung eines neuen Problems. In: Der Deutschunterricht, H. 4, S. 24–33.

Thomas, J. (1985): The Role Played by Prior Linguistic Experience in Second and Third Language Learning. In: Hall, R. (Hrsg.): The Eleventh Linguistic Association of Canada and United States Forum 1984. New York: Columbia University Press, S. 511–518.

Tietze, W. (Hrsg.) (1998): Wie gut sind unsere Kindergärten? Eine Untersuchung zur pädagogischen Qualität in deutschen Kindergärten. Neuwied: Luchterhand.

Topsch, W. (2005): Grundkompetenz Schriftspracherwerb. Methoden und handlungsorientierte Praxisanregungen. Weinheim/Basel: Beltz.

Trenz, G. (2002): Die Entwicklung eines schulartenübergreifenden Gesamtkonzepts für den Fremdsprachenunterricht in Baden-Württemberg. In: Lehren und Lernen, H. 3, S. 3–11.

Ulrich, W. (1983): Wörterbuch Linguistische Grundbegriffe. Unterägeri: Ferdinand Hirt.

Ulrich, W. (1987): Wörterbuch Linguistische Grundbegriffe. Unterägeri: Ludwig Hirt.

Volmert, J. (2000): Grundkurs Sprachwissenschaft. München: Wilhelm Fink.

Wachsmuth, S. (2002): Körpersprache und körpereigene Kommunikationsformen bei nicht oder kaum sprechenden Menschen. In: Sonderpädagogik, H. 3/4, S. 158–164.

Wagner, R. (2006): Mündliche Kommunikation in der Schule. Paderborn/München/Wien/Zürich: Schöningh.

Watzlawick, P./Beavin, J.H./Jackson D.D. (1990): Menschliche Kommunikation. Bern: Huber.

Watzlawik, P./Beavin, J.H./Jackson, D.D. (1993): Menschliche Kommunikation. Formen, Störungen, Paradoxien. Bern/Stuttgart/Wien: Hans Huber.

Webb, N./Ender, M./Lewis, S. (1986): Problemsolving Strategies and Group Process in Small Groups Learning Computer Programming. In: American Educational Research Journal, H. 23, S. 243–261.

Weigl, E. (1974): Zur Schriftsprache und ihrem Erwerb. Neuropsychologische und psycholinguistische Betrachtungen. In: Eichler, W./Hofer, A. (Hrsg.): Spracherwerb und linguistische Theorien. Texte zur Sprache des Kindes. München: Reinhardt, S. 94–173.

Weisgerber, L. (1950): Von den Kräften der deutschen Sprache. 4 Bände. Düsseldorf: Schwann.

Wells, G. (1985): Preschool Literacy-Related Activities and Success in School. In: Olson, D.R./Torrance, N./Hildyard, A. (Hrsg.): Literacy, Language and Learning. Cambridge: Cambridge University Press, S. 229–255.

Weskamp, R. (2003): Fremdsprachenunterricht entwickeln. Frankfurt a.M.: Diesterweg.

Westrich, E. (1989): Zum Sprachlichwerden und den Bedingungen sprachlicher Unzulänglichkeiten. In: Der Sprachheilpädagoge, H. 21, S. 1–2.

Wiedenmann, M. (Hrsg.) (1997): Sprachförderung mit allen Sinnen. Weinheim/Basel: Beltz.

Wilgermein, J. (1991): Metasprachliches Bewusstsein. Entwicklung, Besonderheiten beim sprachbehinderten Kind und pädagogische Implikationen. München: Kohlhammer.

Wode, H. (1981): Learning a Second Language. Tübingen: Narr.

Wode, H. (1995): Lernen in der Fremdsprache. Grundzüge von Immersion und bilingualem Unterricht. München: Kohlhammer.

Wolff, D. (1993): Sprachbewusstheit und die Begegnung mit Sprachen. In: Die Neueren Sprachen, H. 2, S. 510–531.

Wolff, D. (2002): Sprachbewusstheit im Fremdsprachenunterricht. In: Der Deutschunterricht, H. 3, S. 31–38.

www.schulz-von-thun.de/mod-komquad.html (19.1.2007)

Wygotski, L.S. (1969): Denken und Sprechen. Frankfurt a.M.: S. Fischer.

Zihlmann, A.L.(1985): Die Rekonstruktion der Evolution des Menschen. Mannheimer forum 1985/86, Mannheim: Studienreihe Boehringer, S. 141–202.

Zimbardo, P.G. (1983): Psychologie. Berlin/Heidelberg/New York/Tokio: Springer.

Zimmer, R. (1995): Handbuch der Sinneswahrnehmung. Grundlagen einer ganzheitlichen Erziehung. Freiburg/Basel/Wien: Herder.

Zollinger, B. (1987): Spracherwerbsstörungen. Bern: Paul Haupt.

Zumhasch, C. (1994): Schulische Fördermaßnahmen. Eine Länderübersicht. In: Praxis Schule 5–10, H. 5, S. 10–12.

Sachregister

Aphasie, kindliche 106
auditive Wahrnehmung 185
Aufgaben des Sprachunterrichts 23
ausländische Kinder 144
    Fehlerschwerpunkte 156
Äußerung, sprachliche 79
Aussprache 83
Ambiguität, graphemische 70
Analyseschema 65
Aneignung von Sprachen 62
Ansätze des Sprachunterrichts 26
Arbeitsstrategien Schriftsprache 191
Bedingungen
    des Spracherwerbs 92
    des Zweitspracherwerbs 149
Befunde
    zur Erstsprache 82
    zur Zweitsprache 86
Begegnungssprachenkonzept 204
Behaviorismus 89
Bewusstheit, phonologische 189
bilinguale Erziehung 205
Bilingualismus 60
Buchstabe 72
Dekodierung 52
Diagnostik
    Erstsprache 113
    Zweitsprache 159
Dysgrammatismus 105
Dyslalie 104
Entwicklungsmodell, mehrdimensionales..... 49
Entwicklungsphasen
    der Sprache 99
    des Menschen 35
Entwicklungstreppe 179
Erstsprache 56, 88
    Befunde 82
    Diagnostik 113
    Fallstudien 109
    Förderkonzeption 132
Erwerbsstörung, lexikalische 105
Erziehung
    bilinguale 205
    interkulturelle 62
Europäischer Referenzrahmen 199

Fähigkeiten
    metasprachliche 187
    sprachliche 187
Fallstudien
    Erstsprache 109
    Zweitsprache 157
Fehlerschwerpunkte ausländischer
    Kinder 156
Förderkonzeption
    Erstsprache 132
    Zweitsprache 167
Förderprinzipien 129
Förderschwerpunkte Zweitsprache 174
Förderthesen 137
Förderung 124
Fremdsprache 194
Fremdsprachenarbeit, integrierte 204
Fremdsprachendidaktik 194
frühes Fremdsprachenlernen 202
Funktionsmodell 47
Generation, zweite 143
Grammatik 79
graphemische Ambiguität 70
Handeln, sprachliches 77
Handmotorik 182
Hirnreifung 93
Hörvermögen 92
    peripheres 180
Identitätshypothese 146
Immersion 205
integrierte Fremdsprachenarbeit 204
Interaktionismus 91
interkulturelle Erziehung 62
Interlanguage-Hypothese 147
Kinder, ausländische 144
kindliche Aphasie 106
Koartikulation 70
Kodierung 52
Kognitivismus 90
Kommunikation 37
Kommunikationsmodell 38
Kommunikationsquadrat 49
Komplexität des Sprachbegriffs 30
Konzentration auf die Schriftsprache 191
Körpersprache 39

Laut-Phonem-Graphem-Beziehungen 70
Lautsprache 41
Lehrgangskonzept 204
Leserechtschreibschwäche (LRS) 43
Lexik 75
lexikalische Erwerbsstörung...................... 105
LRS *siehe* Leserechtschreibschwäche
mehrdimensionales Entwicklungsmodell 49
Mehrsprachigkeit 59
metasprachliche Fähigkeiten 187
Monitorhypothese 148
Morphem 71
Morphologie 71
Motivation für die Schriftsprache 189
Mutismus 108
Muttersprache 56
Nativismus 90
Ontogenese 36
Organonmodell 46
peripheres Hörvermögen 180
Phon 67
Phonem 68
Phonetik 66
Phonologie 67
phonologische Bewusstheit 189
Phylogenese 36
Pidgin-Hypothese 148
PISA 13
Poltern 83, 108
Portfolio 201
Pragmalinguistik 197
Pragmatik 76
Propriozeptives System 184
psychosoziale Voraussetzungen 189
Rechnersprache 44
Referenzrahmen, Europäischer 199
Satz 74
Satzbildung 83
Schriftsprache..................................... 42
    Konzentration 191
    Motivation 189
    Umwelteinflüsse 192
    Voraussetzungen 178
Segmentierung 53
Semantik 76
Silbe 72
Sprache 31
Sprachbegriff, Komplexität 30
Sprachbewusstsein 54
Sprachentwicklungsstörungen 84
Spracherwerb, Bedingungen 92
Spracherziehung 18
Sprachförderkonzepte 124

Sprachförderung, vernetzte 135
Sprachganzheit 51
sprachliche Äußerung 79
sprachliche Fähigkeiten 187
sprachliches Handeln 77
sprachliches Zeichen 71
Sprachlosigkeit 11
Sprachmodelle 46
Sprachstörungen 42, 104
Sprachunterricht
    Ansätze 26
    Aufgaben 23
Sprachverstehen 82, 188
Sprachwissenschaft 17
Sprachzertifikat 201
Sprechakt 78
Sprechakttheorie 48
Sprechen 33
Sprechorgane 181
Sprechwerkzeuge 93
Stimmstörungen 106
Stottern 83, 107
Strukturtrichter 54
Symbolverständnis 188
Syntax 73
taktile Wahrnehmung 182
Text 78
theoretische Erklärungsversuche
    Erstsprache 89
    Zweitsprache 146
Umwelteinflüsse auf die Schriftsprache 192
vernetzte Sprachförderung 135
Verständigungssysteme 38
Vestibuläres System 183
visuelle Wahrnehmung 184
Wahrnehmung
    auditive 185
    taktile 182
    visuelle 184
Wahrnehmungsleistungen 182
Wort 72
Wortarten 73
Wortschatz 83
Zeichen, sprachliches 71
Zweitsprache 57, 141
    Befunde 86
    Diagnostik 159
    Fallstudien 157
    Förderkonzeption 167
    Förderschwerpunkte 174
Zweitspracherwerb, Bedingungen 149
zweite Generation 143

Gezielte Sprachförderung

Herbert Günther
Sprachförderung:
Die Fitness-Probe
Bausteine für einen erfolgreichen
Schulanfang.
2003. Ordner mit 140 Seiten,
30 Kopiervorlagen, 5 Bildtafeln,
1 Beobachtungsbogen.
ISBN 3-407-62511-1

Die ideale Ergänzung:
Herbert Günther
Bewusst hören – besser sprechen
Geräusche-CD zum Ordner
»Sprachförderung: Die Fitness-Probe«.
Mit Anleitung, Beobachtungsbogen,
Förderhinweisen und Kopiervorlagen.
ISBN 3-407-62535-9

Die Fitness-Probe ermittelt zu-
verlässig in einem einfachen Verfahren
die Bereiche, in denen ein Kind indi-
viduell gefördert werden muss. Dabei
sind folgende Beobachtungsaspekte
entwicklungspsychologisch und
pädagogisch relevant:
- Sprachgedächtnis
- Auditive Wahrnehmung
- Sprachverstehen
- Malen/Schreiben
- Aussprache einzelner Wörter
- Konstruieren von Sätzen
- Phonologische Bewusstheit

Die praktische Arbeit steht dabei im
Mittelpunkt. Erzieherinnen und Grund-
schullehrerinnen finden vielseitige
Übungen, Spiele und Förderhinweise
zu folgenden Bereichen:
- Lebendige und multiple Inter-
  aktionen
- Symbolfähigkeit und Sprach-
  verstehen
- Körpersprache und Prosodie
- Sprache und Sprechen
- Fantasie und Sprachwitz
- Literale Erfahrungen und Literalität
- Sprachbewusstsein und phono-
  logische Bewusstheit

Mit allen Kopiervorlagen zur
Fitness-Probe und zur praktischen
Sprachförderung.

BELTZ Beltz Verlag · Postfach 100154 · 69441 Weinheim

Weitere Infos und Ladenpreis: www.beltz.de

Förderung bei LRS

Herbert Günther
Schriftspracherwerb und LRS
Methoden, Förderdiagnostik und
praktische Hilfen
Beltz Pädagogik. 2007.
224 Seiten, broschiert.
978-3-407-25464-1

Dieses Buch stellt das Grundwissen zu den Themen Schriftspracherwerb und LRS erstmals gemeinsam dar. Es bietet eine grundlegende und anwendungsorientierte Einführung und ist so für Lehrer/innen und die Lehrerausbildung gleichermaßen geeignet.

Über die fachlichen Grundlagen hinaus gibt der Autor praxisnahe Hilfen für den Schulalltag: Er erläutert die institutionellen Rahmenbedingungen für Lehrer/innen, gibt Hinweise und konkrete Hilfen zur Förderdiagnostik und diskutiert präventive und kompensatorische Fördermaßnahmen.

Aus dem Inhalt:
* Schriftspracherwerb – Entwicklungsmodelle, Methoden und Verfahren
* LRS – Ursachen, empirische Befunde und Fallbeispiele
* Förderdiagnostik, Prävention und Intervention

BELTZ
Beltz Verlag · Weinheim und Basel · Weitere Infos und Ladenpreis: www.beltz.de